凤凰县高级中学

湖南省教育科学“十二五”规划课题（XJK011BJJ030)成果

湘西民族地区

高中创新课堂教学模式

XIANGXI MINGZU DIQU

GAOZHONG CHUANGXIN KETANG JIAOXUE MOSHI

顾　问　麻兴恩　杨杰东　王　辉　郑志龙　唐儒望

策　划　杨胜军

主　编　张长海

副主编　郑崇文　刘　芳

编　委　罗　琴　郑朝煌　吴俊波　田　非　龙　谦　丁成霞　牛　伟

龙　芳　龙　智　冉伟华　隆安华　李　毅　罗　伟　伍桃金

向　青　杨　眉　杨志发　安雪梅　黄　曾　吴献灯　张玲朝

裴来雄　万明长　刘仲艳　高俊丽　熊　力　杨斯翔　龙丽艳

杨林英　吴志芳　谭易华　安沙沙　杨利池　韩志德　杨铭靖

刘　芳　郑崇文　张长海

西南交通大学出版社

·成　都·

图书在版编目（CIP）数据

湘西民族地区高中创新课堂教学模式 / 张长海主编.
—成都：西南交通大学出版社，2014.9
ISBN 978-7-5643-3445-1

Ⅰ. ①湘… Ⅱ. ①张… Ⅲ. ①民族地区-少数民族教育-教学研究-湖南省 Ⅳ. ①G759.2

中国版本图书馆 CIP 数据核字（2014）第 207987 号

湘西民族地区高中创新课堂教学模式

主编 张长海

责任编辑	郭发仔
封面设计	墨创文化
出版发行	西南交通大学出版社 （四川省成都市金牛区交大路 146 号）
发行部电话	028-87600564 028-87600533
邮政编码	610031
网址	http: //www.xnjdcbs.com
印刷	四川川印印刷有限公司
成品尺寸	148 mm×210 mm
印张	9
字数	243 千字
版次	2014 年 9 月第 1 版
印次	2014 年 9 月第 1 次
书号	ISBN 978-7-5643-3445-1
定价	32.00 元

课件咨询电话：028-87600533
图书如有印装质量问题 本社负责退换

内容简介

本书是凤凰县高级中学承担的湖南省教育科学“十二五”规划课题“湘西民族地区高中课堂教学有效模式研究”的最终研究成果。本书在反思湘西民族地区高中学校四年新课程改革（2007—2010）经验教训的基础上，依据“国家中长期教育改革和发展规划纲要（2010—2020年）”，提出了湘西民族地区高中学校创新课堂教学模式的策略，重点阐述了适合湘西民族地区高中课堂教学的创新模式——“主体—主导”模式，精选了高中语、数、外、理、化、生、政、史、地九大学科各种课型“主体—主导”模式下的教学程序及案例47个，内容翔实，可操作性强。

本书对深化教育改革、推进素质教育具有理论性和实践性指导意义，不仅适合湘西民族地区的高中教师阅读使用，也可供其他地区的教师借鉴参考。

我们的任务——

领导身体健康 工作顺利

序

以2001年教育部印发的《基础教育课程改革纲要（试行）》为标志，我国开始了新一轮基础教育课程改革（第八轮基础教育课程改革）。新课程改革伊始，国家就将学生学习方式的转变视为本次课程改革成功与否的重要标志，即转变传统的“传递—接受”式学习方式为“自主、合作、探究”学习方式。在新课程推进过程中，关于学生学习方式的转变问题，始终存在着两种基本对立的意见。一种意见认为，课堂和学生的学习生活中出现师生互动、平等参与的生动局面，教学组织形式也发生了一定程度的变化。总体来看，学生的学习方式正朝着良性方向发展，采取深层式或成就式学习的学生明显增多。另一种意见则认为，在部分课堂上，学生也积极展开讨论、探究、合作，但往往注重形式，过多追求课堂气氛的活跃，学生并没有得到实质性的发展和提高。究竟如何看待新课程改革以来学生学习方式的转变？是否发生了转变？有哪些转变？为此，中央教育科学研究所于2009年专门立项了“新课程改革背景下的教学方式调查研究”课题，对上述问题进行了深入具体的研究。研究结果表明，学生的学习方式正在向积极方面转变，但各种学习形式的发展不平衡。从五种学习形式（机械接受学习、意义接受学习、发现学习、研究型学习、合作型研究型学习含互助型合作学习）看，机械接受学习、意义接受学习和发现学习，学生在主动性、创造性和社会性等方面都有比较好的表现，学生被动接受的学习方式正逐渐减少，大多表现为积极主动学习的局面，创造性在增加，社会性在发展，探究、合作等新的学习形式在增加。但从各个层面来看，学生的独立自主性发展较差或不平衡，研究型学习与合作学习大多表面化、形式化。按理说，合作学习和研究型学习有助于学生的学习成绩提高，但调查结果却没有支持这一假设，它从反面证明了这两种学习方式没有有效开展。这些都充分说明新课程改革所要求的转变学生学习方式的目标没有完全实现，而且差距仍旧较大。

学生的学习方式的转变没有达到预期的要求，与教师所采用的课堂教学模式有关。2011 年 10 月 14 日，21 世纪教育研究院、新教育研究院和北京市西部阳光农村发展基金会在北京联合举办“新课堂、新教育”高峰论坛，会上论坛主办方发布了其与中国教育网合作开展的关于“教师对新课改的评价”的网络调查结果。该调查结果的统计数据中有一项是：以启发式教学为主的中小学教师占 52%，以小组讨论为主的占 26%，以讲授式为主的仅为 22%。启发式教学也属于讲授式教学，而小组讨论为主的教学是“合作式教学”，即 74% 的教师在实际教学中仍然采用传统的“讲授式教学”模式。由此可见，传统的教学模式已不能适应新课程改革的需要，要实现转变学生学习方式的课改目标，改革、创新课堂教学模式成为必然。

2011 年 4 月，凤凰县高级中学申报湖南省教育科学规划课题“湘西民族地区高中课堂教学有效模式研究”。校长为主持人，本书主编主抓实施，课题组成员多为学校青年骨干教师，平均年龄为 32 岁。同年 9 月，课题立项，12 月开题。课题立足于凤凰高级中学，面向整个湘西高中学校。

该课题的研究目标是：（1）构建适应湘西民族地区的高中语文、数学、英语、政治、历史、地理、物理、化学、生物九学科课堂教学有效模式体系。（2）促进教师专业发展，培养一支适应时代发展的新型教师队伍。研究方法以行动研究为主，辅以文献法、观察法、调查法、实验法、经验总结法等。将教学实践和理论研究融为一体，体现了新课程的“教学即研究”理念。总课题由学校教科室管理，将总课题分解为语文、数学、英语 、物理、化学、生物、政治、历史、地理九个子课题，交由相应学科教研组管理。而各子课题按课型又可分解为更小的子课题，归属到各备课组管理。教科室协调教研组，教研组协调备课组，分散研讨，集中交流，有条不紊。

《湘西民族地区高中创新课堂教学模式》是课题“湘西民族地区高中课堂教学有效模式研究”三年研究的最终成果。本书分四章。第一章概述教学模式：概念 、基本结构、特点与功能以及发展历程；第二章在反思湘西民族地区高中学校四年新课程改革（2007—2010年）的经验教训基础上，依据“国家中长期教育改革和发展规划纲要（2010—2020年）”，提出了湘西民族地区高中创新课堂教学模式的策略；第三章是全书重点，详细阐述了适合湘西民族地区高中学校课堂教学的创新模式——“主体—主导”模式的理论依据、教学目标、操作程序、实现条件、教学评价。第四章——“主体—主导”模式的操作程序及案例是全书精髓，精选了高中语、数、外、理、化、生、政、史、地九大学科各种课型的“主体—主导”模式下的教学程序及案例47个。这些教学程序和案例是整个课题组甚至整个学校一线教师在新课改实践中汗水和智慧的结晶，它贯彻一个宗旨：学生是课堂的主体，自主、合作、探究的学习方式是学生主体性的高度体现；教师是主导，是学生学习的引导者、帮助者。所以，这些教学程序和案例是科学的，同时也是动态发展的，就像新课程设置的“模块”一样，内容是鲜活的，丰富多彩的，具有浓烈的时代气息。当然，对于“主体—主导”模式来说，这47个程序和案例只是冰山一角。

本书的教学理念和教学技术是先进的，希望本书对“深化教育教学改革，推进素质教育”能起到一定的积极意义；希望本书不仅能得到湘西民族地区广大教师的认同，也能获得其他地区教师的青睐；更希望本书的不妥与错误之处能得到读者的批评指正。

本书由学校教科室主任杨胜军负责策划，第一至三章由主编张长海完成一稿，副主编刘芳改稿完成二稿，副主编郑崇文总审定稿，第四章由各编委完成一稿，主编和副主编审稿，协调改稿定稿。

本书得以顺利出版，得益于原校长麻兴恩、现校长杨杰东，副校长王辉、郑志龙、唐儒望等学校领导的大力支持，特此致谢。

作者

2014年7月1日

目录

第一章　教学模式概论

张长海　刘　芳　邓崇文

第一节　教学模式的概念

“模式”一词是英文 model 的汉译名词。model 还译为“模型”“范式”“典型”等。一般指被研究对象在理论上的逻辑框架，是经验与理论之间的一种可操作性的知识系统，是再现现实的一种理论性的简化结构。将“模式”一词最先引入到教学领域，并加以系统研究的人，当推美国的乔伊斯和韦尔。

乔伊斯和韦尔在《教学模式》一书中认为：“教学模式是构成课程和作业、选择教材、提示教师活动的一种范式或计划。”实际教学模式并不是一种计划，因为计划往往显得太具体、太具操作性，从而失去了理论色彩。将“模式”一词引入教学理论中，是想以此来说明：在一定的教学思想或教学理论指导下建立起来的各种类型的教学活动的基本结构或框架，是用来表现教学过程的程序性的策略体系。

因此，教学模式可以定义为：在一定教学思想或教学理论指导下建立起来的较为稳定的教学活动结构框架和活动程序。作为结构框架，其突出了教学模式从宏观上把握教学活动整体及各要素之间内部的关系和功能；作为活动程序，其突出了教学模式的有序性和可操作性。

第二节　教学模式的结构

教学模式通常包括五个因素，这五个因素之间有规律地联系起来，就是教学模式的结构。

一、理论依据

教学模式是一定的教学理论或教学思想的反映，是一定理论指导下的教学行为规范。不同的教育观往往提出不同的教学模式。比如，概念获得模式和先行组织模式的理论依据是认知心理学的学习理论，而情境陶冶模式的理论依据则是人的有意识心理活动与无意识的心理活动、理智与情感活动在认知中的统一。

二、教学目标

任何教学模式都指向和完成一定的教学目标。在教学模式的结构中，教学目标处于核心地位，并对构成教学模式的其他因素起着制约作用，它决定着教学模式的操作程序和师生在教学活动中的组合关系，也是教学评价的标准和尺度。正是由于教学模式与教学目标的这种极强的内在统一性，决定了不同教学模式的个性。不同教学模式是为完成一定的教学目标服务的。

三、操作程序

每一种教学模式都有其特定的逻辑步骤和操作程序，它规定了

在教学活动中师生先做什么、后做什么，各步骤应当完成的任务。

四、实现条件

实现条件是指能使教学模式发挥效力的各种条件因素，如教师、学生、教学内容、教学手段、教学环境、教学时间，等等。

五、教学评价

教学评价是指各种教学模式所特有的完成教学任务、达到教学目标的评价方法和标准等。不同教学模式所要完成的教学任务和达到的教学目的不同，使用的程序和条件不同，当然其评价的方法和标准也有所不同。目前，除了一些比较成熟的教学模式已经形成了一套相应的评价方法和标准外，有不少教学模式还没有形成自己独特的评价方法和标准。

第三节　教学模式的特点与功能

一、教学模式的特点

1．指向性

由于任何一种教学模式都围绕着一定的教学目标设计，而且每种教学模式的有效运用也需要一定的条件，因此，不存在对任何教学过程都适用的普适性的模式，也谈不上哪一种教学模式是最好的。最好的教学模式是在一定的情况下达到特定目标的最有效的教学模式。在教学过程中选择教学模式时，必须注意不同教学模式的特点和性能，注意教学模式的指向性。

2．操作性

教学模式是一种具体化、操作化的教学思想或理论，它把某种教学理论或活动方式中最核心的部分用简化的形式反映出来，为人们提供了一个比抽象的理论具体得多的教学行为框架，具体地规定了教师的教学行为，使得教师在课堂上有章可循，便于教师理解、把握和运用。

3．完整性

教学模式是教学现实和教学理论构想的统一，所以它有一套完整的结构和一系列的运行要求，体现了理论上的自圆其说和过程上的有始有终。

4．稳定性

教学模式是大量教学实践活动的理论概括，在一定程度上揭示了教学活动带有的普遍性规律。一般情况下，教学模式并不涉及具体的学科内容，所提供的程序对教学起着普遍的参考作用，具有一定的稳定性。但是，教学模式是依据一定的理论或教学思想提出来的，而一定的教学理论和教学思想又是一定社会的产物，因而教学模式总是与一定历史时期社会政治、经济、科学、文化、教育的水平联系，受到教育方针和教育目的制约。因此，这种稳定性又是相对的。

5．灵活性

作为并非针对特定的教学内容教学，体现某种理论或思想，又要在具体的教学过程中进行操作的教学模式，在运用的过程中必须考虑到学科的特点、教学的内容、现有的教学条件和师生的具体情况，进行细微的方法上的调整，以体现对学科特点的主动适应。

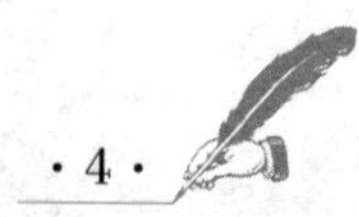

二、教学模式的功能

1. 教学模式的中介作用

教学模式的中介作用是指教学模式能为各科教学提供一定理论依据的模式化的教学法体系，使教师摆脱只凭经验和感觉，在实践中摸索着进行教学的状况，在理论与实践之间搭起一座桥梁。

教学模式的这种中介作用，是和它既来源于实践，又是某种理论的简化形式的特点分不开的。

一方面，教学模式来源于实践，是对一定具体教学活动方式进行优选、概括、加工的结果，是为某一类教学及其所涉及的各种因素和它们之间的关系提供一种相对稳定的操作框架，这种框架有着内在的逻辑关系的理论依据，已经具备理论层面的意义。

另一方面，教学模式又是某种理论的简化表现方式，它可以通过简明扼要的象征性的符号、图式和关系的解释，来反映它所依据的教学理论的基本特征，使人们在头脑中形成一个比抽象理论具体得多的教学程序性的实施程序。其便于人们对某一教学理论的理解，是抽象理论得以发挥其实践功能的中间环节，也是教学理论得以具体指导教学并在实践中运用的中介。

2. 教学模式的方法论意义

教学模式的研究是教学研究方法论上的一种革新。长期以来，人们在教学研究上习惯于采取单一刻板的思维方式，比较重视用分析的方法对教学的各个部分进行研究，而忽视各部分之间的联系或关系；或习惯于停留在对各部分关系抽象的辩证理解上，而缺乏作为教学活动的特色和可操作性。教学模式的研究指导人们从整体上去综合地探讨教学过程中各因素之间的互相作用和其多样化的表现形态，以动态的观点去把握教学过程的本质和规律，同时对加强教学设计、研究教学过程的优化组合也有一定的促进作用。

第四节　教学模式的发展历程

系统完整的教学模式是从近代教育学形成独立体系开始的，“教学模式”这一概念与理论则迟至20世纪50年代以后才出现。不过，在古代中国和西方的教学实践和教学思想中，已经有了教学模式的雏形。

古代教学的典型模式是教授式，其结构是“讲—听—读—记—练”。其特点是教师灌输知识、学生被动机械地接受知识，书中文字与教师的讲解完全一致，学生对答与书本或教师的讲解完全一致，学生靠机械重复记忆进行学习。

到了17世纪，随着学校教学中自然科学内容和直观教学方法的引入，班级授课制度的实施，夸美纽斯提出应当把讲课、质疑、问答、练习统一于课堂教学之中，并把观察等直观活动纳入教学活动体系，首次提出了以“感知—记忆—理解—判断”为程序结构的教学模式。

19世纪是一个科学实验兴旺繁荣的时期。赫尔巴特的理论在相当程度上反映了当时科学发展的趋势。他从统觉论出发，研究人的心理活动，认为学生在学习的过程中，只有当新经验和已经构成心理的统觉团中的观念发生联系时，才能真正掌握知识。所以教师的任务就是选择正确的材料，以适当的程序提示给学生，形成他们的学习背景或称统觉团。从这样一个基本思想出发，他提出了“明了—联合—系统—方法”四阶段教学模式。以后，他的学生莱因又将其改造为“预备—提示—联合—总结—应用”五阶段教学模式。

但是，所有这些教学模式都忽视了学生在学习上的主观能动性，片面强调以灌输的方式使学生掌握知识，在不同程度上压抑和阻碍了学生个性的发展。所以，当19世纪末20世纪初，世界各国的政治、经济和科学文化发生深刻变化时，以赫尔巴特为代表的传统教育理论及教学模式便成为资本主义大工业迅速发展、资产阶级个人主义普遍流行的障碍。于是，杜威的实用主义教育理论应运而生，并促使教学模式的研究向前推进了一步。

杜威提出了“以儿童为中心”和“从做中学”为基础的实用主义教学模式。这一教学模式的基本程序是“创设情境—确定问题—占有资料—提出假设—检查假设”。这种教学模式打破了以往教学模式单一化的倾向，弥补了赫尔巴特教学模式的不足，强调学生的主体作用，强调活动，有利于学生学会发现问题的技巧，获得探究问题和解决问题的能力，为当代教学模式的研究开辟了道路。

当然，这种教学模式也存在缺陷。它把教学过程和科学研究过程等同起来，贬低了教师在教学过程中的作用，片面强调直接经验而忽视了系统知识的学习，影响了教学的质量。因此，自20世纪50年代末以来受到了人们的强烈批评。

十月革命后，前苏联教育家凯洛夫根据马克思主义认识论的原理，吸收历史成果，提出了一个较完备的教学模式：感知—理解—巩固—运用。新中国成立之初，我国学习前苏联教育学，其中就包括学习凯洛夫的这一教学模式。

20世纪50年代，美国教育心理学家布鲁纳根据结构认识论提出了“发现学习”的教学模式：明确结构、掌握课题、提供材料—建立假说、推测答案—验证—做出结论。这一模式兼顾了教和学两个方面的作用，突出了现代教学的特点。与这一模式相类似的还有德国50年代出现的“范例教学”模式、保加利亚60～70年代兴起的“暗示教学”模式等。

20世纪50年代以后，出现了教学模式“百家争鸣、百花齐放”的繁荣景象。据乔伊斯和韦尔1980年总结统计，共出现了23个教学模式，较有影响的有马歇尔和考科斯的社会探索模式、塔巴的归纳教学模式、布鲁纳的概念获得教学模式、皮亚杰和西格尔的认知发展教学模式、奥苏贝尔的先行组织者教学模式、罗杰斯的无指导者教学模式、斯金纳的操作条件反射教学模式等。这一时期教学模式繁荣的原因很多，主要有：出现了新的科学技术革命，特别是系统论、信息论、控制论、人工智能、电子计算机的产生，对教学实践和研究产生了深刻的影响；第二次世界大战后，教育思想理论圈内流派迭起丛生，继实用主义教育后，出现了改造主义教育、结构主义教育、要素主义教育、永恒主义教育、存在主义教育、人本主义教育等教育思想或理论，其中一些思想理论创立了自己的教学模式；新科学技术在教学上的应用，促进了教学工具的现代化，引起了教学工艺的变革，为新的教学模式的产生提供了技术条件。

从上面的考察可以看出，人们对教学模式理论的探讨由来已久，但由于人们对教学规律的认识存有分歧，因而教学模式千姿百态、纷繁复杂。更由于每一种教学模式都有着各种各样的具体形式和变式，因此，在实际中教学模式的数量是不可计数的。下面列举一些典型的教学模式。

一、传递—接受式

该教学模式源于赫尔巴特的四段教学法，经前苏联凯洛夫等人进行改造后传入我国，并广为流行，很多教师在教学中自觉不自觉地都用这种方法教学。该模式以传授系统知识、培养基本技能为目标。其着眼点在于充分挖掘人的记忆力、推理能力与间接经验在掌握知识方面的作用，使学生比较快速有效地掌握更多的信息。该模式强调教师的指导作用，认为知识是从教师到学生的一种单向传递的作用，非常注重教师的权威性。

1. 理论基础

根据行为心理学的原理设计，尤其受斯金纳操作性条件反射的训练心理学的影响，强调控制学习者的行为达到预定的目标；认为只要通过“联系—反馈—强化”这样反复的循环过程就可以塑造有效的行为目标。

2．教学基本程序

该模式的基本教学程序是：复习旧课——激发学习动机——讲授新课——巩固练习——检查评价——间隔性复习。

复习旧课是为了强化记忆、加深理解、加强知识之间的相互联系和把知识进行系统整理。激发学习动机是根据新课的内容，设置一定情境和引入活动，激发学生的学习兴趣。讲授新课是教学的核心，在这个过程中主要以教师的讲授和指导为主，学生一般要遵守纪律，跟着教师的教学节奏，按部就班地完成教师布置给他们的任务。巩固练习是学生在课堂上对新学的知识进行运用和练习解决问题的过程。检查评价是通过学生的课堂练习和家庭作业来检查学生对新知识的掌握情况。间隔性复习是为了强化记忆和加深理解。

3．教学原则

教师要根据学生的知识结构和认知水平对教学内容进行加工整理，力求所传授的知识与学生原有的认知结构相联系。充分发挥教师的主导作用，教师在传授知识的时候需要很高的语言表达能力，同时要对学生在掌握知识时候常遇到的问题有所经验与觉察。

4．教学效果

优点：学生能在短时间内接受大量的信息，能够培养学生的纪律性，能够培养学生的抽象思维能力。缺点：学生对接受的信息很难真正地理解，培养单一化、模式化的人格，不利于培养学生的创新性、分析性，不利于培养学生的创新思维和解决实际问题的能力。

5．辅助系统

课本、黑板、粉笔、挂图、模型、投影仪等。

6．在运用这种模式时的建议

在介绍讲解性的内容上运用比较有效，当期望学生在短时间掌

握一定的知识并去应试时比较可行，教师不可在任何教学内容上都运用这种模式，长此以往必然造成一种“满堂灌”的教学模式，非常不利于学生的全面发展，从而培养出一大批没有思想与主见的高分低能者。

二、自学—辅导式

自学辅导式的教学模式是在教师的指导下自己独立进行学习的模式。这种教学模式能够培养学生的独立思考能力，在教学实践中也有很多教师在运用它。

1. 理论基础

从人本主义出发，注意发挥学生的主体性，以培养学生的学习能力为目标。这种教学模式基于先让学生独立学习，然后根据学生的具体情况由教师进行指导。它承认学生在学习过程中试错的价值，培养学生独立思考和学会学习的能力。

2. 教学程序

自学辅导式的教学程序是：自学——讨论——启发——总结——练习巩固。

教师在教学中根据学生的最近发展区，布置一些有关新教学内容的学习任务，组织学生自学，在自学之后让学生相互交流讨论，发现他们所遇到的困难；然后教师根据这些情况对学生进行点拨和启发，总结出规律，再组织学生进行练习巩固。

3. 教学原则

自学内容难度适宜，教师在教学过程中要适时点拨，先进行自主学习，后由教师进行指导概括和总结。

4. 辅助系统

要提供必要的学习材料和学习的辅助设施，给学生自学提供有力的支持。

5．教学效果

优点：能够培养学生分析问题、解决问题的能力，有利于教师因材施教，能发挥学生的自主性和创造性，有利于培养学生相互合作的精神。缺点：学生如果对自学内容不感兴趣，可能在课堂上一无所获；需要较长的时间；需要教师非常敏锐地观察学生的学习情况，必要时进行启发和调动学生的学习热情，针对不同学生进行讲解和教学，所以很难在大班教学时开展。

6．实施建议

最好选择难度适当、学生比较感兴趣的内容进行自学，教师要有很高的组织能力和业务水平，教师避免讲解而应多启发。

三、巴特勒的自主学习模式

20 世纪 70 年代美国教育心理学家巴特勒提出教学的 7 要素，并提出“七段”教学论，在国际上影响很大。

1．理论基础

它的主要理论依据是信息加工理论。

2．教学程序

基本教学程序是：设置情境——激发动机——组织教学——应用新知——检测评价——巩固练习——拓展与迁移。

他的教学七步骤中的情境是指学习的内外部的各种情况，内部情况是学生的认知特点，外部情况是指学习环境，它的组成要素有：个别差异、元认知、环境因子。动机是学习新知识的各种诱因，它的主要构成要素有：情绪感受、注意、区分、意向。组织是将新知识与旧知识相互关联起来，它的主要构成要素有：相互联系、联想、构思、建立模型。应用是对新知识的初步尝试，它的构成要素有：参与、尝试、体验、结果。评价是对新知识初步尝试使用之后的评定，它的组成要素有：告知、比较、赋予价值、选择。重复是练习与巩固的过程，它的主要组成要素有：强化、练习、形成习惯、常规、记忆、遗忘。拓展是把新知识迁移到其他情境中去，它的构成要素有延伸、迁移、转换、系统、综合。

3．教学原则

巴特勒从信息加工理论出发，非常注重元认知的调节，利用学习策略对学习任务进行加工，最后生成学习结果。教师在利用这种模式的时候，要时常提醒学生反思自己的学习行为。教师要考虑各个步骤的组成要素，根据不同情况有所侧重。

4．辅助系统

一般的课堂环境，掌握学习策略的教师。

5．教学效果

这是一个比较普适性的教学模式，根据不同教学内容，它可以转化为不同的教学法，只要教师灵活驾驭，就能达到预期的教学效果。

6．实施建议

教师应该是一位研究型的教师，只要具有一定教育学和心理学的知识，掌握元认知策略，就可以灵活运用这种教学模式。

四、现象分析模式

1．理论基础

它主要基于建构主义的认知理论，非常注意学生利用自己的先前经验对问题进行解释。

2．基本程序

该模式的基本教学程序是：出示现象——解释现象的形成原因——现象的结果分析——解决方法分析。

在教学中，某种现象往往是以材料的形式出现的，学生要能通

过现象揭示其背后的本质。

3．教育原则

现象能够反映本质规律，创设民主环境，充分发挥学生的主体性，让他们进行解释说明。

4．辅助系统

真实的现象感受，最好有音像辅助设备。

5．教学效果

培养学生的分析能力、综合能力。

6．实施建议

教师要调动学生的思维，让他们去发现现象背后的规律；选取的现象要具有一定的典型性，能揭示背后的规律。

第二章 湘西民族地区高中课堂教学模式创新策略

张长海 刘 芳 郑崇文

第一节 湘西民族地区高中新课程改革反思

2001—2010年，我国经历了十年“新课程改革”。2010年7月，备受关注的《国家中长期教育改革发展纲要（2010—2020）》（以下简称《纲要》）正式出台。《纲要》明确提出：“要继续深入推进课程改革、全面落实课程方案”，“教育的全面、深入、持续的变革是我国培养创新人才、加速实现民族振兴的重要路径”。由此可见，通过课程改革的深化办出高质量的教育，培养出具有真正创新精神和创新能力的人才，将是未来十年乃至更长一段时间内，我国教育工作者需要面对的重大课题。就中国的历史传统与文化传统而言，新课改本质上是一次课程理念的深度变革与课程文化的全新再造，此时我们更需要以一种冷静、客观、前瞻的视角对课程历程进行审慎的思考与辨析，为后续的变革提供充分的思想准备。

2007年9月，湖南省进入高中新课程改革实验，至2010年，历时4年。湘西自治州属湖南边远贫困地区，教育发展相对滞后，高中学校与发达地区相比，硬件短缺、师资薄弱、生源素质基础差。这对湘西实施新课程改革来说，是一场严峻的挑战。反思过去四年的课改历程，忧胜于喜。

一、新课改教学理念得到了教师的普遍认同

1. 新课程教学的学生观

（1）学生是发展的人。

学生是处于发展过程中的人，具有巨大的发展潜能。作为发展着的人，也就意味着学生还是一个不成熟的人，是一个正在成长的人。教师应该相信学生，坚信在正确的指导下每个学生都是可以积极成长的，是有培养前途的，是追求进步和完善的，是可以获得成功的。学生的身心发展是有规律的，教师要依据学生身心发展的规律和特点开展教育教学活动，从而有效促进学生身心健康发展。

（2）学生是独特的人。

学生是完整的人。学生并不是单纯的抽象的学习者，而是有着丰富个性的完整的人，不仅具备全部的智慧力量和人格力量，而且体验着全部的教育生活。要把学生作为完整的人来对待，丰富学生的精神生活，给予学生全面展现个性力量的时间和空间。每个学生都有自身的独特性，独特性也意味着差异性，不仅要认识到学生的差异，而且要承认学生的差异，使每个学生在原有基础上都得到完全、自由的发展。学生和成人之间存在着巨大的差异，学生的观察、思考、选择和体验，都和成人有着明显的不同。

（3）学生是具有独立意志的人。

教师要把学生当作不依自己的意志为转移的客观存在，当作具有独立性的人来看待，使自己的教育和教学适应他们的情况、条件、要求和思想认识的发展规律。学生是学习的主体，教师不能代替学生读书，代替学生感知，代替学生观察、分析、思考，代替学生明白任何一个道理和掌握任何一条规律，教师只能让学生自己读书，自己感受事物，自己观察、分析、思考，从而使他们自己明白事理，掌握事物发展变化的规律。学生是责权主体，学校和教师要保护学生的合法权利，要引导学生学会对学习、对生活，对自己、对他人

负责，学会承担责任。

2．新课程的教师观

（1）教师是学生学习的促进者。

（2）教师是学生学习的引导者。

（3）教师是学生学习的参与者。

（4）教师是教育教学的研究者。

（5）教师是课程的建设者和开发者。

3．新课程的教学观

（1）从教师的“教”转向学生的“学”。

（2）从以“教育者为中心”转向以“学习者为中心”。

（3）从“教会学生知识”转向“教会学生学习”。

（4）“改变课程实施中过于强调接受学习、死记硬背、机械训练的现状，倡导学生主动参与、乐于探究、勤于动手，培养学生收集和处理信息的能力、获取新知识的能力、分析和解决问题的能力以及交流与合作的能力。”即转变传统的“传递—接受”学习方式为“自主、合作、探究”学习方式。

4．新课程的评价观

新课改建立了学生学业成绩与成长记录相结合的综合评价方式，将学生的创新精神、实践能力、个性发展和健全人格作为评价的重点。这个评价结果，不仅是学生综合素质的具体反映，也是学生高中毕业的重要依据。

二、新课改教学实施效果不容乐观

1．新课程实施受到高考和教学资源的限制

一方面，高考的应试倾向，使课堂教学更侧重知识与技能的学习，过程与方法、情感态度与价值观的教学目标在教学中落实不够，老师关注更多的还是考试。高考“指挥棒”还没变，学生们在体验了新课改带来的新鲜和学习的快乐后，也有些担心高考内容与学习内容脱节，存在着“手握教材，心系高考”的思想。另一方面，作为民族贫困地区的学校，硬件设施远达不到相关要求，现有教学资源如实验设备、图书资料，特别是信息化课程资源离新课程的要求还有较大差距。例如，物理、化学教材设计了较多的探究性实验，一些内容过于宽泛，缺乏条理；教材配套练习题少，偏易或偏难，要求上网查找资料的内容较多，因条件有限无法实现。

2．对新课程理念的理解受师资队伍综合素质的制约

课程改革对教师的知识素养、组织能力、思想水平都提出了更高的要求。最近几年湘西各高级中学扩班，学生人数增长过快，教师队伍迅速扩大，但学科带头人明显缺乏，在新课程改革中应对能力不足。对于部分新开学科如通用技术、信息技术等，对有关教师进行学科素养和教学技能方面的培训有限。最突出的问题是，老师对新课程改革理念、教学改革与考试改革等的认识不足，由此导致教学不适应，影响了高中课程改革和教学实验的自觉性、主动性和积极性。而且，教材结构体系全面建构，知识视野开阔，整合性强，对教师专业化要求很高。目前，湘西高中合格师资缺乏，教师专业化水平有待提高。

3．生源素质是新课程教学的瓶颈

湘西是民族贫困地区，受生源素质和学生基础的影响，高一年级任课教师和学生普遍感到负担重，压力大。初中义务教育阶段新课程与高中课程的衔接，模块教学方式与知识体系结构之间的整合，选修课程与高考要求的接合，课程标准、教材内容和考试能力之间的关系等不易把握，特别是必修课难易度、教学的深度和进度控制有难度。再者，新课程教学倡导“自主、合作、探究”的学习方式，学生们已经在很长的时间里适应了传统的“教师讲、学生听”的学习方式，当学生们匆匆进入新课程学习体系时，他们发现很多的学习方式都是自己陌生的，或者是根本不会的。新课程需要以学生们丰富的直接生活经验作基础，可现在的学生对生活的观察又很不仔细，积累的真实生活经验并不多；新课程需要学生有大量的课外阅读和社会实践，可现在的学生阅读的面比较窄、阅读的深度明显不够、参与社会实践的机会又相当有限。所有这些，都给新课程教学的推进造成了困难。

4．改革与评价产生冲突

教师角色的转变实质上与学校对教师的评价直接相关。在新课程理念中，学生是学习和发展的主体，教师应是教学活动的组织者，是学生自主、合作、探究学习的引导者，是教学反思的实践者，还应该是课程的开发者、教学的研究者。而现实的情况却是，有许多教师满足于教书匠的生涯。他们认为，观念可以接受，但付诸教学实践时还确有迟疑。有一些有一定教学经验的老师甚至抱定“以不变应万变”的思想，因为学校在评价教师时往往仍在用分数量化，教师角色的改变也只能是纸上谈兵。坦率地说，教师角色的转变并不是国家一倡导就能立即改变的，而是与社会评价系统、学校评价系统直接相关联的。一方面它需要教师本身的思想觉悟、认知水平、素养品行作基础，另一方面也需要学校在教师评价体系和管理机制上提供配套服务。新课程推进的艰难性，在评价上也受到了巨大的阻力。

以上诸多因素导致“新瓶装旧酒”“穿新鞋走老路”的情形滋生。新的教材，教法和学法还是旧的；新的课标，评价方式还是传统的；新的学生，老师的教育观念还是陈旧的；新的老师，学校的教学管理还是过去的，这种种矛盾都使新课程教学举步维艰。

新课程改革伊始，国家就将学生学习方式的转变视为本次课程改革成功与否的重要标志，即转变传统的“传递—接受”式学习方式为“自主、合作、探究”学习方式。从以上反思可知，至 2010 年，湘西的新课程改革还未成功。

进一步转变学生学习方式是深化课程改革、提高教育质量的当务之急，而创新课堂教学模式是转变学生学习方式最便捷有力的措施和途径。

第二节 传统课堂教学模式的弊端

传统的课堂教学主要是以讲授式为主，并辅以师生互动的课堂教学模式，大部分教师在理论教授时基本上沿用前苏联教育家凯洛夫的组织教学、导入新课、讲授新课、巩固新课、布置作业五环节教学模式。这种课堂教学模式的特征是以“教”为主，即以“教师为中心”“教材为中心”“课堂为中心”的“三中心”教学模式。这种课堂教学模式忽视了课外实践，甚至连课堂实践、师生互动等也被忽视，最终导致了不少课堂常常出现“教师台上滔滔不绝，学生台下昏昏欲睡”的局面。

改革开放以来，西方一些教育教学理论相继渗入我国的教育领域，其中有巴班斯基的优化教学理论、赞科夫的发展教育理论、布鲁姆的目标管理教学理论等。随着电化教育的发展，一个时期在欧美流行的斯金纳的行为主义理论也受到了一些人的重视。由于电化教育强调形象化的情境教学，与凯洛夫的直观性原则、斯金纳的强化刺激—反应理论、主张强化外部刺激等接近，因此很快被接受并融入我国的课堂教学中，使课堂教学由“口灌”“书灌”发展为“电灌”，成为一种新形势下的“填灌式”教学模式。这种课堂教学模式的特征仍是以“教”为主的“三中心”教学模式。

传统的课堂教学模式能够充分发挥教师的主导作用，教师可以直接控制教学的整个过程，可以在单位时间内系统讲授基本理论和基本知识；学生可以在短时间内掌握较多的理论知识，获取大量的信息。同时，这种课堂教学模式的运用有利于提高课堂教学效率，是课堂教学必不可少的手段和模式。但是，这种课堂教学模式也存在一定的弊端，主要体现在以下几方面。

一、教学思想、教育观念落后，不能适应时代发展的需要

传统课堂教学模式的“三中心”论的指导思想是“以教师为中心”，突出了教师的主体地位，混淆了“主导”与“主体”的区别，以纯科学知识传授的态度对待各学科教学。这种课堂教学模式虽然省时、见效快，能系统地传递知识，但是从长远来看，不利于培养学生的创造能力和创新思维。特别是随着科学技术的发展和信息化时代的到来，这种课堂教学模式越来越不适应时代的要求。在信息大爆炸的时代，学生获得知识的渠道越来越多，“传授”“灌输”的方法已经不受学生的欢迎，也难以培养出具有创新能力的人才。

二、在功能目标上，学习主体缺位

所谓学习主体缺位，是指在课堂教学过程中，由于各种原因造成学习主体事实上没有听课或没有参与课堂学习活动的现象。具体表现为显性缺位和隐性缺位两种。学生由于某种原因而未到课堂上课，此称显性缺位；而学生已进入课堂，但并没有进入到学习状态，成为没有进入到学习角色的学习主体，此称隐性缺位。传统的课堂教学模式基本上是教师的一言堂，学生被剥夺了问的权利，处于被动接受理论知识的状态；问答的内容限于认知性的问题，答案是预设、唯一和定型的，学生机械学习、惰性学习，对教师的依赖性较大。而且学生无论是课内还是课外都处于被动学习的状态，主动学习的积极性没有得到足够的重视。因此，传统课堂教学模式使学生的大脑和手脚被一种变了形的框子束缚着、禁锢着，其主体地位和主体作用未得到基本的保证和发挥。

三、教学手段单一，操作程序机械，不能满足学生的需求

传统课堂教学模式要么“口灌”，要么“电灌”，手段单一，没有考虑到学生的需求及差异，忽视了学生的个性，难以做到因材施教。教学活动操作程序机械，不利于教师与学生、学生与学生之间的交流与互动，也不利于培养学生的独立思考能力。在这种情况下，教师只有在课后才能了解到学生的知识掌握情况和基本信息，师生互动不及时且也十分有限。因此，学生的思维能力、动手能力和创造能力的提升受到了很大的限制。

四、教学效果评价中，学生的满意度较低

在多种评价形式中，学生的评价是最重要的。传统课堂教学模式之所以长期发挥作用，主要是因为其适应了应试教育的需要。传统课堂教学模式能够有效地提高学生的考试成绩，曾经备受师生的欢迎。但是，随着社会的发展、教育改革的深入以及应试教育向素质教育的转变，考试成绩不再是衡量学生的唯一标准，学生评价教师的课堂教学也不再仅以是否能够提高自身的学习成绩为标准，而是以自己是否丰富了知识、增长了才干、锻炼了能力、增强了素质为旨归。学生对传统课堂教学模式不再满意，因此，教师必须主动适应教育改革的需要，以求不断发展。

五、理论脱离实际，实践教学相对薄弱

无论哪个层次的教学，也无论哪一科目的教学，都不同程度地存在着理论与实践相脱离的倾向，实践教学相对薄弱。虽然校园环境相对闭塞，校园生活相对单一，课堂教学的组织具有相对的局限

性，但是这并不妨碍教师实践教学的开展，更不能忽略社会实践的大课堂。在相对单一、闭塞的环境中，充分利用现有条件，开拓实践教学空间，拓展社会实践环节，是增强学生创造力的源泉。教学改革的趋势是使学生把学到的知识运用到具体的社会问题的解决中，增强学生的自主创新能力和动手能力。只有在社会实践中，学生的创新思维才会有不竭的动力和旺盛的生命力，但传统课堂教学模式恰恰忽视了这一点。

第三节　湘西民族地区高中课堂教学模式创新策略

现代经济社会的发展、信息传播速度的加快、媒体的发达，加之学生年龄特点、心理特点变化等因素，均给课堂教学模式改革提出了新的挑战。如何扬长避短，即在保持或发挥传统讲授式教学模式优势的同时，克服其弊端，创新课堂教学模式，是所有教师必须思考和回答的问题。《基础教育课程改革纲要（试行)》要求，要“创设能引导学生主动参与的教育环境，激发学生的学习积极性，培养学生掌握和运用知识的态度和能力，使每个学生都能得到充分的发展”。因此，可以这样认为，基础教育课程改革背景下的课堂教学模式应是以生为本的创新、和谐、有效的生态模式。

一、课堂教学模式创新的指导思想

以现代教育思想和新课程理论为指导，更新教学观念，改变教学行为，提高教学效率。充分调动学生的主体作用，把学习的主动权还给学生，把发展的空间留给学生，最大限度地提高课堂教学效率。以“教会学生思考，教会学生学习，教会学生发展”为根本，树立学生在整个课堂教学过程中是认识和发展主体的思想，致力于教师教学方式和学生学习方式的改变，促进学生主体的回归和学习能力的提高，关注学生的思维发展和成长过程，激发学生的内在动因，促进学生的主动发展。

二、课堂教学模式创新的总体目标

课堂教学模式创新的总体目标是：以课标和教材为依据，以学生为主体，以训练为主线，以培养学生的思维方式、创新精神和实践能力为根本宗旨，倡导自主、合作、探究的新型学习方式，构建自主高效的课堂教学模式；注重学生的主体参与，体现课堂的师生互动和生生互动，关注学生的兴趣、动机、情感和态度，突出学生的思维开发和能力培养；针对学生的不同需求，实行差异化教学，面向全体，分层实施。

三、课堂教学模式创新的总体要求

课堂教学模式创新要博采众长，走“继承+借鉴+创新”之路，以“自主学习—课堂展示—训练检测—反思小结”为基本思路，探索适合本土教学实际的高效课堂教学模式。

1. 把握高效课堂教学模式的主要特点

高效课堂教学模式应具有简约化、真实性、主动式、分层次、高效率等主要特点，体现“删繁就简，返璞归真”的教学高境界。课堂教学简约化并不是教学草率省事，而是指教学内容要精、教学环节要简、教学方法要活，通过以简驭繁，实现省时高效的教学目的。真实性是强调创设真实的教学情境，呈现真实的教学问题，渲染真实的教学情感，激活学生已有的认知体验，确保学生获得实实在在的发展。主动式是指转变教学方式，以学定教，落实学生的主体地位，发挥学生的主观能动性，让学生主动学习。分层次是指根据学生个性、认知能力、思维类型等差异，实行分层教学，让学生异步发展、同步达标。高效率，是指优质高效地达成教学目标，实现学生的充分、和谐发展。基于这种认识，各学校要倡导教师树立“质朴教学、真实课堂”的基本理念，把握高效课堂教学模式探索的思路和方法；研究如何简约教学内容、简化教学环节、采用简便的教学方法，实现教学目标的高效达成。

2. 把握高效课堂教学模式的基本模块

高效课堂教学模式应大致包括“学、教、练、评”四大模块，其各模块所占时间比例要因课而宜、因生而宜。“学”，就是教师出示教学目标，指明学习重点、难点等，学生通过集体学、个人自学、小组合作学习等形式，掌握所学内容。“教”，就是讲重点、难点、易错点、易混点、易漏点，讲思路、策略、方法、规律、技巧，讲思想、情感、态度、品质、体验等，促使学生的认识和理解提升到更高的层次和境界，教会学生学习与思考。“练”，就是当堂训练，检验学习效果，引导学生巩固和深化所学知识，加深对所学内容的理解和感悟。“评”，就是通过自评、互评、教师点评等方式及时反馈学生对所学内容的掌握情况，矫正错误，总结方法，揭示规律。各学校要根据“学、教、练、评”的课堂教学基本模式，认真探究不同学科的课堂教学策略和方法，研究学生的认知基础、认知能力、认知方式，研究如何实现学生有效学习、高效学习；研究当堂训练的科学设计，研究如何提高当堂训练的针对性和有效性；研究有效评价的基本原则、科学标准、策略方法，研究激励学生的基本方法、艺术手段。

3. 把握高效课堂教学模式的基本环节

高效课堂教学模式的教学流程包括定标、导学、合作、讲解、检测、评析六个环节。定标是指教师出示教学目标，明确学习的重点、难点和方法。导学是指教师指导学生进行自主学习，引导学生对所学知识进行意义建构，列举知识点，提出疑问。合作是指通过小组合作交流学习所得，探究解决问题的思路和方法，共同解决问题，形成结论。讲解是指教师针对学生不能解决的问题、学习中产生的认知偏差、理解不到位的地方、遗漏的知识点等，进行精心点拨、讲解、剖析，促使学生的学习、思想、情感体验等提升到一个更高的层次。检测是指通过测试检验学生学习效果，让学生在检测中查找自己学习过程中的不足和错误。评析是指教师指导学生纠正认知偏差，梳理知识体系，总结方法和规律。各学校要积极借鉴省内外名校成功的课堂教学经验，探索高效课堂教学模式的一般流程，形成便于操作、易出成效的课堂教学模式。

4．把握高效课堂教学模式的基本形式

基于“少教多学”课堂教学改革的最根本原则，高效课堂教学模式的基本形式具有多样性，试举几例。

（1）“自学—引导”式教学模式。

实施先学后教策略，通过设置自学任务，让学生结合自学任务进行自主学习，感知教材，梳理问题，然后组织学生进行汇报交流，尝试解决疑难问题，对于共性问题教师进行引导或拓展讲解，促进学生综合理解知识，逐步形成以自学为主、引导为辅的教学方式。基本程序是：自学—讨论—启发—总结—练习巩固。

（2）“问题—解决”式教学模式。

实施问题教学策略，把学习内容转化为系列性的学习问题，用问题引领学生的学习活动，让学生在分析问题、解决问题的过程中感受知识、理解知识，使学习知识的过程转化为解决问题的过程，逐步形成提出问题、解决问题的教学方式。基本程序是：问题—假设—推理—验证—总结提高。

（3）“活动—探究”式教学模式。

实施活动教学策略，把学习内容设计成实践探究的活动，让学生在实践探究活动中动手、动脑，亲身经历知识的研究历程，体验知识的产生与发展，感受知识的研究过程和方法，逐步形成在活动中认知、在活动中体验的教学方式。

（4）“情景—体验”式教学模式。

实施情景教学策略，把教材作为学生进行学习的一个范例，围绕教材的核心知识，整合相关的教学资源，加强与社会、生活的联系，设计贴近现实社会、更加符合学生实际的真实情景，让学生结合教材范例自主尝试学习，使情景活动的过程成为学生体验知识和感受研究方法的过程，逐步形成情景中活动、情景中体验的教学方式。

（5）“学案导学”教学模式。

学案是引领学生“学教材”的一种有效教学方式，不仅能转变教师以“讲”为中心的教学模式，也有利于转变学生的学习方式，增强学生自主学习的能力。其基本的操作流程为：创设情境，激发学生学习动机；出示学案，引导学生自主学习；组织交流，引导学生合作学习；反思拓展，引导学生深层次拓展学习；诊断评价，引导学生实践应用。

5．把握高效课堂教学模式的教学组织

教学要强化时间和效率意识，充分发挥教师的主导作用，坚持该讲要讲，该放要放，该收要收，及时调控学习方向、学习进程和学习深广度，协调好主体与主导、过程与结果的关系，减少不必要的探究或交流，全面提高课堂教学效率。

（1）改革班级组织形式。

实行平行班制度，不分重点班与普通班。倡导小班化，每班学生人数控制在40人左右。

（2）改革课堂组织形式。

改革“秧田式”集体教学，实行分组合作的有效组织形式。倡导“圆桌式”分组教学，按照学生的学习水平和个性特点，实行异质分组，每班分成6～8个学习小组，每组4～8个学生，形成以优秀生为首席的学习共同体。要科学有序地组织小组的活动，要对小组成员进行科学合理分工，使之在教师引导下达到“兵教兵”“兵强兵”的目的，最终使小组成员都有不同程度的提高。

（3）改革课堂授课形式。

改革集体授课制，实行个别教学与集体教学相结合的有效授课形式。倡导分层、异步教学，按照学生的学习能力和学习进度，将学生划分不同的学习层次，实行分层要求、异步指导、分类推进的策略，逐步实现学习的个体化。

（4）合理开展课堂上的学生展示活动。

展示的目的是为了增加学生的自信心，暴露学生存在的问题，产生解决问题的切入点，最终达到有效教学的目的。展示活动一切是为了有效而展示，切忌为了具有这一环节而盲目展示。展示活动应根据科目、课别、内容及需要而有所不同。在进行小组竞赛式评价过程中，要注意竞争对手的“可比性”。可以把成员从优到弱编号，同号的成员进行对比竞争。适时改进对小组成绩评价的方式方法，避免单一的评价使学生产生厌倦情绪，兼顾过程性评价和终结性评价。

6．把握高效课堂教学模式的教师任务

高效课堂相对于传统教学，教师的作用发生了根本性的改变，广大教师要有积极的角色意识，要更新教育理念，积极适应课堂教学改革的要求。在高效课堂中，教师的主要作用在于引导（点拨），教师的责任在于帮助学生学会思考，使学生明确自己需要获得什么，现已获得了什么，还欠缺什么；在于帮助学生寻找、搜集、利用有效的信息资源；在于帮助学生设计恰当的学习活动和行之有效的学习方法。教师要明确“以学生为中心，先学后教，少教多学，全面发展”的高效课堂理念。具体应关注以下几点：

（1）关注学生的进步或发展。

树立以学生发展为中心的教学思想，确立学生的主体地位，指导学生学会自主学习。

（2）教师要有为服务学生发展的“对象”意识，教学不能“唱独角戏”，要体现教为学服务，达到“教是为了不教”的境界。

（3）关注单位时间的教学效益。

教师要有时间意识与效益观念，在教学中既不能“跟着感觉走”，也不能把“效益”理解为“花最少的时间教最多的内容”。教学效益不取决于教学内容的多少，而取决于单位时间内学生的学习结果与学习过程的综合评价。

（4）关注教学目标的可测性。

在教学过程中，不断对教学目标的达成实施不间断的测量和评估。把定量与定性、过程与结果综合起来，充分体现学生的学业成绩与教师的教学成绩。

（5）关注教学反思。

教师要不断反思自己的教学行为和策略，不断地追问自己："什么样的教学才是有效的?""我的教学有效吗?"等，这样才能使自己的教学更加有效。

（6）关注教师专业成长。

教师要学会自主学习，通过不断学习和实践创新，积累丰富的教学经验，提高有效教学能力，追求"时间 + 策略 = 高效"的高效课堂教学目标，使教育教学质量得到持续发展。

第三章　湘西民族地区高中课堂教学创新模式
——“主体—主导”模式

张长海　刘　芳　郑崇文

第一节　“主体—主导”模式的理论依据

一、奥苏贝尔有意义接受学习理论

美国著名教育心理学家奥苏贝尔被公认为传统“传递—接受”教学模式的代表。他在对学习类型深入研究的基础上，将“学习”按照其效果划分为“有意义学习”与“机械学习”两种类型。所谓有意义学习，其实质是指“符号表示的观念，以非任意的方式和在实质上（而不是字面上）同学习者已经知道的内容联系在一起。所谓非任意的和实质上的联系，是指这些观念和学习者原有认知结构中的某一方面（如一个表象、一个已经有意义的符号、一个概念或一个命题）有联系”。换句话说，要想实现有意义的学习，关键是要在当前所学的新概念、新知识（即“符号表示的观念”）与学习者原有认知结构中的某个方面（表象、概念或命题）之间建立起非任意的实质性联系。只要能建立起这种联系就是有意义的学习，否则就必然是死记硬背的机械学习。奥苏贝尔认为，能否建立起新旧知识之间的这种联系，是影响学习的唯一的最重要因素，是教育心理学中最基本、最核心的一条原理。正如他的代表性论著《教育心理学——认知观》一书的扉页中用特大号字所表述的：“假如让我把全部教育心理学仅仅归结为一条原理的话，那么，我将一言以蔽之曰："影响学习的唯一最重要因素就是学习者已经知道了什么。要探明这一点，并应据此进行教学。"奥苏贝尔指出，实现有意义学习可以有两种不同的途径或方式：接受学习和发现学习。接受学习的基本特点是："所学知识的全部内容都是以确定的方式被（教师）传递给学习者。学习课题并不涉及学生方面的任何独立的发现。学习者只需要把呈现出来的材料（无意义音节或配对形容词，一首诗或几何定理）加以内化或组织，以便在将来某个时候可以利用它或把它再现出来。"发现学习的基本特点则是："要学的主要内容不是（由教师）传递的，而是在从意义上被纳入学生的认知结构以前必须由学习者自己去发现出来。"可见，前者主要是依靠教师发挥主导作用，并通过"传递—接受"教学方式（奥苏贝尔简称之为"接受学习"）来实现；后者则主要是依靠学生发挥认知主体作用，并通过"自主发现"学习方式（也称"发现式"教学，奥苏贝尔则简称之为"发现学习"或"发现教学法"）来实现。奥苏贝尔认为这两种教学方式都可以有效地实现有意义学习，但他最终偏向前者——接受学习。

二、奥苏贝尔动机理论

奥苏贝尔对情感因素在认知过程中的作用与影响作了较深入的研究，并在这方面提出了独到的见解。这些见解可归纳如下：

1. 情感因素对学习的影响

（1）动机可以影响有意义学习的发生。

由于动机并不参与建立新旧概念、新旧知识之间的联系，所以并不能直接影响有意义学习的发生，但是动机却能通过使学习者在"集中注意""加强努力""学习持久性"和"挫折忍受力"等方面发挥出更大潜能而加强新旧知识的相互作用（起催化剂作用），从而有效地促进有意义的学习。

（2）动机可以影响习得意义的保持。

由于动机并不参与建立新旧知识之间的联系和新旧知识的相互作用，所以也不能直接影响习得意义的保持，但是保持总是要通过复习环节来实现，而在复习过程中动机仍可通过使学习者在“集中注意”“加强努力”和“持久性”等方面发挥出更大潜能来提高新获得意义的清晰性和巩固性，从而有效地促进保持。

（3）动机可以影响对知识的提取（回忆）。

动机过强，可能产生抑制作用，使本来可以提取的知识提取不了（回忆不起来），考试时由于心理紧张、动机过强而影响正常水平发挥就是一个例子；反之，有时动机过弱，不能调动起学习者神经系统的全部潜力，也会减弱对已有知识的提取。

2．动机是由三种内驱力组成的

由于动机是驱使人们行动的内部力量，所以心理学家常把动机和内驱力视为同义词。奥苏贝尔认为通常所说的动机是由“认知内驱力”“自我提高内驱力”和“附属内驱力”等三种成分组成的。认知内驱力是指要求获得知识、了解周围世界、阐明问题和解决问题的欲望与动机，与通常所说的好奇心、求知欲大致同义。这种内驱力是从求知活动本身得到满足，所以是一种内在的学习动机。由于有意义学习的结果就是对学习者的一种激励，所以奥苏贝尔认为，这是“有意义学习中的一种最重要的动机”。例如，儿童生来就有好奇心，他们越是不断探索周围世界，了解周围世界，就越能从中得到满足。这种满足感（作为一种“激励”）又会进一步强化他们的求知欲，即增强他们学习的内驱力。自我提高内驱力是指儿童希望通过获得好成绩来提高自己在家庭和学校中地位的学习动机。随着年龄的增长，儿童自我意识的增强，他们希望在家庭和学校集体中受到尊重。这种愿望也可以推动儿童努力学习，争取好成绩，以赢得与其成绩相当的地位。自我提高内驱力强的学习者，所追求的不是知识本身，而是知识之外的地位满足（受人敬重，有地位），所以这是一种外在的学习动机。附属内驱力是指通过顺从、听话从父母和老师那里得到认可，从而获得派生地位的一种动机。这种动机也不是追求知识本身，而是追求知识之外的自尊满足（家长和老师认可），所以也是一种外在的学习动机。上述三种不同成分的动机对每个人来说都可能具有，但三种成分所占的不同比例，具体依年龄、性别、文化、社会地位和人格特征等因素而定。在童年时期，附属内驱力是获得良好学业成绩的主要动机；童年晚期和少年期，附属内驱力降低，而且从追求家长认可转向追求同龄伙伴的认可；到了青年期和成人，自我提高内驱力则逐渐成为动机的主要成分。前面强调了内在动机（认知内驱力）的重要性，但决不应由此贬低外部动机（特别是自我提高内驱力）的作用。在个人的学术生涯和职业生涯中，自我提高内驱力是一种可以长期起作用的强大动机。这是因为，与其他动机相比，这种动机包含更为强烈的情感因素——既有对成功和随之而来的声誉鹊起的期盼、渴望与激动，又有对失败和随之而来的地位、自尊丧失的焦虑、不安与恐惧。

三、建构主义学习理论

瑞士心理学家皮亚杰（J. Piaget）对行为主义者把学习看作因经验而产生的行为变化的观点提出了尖锐批评，并从认知的发生发展的角度出发，系统、深入地研究了儿童认知发展的心理过程，提出了认知是一种以已有知识和经验为基础的主动建构活动的观点。因此，皮亚杰被看成是现代建构主义的重要代表人物。

1. 建构主义的学习观

（1）学习不应被看成是对于教师所授予的知识的被动接受，而是学习者以自身已有的知识和经验为基础的主动的建构活动，即学生能主动积极地构造意义。

因此，从这个意义上说，学生学习活动必然有创造性质，他能把从外界接收到的知识信息同化到自己原有的认知结构中去，形成自己特有的认知图式。皮亚杰提出了许多有关当代学习理论的基本概念，如认知结构、认知发展、同化、顺应和平衡过程等。

（2）学习是学习者认知结构的组织和重新组织的过程。

学习活动的主要特点是：它是一个“顺应”的过程，即学生不断地对已有的认知结构作出必要的调整和更新，使它适应新的学习对象并实现“整合”。在学生学习的过程中，必然会产生一些“规律性”的错误，而且这些错误是有意义学习所必需的。错误会引起学生顺应自己的知识结构，并把所观察到的结果同化到修正过了的知识结构中去。这种自我调节对学生的学习是非常必要的，它能提高学生的认知能力、推理能力。

（3）学生学习活动主要是在学校环境中，在教师的直接指导下进行的。

因此，学习作为一种特殊的建构活动有社会性质。这就说明，学习不是一个“封闭”的过程，而是一个需要不断同外界交流的发展与改进的过程，即包含有一个交流、反思、改进、协调的过程。可以说，由学生、教师组成的“学习共同体”，是每个学生学习这样一种主动的建构活动必要的外部环境。

皮亚杰关于学习的理论，对于我们全面地认识学习的性质和学习的过程是很有启示的。特别是要着重关注学生在认知学习中的能动作用。他曾经说过：“儿童的智慧和道德结构同我们成人不一样。因而新的教育方法应尽一切努力按照儿童的心理结构和他们不同的发展阶段，将要教的材料以适合不同年龄儿童的形式进行教学。”所以，他也特别强调：“我们应该重视学生内部的认知重组过程，学生掌握解决问题的程序和方法，比掌握知识内容更重要。”

2. 建构主义的教学观

建构主义教学观的基本内涵可以概括为如下三个方面：

（1）学习在本质上是学习者主动建构心理表征的过程。

建构主义教学观认为，学习是主体以已有的经验为基础，通过与外界的相互作用而主动建构新的理解、新的心理表征的过程，是结构性知识与非结构性知识的统一。

（2）教学过程是教师和学生对世界的意义进行合作性建构的过程。

建构主义教学观认为，世界的意义是源于主体的建构。每一个教师和学生都是一个独立的主体，对世界的建构也各不相同。承认不同的主体对世界的建构的差异性，并不意味着主体之间的相互隔绝，而恰恰是这种差异的存在表明了各个主体之间相互合作、相互交往的意义和价值。通过这种交往和合作，建构出世界的多种意义。所以，在建构主义的教学观点下，教学过程是教师和学生对世界的意义进行合作性建构的过程。

（3）建构主义学习环境由情景、协作、会话和意义建构四个要素构成。

建构主义的教学策略是以学习者为中心的，其目的是为了促进学习者与情景的交互作用，使学习者能够主动地建构意义。在这个过程中，教师起的是帮助者、组织者、引导者、促进者的作用。

四、罗杰斯的人本主义教学理论

卡尔·罗杰斯是当代美国著名的人本主义心理学家之一，他的人本主义教学理论对其他国家20世纪60～70年代的教育改革运动产生了较为深刻的影响。人本主义的学习与教学观深刻地影响了世界范围内的教育改革，是与程序教学运动、学科结构运动齐名的20世纪三大教学运动之一。

与传统教育中教学的主要特征——指导性相反，罗杰斯根据“自我学说”理论，形成了一种比较激进、用于促成个体“自我实现”的教学策略——非指导性。非指导性方法是建立在罗杰斯对人的下述信念之上的：人具有非常优异的先天潜能，教育无需也不应该用指导性的方式向学生灌输什么，这样做会压抑潜能的自然实现，适得其反。教育只要为学生潜能的发展提供一个宽松、和睦的心理环境，使之能在“内驱力”的本能驱动下自动地形成、充分地形成。

罗杰斯认为，在教育背景下，学生的学习无外乎两种类型。一种是认知学习，它可以用行为主义的S－R学习理论（即刺激—反应学习理论）来解释。认知学习受到“外部强制力”的制约，重记忆，因而没有什么意义。另一种是经验学习，他以学习的经验生长为中心，以学生的自发性和主动性为学习动力，把学习与学生的愿望、兴趣、需要有机地结合起来，因而是一种趣味盎然的、有意义的学习。他极力批判传统教学将教师和书本置于教学活动核心位置的做法，认为这种方式只能使学生成为“奴隶”。在罗杰斯看来，教学活动应把学生放在居中的位置，把学生的“自我”看作教学的根本要求，所有的教学活动不仅要服从“自我”的需要，而且也要围绕着“自我”进行。基于此种认识，罗杰斯所提出的“非指导性教学”要求具有以下特点：在课堂中创造一种接受的气氛，围绕发展个人的和小组的目标而进行，教师的角色不断变化。由此可见，非指导性教学并不是完全站在传统教学的对立面，只不过强调了传统教学忽略的而确实对学生的发展有利的方面，即应赋予学生更多的空间以支配教学过程。非指导性教学模式改变了传统的师生关系，拓展了教学研究的视角。

罗杰斯认为，在课堂教学中要贯彻“非指导性”的思想，必须遵循着一些基本的原则或要求：①“促进者”（即教师）与学生共同承担责任，一起制定课程计划、管理方式等方面的内容，而不是像传统教学那样，由教师独揽这些事情，学生没有任何发言权，因此也没有任何责任。②“促进者”给学生提供各种各样的“学习资源”，包括他自己的学习经验或其他经验、书籍及各种参考资料、社会实践活动，等等。鼓励学生将他们自己已掌握的各种各样的知识，已经历过的一些事情“带到”课堂上来。③让学生单独或者与其他学生共同形成他们自己的学习计划。让学生探寻自己的兴趣，并作为教学的重要资源之一。这样做不仅可以让学生选择自己的学习（努力）方向，而且可以让他们对自己这种选择的后果承担责任。④创造一种‘促进”学生学习的良好气氛。一个好的班级、好的课堂，应充满真实、相互关心和理解的心理氛围。罗杰斯认为，这种气氛最终来自“促进者”，随着学习过程的进行，学生就会越来越多地并且很自然地流溢出这种情感与态度。⑤学习的重点是学习过程的持续性，学习的内容（即学生学到什么）则是次要的东西。一堂课结束的标志，不是学生掌握了“需要知道的东西”，而是学生学会了怎样掌握“需要知道的东西”。⑥学生的学习目标是他们自己确定的，因此，为了达到这些目标，必须提供的训练形式是“自我训练”，要让学生认识到这种训练是他们自己的责任，而且要承担这种责任。自我训练要取代外部训练。⑦对学生学习情况的评价由学生自己做出，而不是像传统教学中的那样是教师的“专利”。当然，其他学生以及“促进者”对某个学生的自我评价也要给予“热心反馈”，使这种自我评价更为客观，更符合实际。⑧促使学习以一种更快的速度更加深刻地进行下去，并且更广泛地深入学生的生活与行为之中。这个要求是完全有可能实现的。因为学习方向是学生自定的，学习活动是学生自发的，学生的情感、激情、理智沉湎于这一过程之始终。

归纳起来，罗杰斯的人本主义教学理论在教育实践中倡导以学生经验为中心的“有意义的自由学习”，突出情感在教学活动中的地位和作用，形成了一种以知情协调活动为主线、以情感作为教学活动的基本动力的新的教学模式；以学生的“自我”完善为核心，强调人际关系在教学过程中的重要性，认为课程内容、教学内容、教学手段等都维系于课堂人际关系的形成和发展；把教学活动的重心从教师引向学生，把学生的思想、情感、体验和行为看作教学的主体，教师仅仅是学生学习的促进者。作为促进者的教师的首要任务不是教而是促，允许学生自由学习和满足自己的好奇心。

奥苏贝尔“有意义接受学习理论”的优点是有利于教师主导作用的发挥，并重视情感因素在学习过程中的作用（运用奥苏贝尔的动机理论能较好地控制与引导情感因素，使之在学习过程中能发挥积极的促进作用）。其突出的缺点则是强调传递－接受式，否定发现式，在教学过程中把学习者置于被动接受地位，学习者的主动性、创造性难以发挥，因而不利于创新人才的成长。建构主义理论的突出优点是有利于培养具有创新思维和创新能力的创造型人才，其缺点则是忽视教师主导作用的发挥（因而不利于系统知识的学习，甚至可能偏离教学目标）和忽视情感因素在学习过程中的作用。罗杰斯的“人本主义教学理论”重视情感因素在学习中的作用，这是正确的，但进而把这一因素的作用扩大化，显得有点片面。另外，其过分强调了学生的自我选择，忽视了教师的指导作用，也不利于学生学习系统的知识，不利于培养学生的意志力和纪律性，易使学生走极端个人主义。

可以将以上三者结合起来并加以灵活运用，实现优势互补，努力做到既体现学生的认知主体作用，又能充分发挥教师的主导作用，既注意学生的学，又注意教师的教，把教师和学生两方面的主动性、积极性都调动起来。其最终目标是要通过这种新的教学设计思想来优化学习过程和学习效果，以便培养出具有高度创新能力的跨世纪新型人才。于是，一种新的教学模式——“主体—主导”模式应运而生。

凡是能体现“学生为主体，教师为主导”特征的教学模式，都可归于“主体—主导”模式。“主体—主导”模式是具有“开放性”和“发展性”的素质教育教学模式。

第二节　“主体—主导”模式的教学目标

“主体—主导”模式的教学目标就是转变传统陈旧的“传递—接受”式学习方式，倡导自主、合作、探究的新型学习方式。

一、自主学习

自主学习是一种学习者在总体教学目标的宏观调控下，在教师的指导下，根据自身条件和需要自由地选择学习目标、学习内容、学习方法并通过自我调控的学习活动完成具体学习目标的学习方式。

关于自主学习，国内外已经有大量的研究。行为主义心理学家认为：自主学习包括三个子过程：自我临控，自我指导，自我强化。自我临控是指学生针对自己的学习过程所进行的一种观察、审视和评价；自我指导是指学生采取那些致使学习趋向学习结果的行为，包括制订学习计划、选择适当的学习方法、组织学习环境等；自我强化是指学生根据学习结果对自己作出奖赏或惩罚，以利于积极性的学习得以维持或促进的过程。而认知建构主义学派认为，自主学习实际上是元认知临控的学习，是学习者根据自己的学习能力、学习任务的要求，积极主动地调整自己的学习策略和努力程度的过程。自主学习要求个体对为什么学习、能否学习、学习什么、如何学习等问题有自觉的意识和反应。

在综合不同流派学者理论的基础上，美国学者齐默尔曼提出："当学生在元认知、动机和行为三个方面都是一个积极的参与者时，其学习就是自主的。"他进而又从学习动机、学习方法、学习时间、学习的行为表现、学习的物质环境、学习的社会性等六个方面对自主学习的实质作出了解释。他认为，自主学习的动机应该是内在的或自我激发的，学习的方法应该是有计划的或已经熟练到自动化程度，自主学习者对学习时间的安排是定时而有效的，他们能够意识到学习的结果，并对学习的物质和社会环境保持高度的敏感和随机应变的能力。我国学者庞维国认为，如果学生在学习活动之前自己能够确定学习目标、制订学习计划、作好具体的学习准备，在学习活动中能够对学习进展、学习方法作出自我临控、自我反馈和自我调节，在学习活动后能够对学习结果进行自我检查、自我总结、自我评价和自我补救，那么他的学习就是自主的。他还将"自主学习"概括为：建立在自我意识发展基础上的"能学"，建立在学生具有内在学习动机基础上的"想学"，建立在学生掌握了一定的学习策略基础上的"会学"，建立在意志努力基础上的"坚持学"。

根据国内外学者的研究成果，我们可以将“自主学习”特征概括为以下几个方面：① 学习者参与制定对自己有意义的学习目标，自己控制学习进度，参与设计评价指标；② 学习者积极发展各种思考策略和学习策略，在解决问题中学习；③ 学习者在学习过程中有情感的投入，有内在动力的支持，能从学习中获取积极的情感体验；④ 学习者在学习过程中对认知活动能够进行自我临控，并作出相应的调适。

这里所说的自主学习，是指教学条件下的学生的高品质的学习。所有能有效地促进学生发展的学习，都一定是自主学习。其实，教学不仅不能等同于发展，而且也可能妨碍和阻滞发展，成为摧残、贬抑、泯灭学生发展的力量。只有那些能够激发学生强烈的学习需要与兴趣的教学，只有那些能够带给学生理智的挑战的教学，那些在教学内容上能够切入并丰富学生经验系统的教学，只有那些能够使学生获得积极的、深层次的体验的教学，也只有那些能给学生足够自主的空间、足够活动的机会的教学，那些真正做到“以参与求体验，以创新求发展”的教学，才能有效地增进学生的发展，因为发展的即时感受大多表现为茅塞顿开、豁然开朗、悠然心会、深得吾心，表现为怦然心动、浮想联翩、百感交集、妙不可言，表现为心灵的共鸣和思维的共振，表现为内心的澄明与视野的敞亮。

二、合作学习

合作学习是针对教学条件学习的组织形式而言的，相对的是“个体学习”。合作学习是指学生在小组或团队中为了完成共同的任务，有明确的责任分工的互助性学习。

合作学习有以下几方面的要素：① 积极的相互支持、配合，特别是面对面的促进性的互动；② 积极承担在完成共同任务中个人的责任；③ 期望所有学生能进行有效的沟通，建立并维护小组成员之间的相互信任，有效地解决组内冲突；④ 对于各人完成的任务进行小组加工，对共同活动的成效进行评估，寻求提高其有效性的途径。

合作动机和个人责任，是合作学习产生良好教学效果的关键。合作学习将个人之间的竞争转化为小组之间的竞争有助于培养学生合作的精神和竞争意识，有助于因材施教，可以弥补一个教师难以面向有差异的众多学生进行教学的不足，从而真正实现使每个学生都得到发展的目标。在合作学习中，学习者的积极参与，高密度的交互作用和积极的自我概念，使教学过程远远不只是一个认知的过程，同时还是一个交往与审美的过程。

三、探究学习

探究学习即从学科领域或现实社会生活中选择和确定研究主题，在教学中，创设一种类似于学术（或科学）研究的情境，通过学生自主、独立地发现问题、实验、操作、调查、搜集与处理信息、表达与交流等探索活动，获得知识、技能、情感与态度的发展，特别是在学习过程中培养学生的探索精神和创新能力。和传统的接受学习相比，探究学习具有更强烈的问题性、实践性、参与性和开放性。经历探究过程以获得理智能力发展和深层次的情感体验，建构知识，掌握解决问题的方法，是探究学习要达到的三个目标。

国外学者将探究学习分为六种基本类型：实验性探究、逻辑推理任务、基于测量的研究、工程性设计、技术性设计、开放性的研究。

学习是经验的重新组织和重新解释的过程。在我们的解释框架中，自主学习（意义学习）是相对于被动学习（机械学习）而言的，是指教学条件下学生的高质量的学习。而合作学习是针对教学条件下学习的组织形式而言的，相对的是“个体学习”。探究学习（发现学习）是相对于接受学习而言的。

第三节　“主体—主导”模式的操作程序

“主体—主导”模式具有开放性和发展性，没有固定的教学程序。凡是能体现“学生为主体、教师为主导”的教学程序都属于“主体—主导”模式的教学程序。下面列举几种经典的操作程序。

一、支架式

支架式教学也称“脚手架式教学”或“支撑点式教学”，支架原指建筑行业中的脚手架，支架式教学即被定义为学习者建构对知识的理解提供某种概念框架的教学。教师事先把复杂的学习任务加以分解，以便把学习者的理解引向深入。支架揭示或给予线索，帮助学生找到出路，通过提问帮助他们去诊断错误的原因并且发展修正的策略，激发学生达到任务所要求的目标的兴趣，以及指引学生的活动朝向预定目标。通过这种脚手架的支撑作用（或称“支架作用”），不停顿地把学生的智力从一个水平提升到另一个新的更高水平，真正做到使教学走在发展的前面。

支架式教学程序由以下几个步骤组成。

1. 搭脚手架

围绕当前的学习主题，建立概念框架。

2. 进入情境

将学生引入一定的问题情境（概念框架中的某个层次）。

3. 独立探索

探索内容包括确定与当前所学概念有关的各种属性，并将这些属性按其重要性大小顺序排列。探索开始时，要先由教师启发引导（如演示或介绍理解类似概念），然后让学生自己去分析；探索过程中，教师要适当提示，帮助学生沿着概念框架逐步攀升。起初的引导、帮助可以多一些，以后可以逐渐减少，最后要争取做到无需教师引导，学生自己能在概念框架中继续攀升。

4. 协作学习

进行小组协商、讨论，在共享集体思维成果的基础上获得对当前所学概念比较全面、正确的理解，即最终完成对所学知识的意义建构。

5. 效果评价

学习效果的评价一般包括学习过程和学习结果的评价，从知识和技能、过程与方法以及情感态度三个维度对学生的投入程度以及教学目标的达成情况进行评价。前者主要描述学习的过程性状态，后者则描述学习的结果，前者是后者实现的基础。对学习效果的评价常采用的评价方法有测验、观察、调查等。

6. 强化练习

通过课堂学习的“效果评价”，课后应为学生设计出一套可供选择并有一定针对性的补充学习材料和强化练习。这类材料和练习应经过精心挑选，即既要反映基本概念、基本原理，又要适应不同学生的要求，以便通过强化练习纠正原有的错误理解或片面认识，最终达到符合要求的意义建构目的。

二、抛锚式

抛锚式教学策略是由温特比尔特认知与技术小组开发的，要求这种教学策略建立在有感染力的真实事件或真实问题的基础上。确定这类真实事件或问题的过程被形象地比喻为“抛锚”，因为一旦这类事件或问题被确定，整个教学内容和教学进程也就被确定（就像轮船被锚固定一样）。教学中使用的“锚”一般是有情节的故事，而且这些故事要设计得有助于教师和学生进行探索。在进行教学时，这些故事可作为“宏观背景提供给师生”。

抛锚式教学程序由以下几个步骤组成。

1．创设情境

使学习能在和现实情况基本一致或相类似的情境中发生。

2．确定问题

在创设的情境中，选择出与当前学习主题密切相关的真实性事件或问题作为学习的中心内容（让学生面临一个需要立即去解决的现实问题）。选出的事件或问题就是“锚”，这一环节的作用就是“抛锚”。

3．自主学习

不是由教师直接告诉学生应当如何去解决面临的问题，而是由教师向学生提供解决该问题的有关线索（例如，需要搜集哪一类资料、从何处获取有关的信息资源以及现实中专家解决类似问题的探索过程等），并要特别注意发展学生的自主学习能力。自主学习能力包括：①确定学习内容表的能力（学习内容表是指为完成与给定问题有关的学习任务所需要的知识点清单）；②获取有关信息与资料的能力（知道从何处获取以及如何去获取所需的信息与资料）；③利用、评价有关信息与资料的能力。

4．协作学习

讨论、交流，通过不同观点的交锋，不断补充、修正，加深每个学生对当前问题的理解。

5．效果评价

同支架式。

6．强化练习

同支架式。

三、随机进入式

由于事物的复杂性和问题的多面性，要做到对事物内在性质、事物之间相互联系的全面了解和掌握，真正达到对所学知识的全面而深刻的意义建构是很困难的。因为，从单一视角提出的每一个单独的观点虽不是虚假的或错误的 ，但不是充分的，往往从不同的角度考虑可以产生不同的理解。为了克服这方面的弊病，在教学中对同一教学内容，要注意在不同的时间、不同的情境下，为不同的教学目的，用不同的方式加以呈现，应避免内容过于简单化。在条件许可时，尽可能保持知识的真实性与复杂性，保证知识的高度概括性与具体性相结合，使知识富有弹性，以灵活适应变化的情境，增强知识的迁移性和覆盖面。换句话说，学习者可以随意通过不同途径、以不同方式进入同样的教学内容，从而获得对同一事物或同一问题多方面的认识与理解，这就是所谓的“随机进入教学”。

显然，学习者通过多次“进入”同一教学内容能比较全面而深入地掌握该知识内容。这种多次进入，绝不是像传统教学那样，只是为巩固一般的知识、技能而实施的简单重复。这里的每次进入都有不同的学习目的，都有不同的问题侧重点。因此，多次进入的结果，绝不仅仅是对同一知识内容的简单重复和巩固，而是使学习者获得对事物全貌的理解，产生认识上的飞跃。

随机进入式教学程序包括以下几个步骤。

1. 呈现基本情境

向学生呈现与当前学习的基本内容相关的情境。

2. 随机进入学习

依据学生“随机进入”学习所选择的内容，呈现与当前学习主题不同侧面特性相关联的情境。在此过程中，教师应注意发展学生的自主学习能力，使学生逐步学会独立学习。

3. 思维发展训练

由于随机进入学习的内容通常比较复杂，所研究的问题往往涉及许多方面，因此在这类学习中，教师还应特别注意发展学生的思维能力。其方法是：① 教师与学生之间的交互应在“元认知级”进行（即教师对学生应加强思维方法的指导，向学生提出的问题应有利于促进认知能力的发展而非纯知识性提问）；② 要注意建立学生的思维模型，即要了解学生思维的特点（如教师可通过这样一些问题来建立学生的思维模型：“你的意思是指什么”“你怎么知道这是正确的”“你对这个问题怎样进行分析”“这是为什么”，等等）；③ 注意培养学生的发散性思维（这可通过提出这样一些问题来达到：“还有没有其他的含义”“请对 a 与 b 作出比较”“请评价某种观点”，等等）。

4. 小组协作学习

围绕依据不同情境所获得的认识展开小组讨论。在讨论中，每个学生的观点在和其他学生以及教师一起建立的社会协商环境中接受考察、评论。同时，每个学生也对别人的观点、看法进行思考并做出反应。

5. 效果评价

同支架式。

6. 强化练习

同支架式。

四、发现法（探究式）

发现法是指教师向学生提出有关问题，引导学生学习、搜集有关资料，通过积极思考，自己体会，“发现”概念和原理。它是一种以培养学生独立思考、发展探究性思维为目标，以基本材料为内容，使学生通过再发现的步骤来进行学习的教学方法。因此，教学不应当使学生处于被动接受知识的状态，而应当让学生自己把事物，使学生自己成为发观者。

在教学中运用发现法，其灵活性和自发性都很大，要根据不同学科和不同学生的特点来进行。其大致步骤包括以下几方面。

1. 设置问题情境

教师设置问题情境，提供有助于形成概括结论的实例，让学生对现象进行观察、分析，逐渐缩小观察范围，将注意力集中在某些要点上。

2. 建立假说（猜想）

学生利用原有的知识和经验，通过分析、比较，对各种信息进行转化和组合，对问题提出假说。

3. 检验假说

学生通过观察实验、思考讨论以及事实依据对假说进行检验和修正，直到得到正确的结论，并对自己的发现过程进行反思和概括。

4. 整合与应用

将新发现的知识与原有知识联系起来，纳入到认知结构的恰当位置，运用新知识解决有关问题，促进知识的巩固和迁移。

第四节 “主体—主导”模式的实现条件

一、对学生的要求

《课程标准》指出：“有效的学习活动不能单纯地依赖模仿与记忆。动手实践、自主探索与合作交流是学习的主要方式。”在“主体—主导”模式教学中，学生的地位由传统的被动接受变为主动参与，学生将成为知识的探索者和学习过程中真正的认知主体。它要求学生在教师引导下充分发挥自己的主体性，积极主动地学习。具体来说，要让学生做到“八多”：多“观察”、多“思考”、多“说”、多“质疑”、多“讨论”、多“尝试”、多“动手操作”、多“异”。

1. 让学生多观察

苏霍姆林斯基指出，“观察”不仅仅是解释某些课题和章节的一种手段，还是一种积极的智力活动，是发展智力的途径。观察是智慧最重要的能源。通过观察，学生们发现了各种自然现象之间的内在联系，同时得到了一些视觉享受，愉悦了性情，陶冶了情操，融入了这个世界。观察是发展智力的重要途径。从观察中不仅可以汲取知识，而且知识在观察中可以活跃起来，知识借助观察可以“进入周转”。一个有观察力的学生，绝不会是学业成绩落后或者文理不通的学生。教师如果善于帮助学生利用以前掌握的知识来进行一次又一次的观察，他就能使学生的“旧”知识变得愈加牢固，从而更好地实现教学目标，提高课堂效率。

2. 让学生多思考

独立思考是一种正确的学习态度和科学精神，是不依靠别人、完全凭借自己独立地进行比较深刻、周到的思维活动。它能让学生更好地去发现，去突破，去创造。没有思考，就谈不上创造，只能亦步亦趋，照猫画虎。新时代所需要的人才是具有独立思考能力的人。陈寅恪先生曾说：“惟此独立之精神，自由之思想，历千万世，与天壤而同久，共三光而永光。”所以在教育过程中，教师要注重启迪学生多去独立思考，去开辟新的知识领域，提出新的见解，辨伪去枉，去伪存真。

3. 让学生多说

通过让学生说计算过程、解题思路、操作过程、公式和法则的推导过程、应用知识解决问题的思考过程等，逐步培养学生用准确、简练、清晰的语言来进行表达的能力，养成爱说、会说的良好习惯，活跃课堂气氛，促进思维的发展。

4. 让学生多质疑

巴甫洛夫说过：“怀疑，是发现的设想，是探究的动力，是创新的前提。”爱因斯坦说过：“提出问题比解决问题更重要。”显然，加强学生质疑问难能力的培养，是为学生将来的“自我发展”和“创造发明”奠基，是培养未来社会所需的多规格人才的需要，是现阶段落实素质教育的需要。也就是说，培养学生自己发现问题、提出问题的能力有极其重要的意义。

5. 让学生多讨论

就是要积极创设问题情境，提出问题，激发兴趣，让学生积极参与到对问题的讨论中来，从而使学生的认识达到一定的广度和深度，使学生由被动地听讲变为主动参与，敢于发表自己的观点和独特见解，并学会倾听、尊重他人的意见。

6. 让学生多尝试

尝试是对问题的一种探测活动，其目的是获得关于问题的难易及解决问题的方法的有效性信息，最终达到解决问题的目的。尝试是人类学习的基本形式，真正的学习都是带有个人意义的尝试学习。尝试学习是学生主动探索的一种学习方式，同新课程改革的理念一致。邱学华也指出：“学生能尝试，尝试能成功，成功能创新。”教师要鼓励学生在学习过程中多尝试，积极主动地去探究知识。

7. 让学生多动手操作

动手操作就是让学生动手去做、动手做练习、动手做实验等等，是一种可以促进学生发展的体验性学习。学生多动手操作，有利于调动手脑结合，培养实践能力；有利于增强学生的运用意识，培养解决问题能力；有利于发展学生的思维能力，培养创新精神。

8. 让学生求异

要求学生在求“变”、求“新”中学习知识，获得思维的发展。在教学过程中，让学生说与别人不同的话、用与别人不同的方法、提与别人不同的问题，等等。培养学生善于思考、勇于创新、举一反三的习惯与能力。灵活的思维方式与创新生活是密切相关的。如果一个人只会按一种固定的方式或老师教的方法思考和处理问题，是无法培养创新能力的。

二、对教师的要求

在“主体—主导”模式教学中，教师的作用就是“导”。教师由原来的知识讲解员、传授者转变为学生建构知识的积极帮助者和引导者。教师应当激发学生的学习兴趣，引发和保持学生的学习动机，通过创设符合教学内容要求的情景和提示新旧知识之间联系的线索，帮助学生建构当前所学知识的意义。为使学生的意义建构更为有效，教师应尽可能组织协作学习，展开讨论和交流，并对协作学习过程进行引导，使之朝着有利于意义建构的方向发展。

1. 情境创设

建构主义认为，学习总是与一定的社会文化背景即情境相联系。情境就其广义来理解，是指作用于学习主体，产生一定的情感反应的客观环境；从狭义来认识，则是指在课堂教学环境中，作用于学生而引起积极学习情感反应的教学过程。不同的情境能够给各种特殊的学习者不同的活动效果，也就是说，学习者在不同的情境中会有不同的行为。创设情境是学习者实现意义建构的必要前提。

（1）情境的类型。

① 问题情境。创设“问题情境”，就是在教材内容和学生求知心理之间制造一种“不协调”，把学生引入一种与问题有关的情境的过程。这个过程也就是“不协调——探究——深思——发现——解决问题”的过程。“不协调”必须要质疑，把需要解决的课题，有意识地、巧妙地寓于各种各样符合学生实际的知识之中，给他们造成一种悬念，从而使学生的注意力、记忆、思维凝聚在一起，以达到智力活动的最佳状态。教师根据学生情况和教材内容创设的问题情境能诱发学生的好奇心和求知欲，点燃思维的火花。创设问题情境宜围绕教学目的，注意培养学生发散性思维与创新意识，且难度适中。

② 真实情境。创设真实情境，让学生亲临现场，在工厂、田间、

野外等真实的生活与工作场景中学习知识，运用所学知识解决实际问题。在真实情境中进行现场范例教学是理论联系实际的一种方法。创设真实情境，让学生亲临现场，解决实际问题，可以使学生运用所学的知识，并在运用中加深对知识的理解。通过创设真实情境，进行现场示范教学，学生学以致用，他们仿佛身临其境，在真枪实弹的演练中施展着自己的才能，品尝着受阻的焦虑和成功的喜悦，在积极思考中提高了解决实际问题的能力。

③ 模拟真实情境。一些危险性、不易或不宜真实接触的学习内容可以用创设模拟现实情境来满足教与学的需求。像法律专业的学生创建模拟法庭来模拟法庭现场进行演练对学习具有极大的帮助，又如学生自编自导自演英语话剧来锻炼他们自身的英语听说能力等。

（2）情境创设中应注意的问题。

① 情境创设与教学内容的关系。情境的创设是为了帮助学习者理解、内化学习内容。不同类型的教学内容需要不同的表现手段与表现方式，要求不同的学习方法。同时，不同的情境类型在不同类型的内容的学习中所起的效果也是不同的。如提供丰富学习资源的学习情境的创设适用于结构严谨的学科，提供学习场景的情境创设适用于教学结构不严谨的学科。从教学内容的类型上分，提供学习资源的学习情境的创设有益于知识的学习，尤其是概念、规律等逻辑性较强的内容的学习。而真实情境有益于情感态度和技能的学习，还常用于启发学生思维、渲染环境气氛等。

② 情境创设与学习者的特征的关系。学习是个性化的行为，是学生在原有的知识结构上的意义建构的过程。所以情境的创设要充分考虑学习者原有的知识、技能、学习动机、态度、年龄和心理发展特征。在综合分析的基础上，创设符合学习者认知发展规律的情境，创设适合不同学习者特征的多样化情境。用符合学生认知心理的外部刺激去促进他们对新知识的同化与顺应，从而完成知识的意义建构。

③ 情境创设与客观现实条件的关系。建构主义学习理论的情境

创设，强调创设尽可能实在的真实情境，因为真实的情境接近学生的生活体验。任务的真实性使学生能了解自己所要解决的问题，有主人翁感。任务本身的真实性也容易启发学生学习的内部动机。情境的多样性可以培养学生的探索精神，并且可以在完成任务中表达自己的知识。最优化教学是教学活动的理想目标，良好的情境创设是提高教学效果的重要手段，但教学过程受到教师、学生、媒体等许多因素的影响，创设情境毕竟只是进行教学的一种手段，所以在情境创设中要综合考虑各种因素，尤其是客观现实，要考虑其是否为创设情境准备了条件。

2. 引导学生自主学习

（1）提供自主学习的目标，增强学生自主参与的意识。

教者对于每一节课的教学内容，要仔细思考教学目标，并加以准确定位，使之切合学生的接受实际，然后在课堂上积极和学生对话，对他们提出“你怎么知道”或“为什么这样”的问题，把学生对预定目标的每一个反应作为推动学生讨论的机会，促使学生活跃地参与学习。

（2）激发自主学习动机，形成学生自主参与学习的兴趣。

首先要善于挖掘教材中的激励因素。俗话说：“兴趣是最好的老师。”学生必须要对学习的材料具有浓厚的兴趣。学生只要对所学的内容产生了浓厚的兴趣，就会有高度的学习热情，就会积极、主动地进行学习。兴趣是学生对学习活动的一种积极的认识倾向，它是学生获取知识、拓宽眼界、丰富心理活动最主要的动力。在教学中，可通过介绍学习材料的背景、设置悬念、展示材料的美等途径，强化学生学习的兴趣。现代多媒体工具声形图文并茂的特点，可充分激发学生的学习兴趣。其次，教师要以感情引导学生参与的兴趣，充分尊重学生，相信每个学生都能学好，鼓励他们提出疑问、异议甚至争执，教师作为学生学习过程中的顾问和意见交换者，要在课堂上实实在在地营造出平等、尊重、和谐的学习氛围，使学生在课堂上想说、敢说、爱说，积极参与课堂教学活动，真正成为学习的主人，使教学过程成为一个源源不断的激励过程。

（3）注重学法指导，提高学生自主参与的能力。

发挥学生主体作用的关键在于教给其学习的方法，让学生由“要学”到“会学”，提高学习质量，使学生真正成为学习的主人。要注重培养学生的自学能力，指导学生逐步学会看书，提出问题，归纳知识。作为教师，我们的最终目标是让学生学会学习。学习方法的指导要见缝插针，随时渗透，课堂教学过程应成为学生掌握学习方法的过程，引导学生去发现、理解、领悟、掌握新的“学法”，提高学习能力。

（4）建构知识“探索点”，创设学生自主参与的机会。

好教师应是“一位帮助发现矛盾，而不是拿出现成真理的人”。教师应努力创设主动探索的空间，让学生有动脑思考、动手操作、动笔尝试、动口表达的时间与空间，使其外部活动逐渐内化为自身内部的智力活动，从而获取知识，发展智能，以更积极的姿态自主参与学习活动。在构建知识“探索点”的时候，一般是在做好铺垫后，尽量让学生用原有知识尝试解答新问题，使学生能够“跳一跳摘到桃子”，享受成功的喜悦，继而以更饱满的热情参与后续学习。

学生自主学习引导对教师的文化底蕴、思维的敏捷、课堂驾驭能力、艺术审美的价值取向都提出了新的挑战。学生在对学习资料的收集与处理过程中，会有不同品质的内容同时出现的情况，在交流、展示与集中研讨的过程中，也会动态地生成很多不可预知的情况，这就要求教师在教学过程中发挥教学机智，对各种因素进行拓展，把握教学的走向。同时，必须承认学生的发展存在差异，教师不能搞“填平补齐”，要善于抓住学生身上的闪光点，发现不同学生的潜在优势，以学生在原有基础上提高作为评价依据，让每个学生在原有基础上获得最优发展，让每个学生形成自己的特色和鲜明的个性。

3. 引导学生合作学习

常用的合作学习方式有“课堂讨论”“角色扮演”“竞争”“协

同”和“伙伴”等五种。

(1) 课堂讨论。

这种协作学习方式的运用要求整个协作学习过程均由教师组织引导，讨论的问题皆由教师提出。“课堂讨论”学习的设计通常有两种不同情况：一是学习的主题事先已知；二是学习主题事先未知。多数协作学习属于第一种情况，但是第二种情况在教学实践中也会经常遇到。对于第一种情况，课堂讨论的设计应包括以下内容：① 围绕已确定的主题设计能引起争论的初始问题；② 设计能将讨论一步步引向深入的后续问题；③ 教师要考虑如何站在稍稍超前于学生智力发展的边界上（即稍稍超前于最邻近发展区），通过提问来引导讨论，切忌直接告诉学生应该做什么（即不能代替学生思维）；④ 对于学生在讨论过程中的表现，教师要适时作出恰如其分的评价。

对于第二种情况，由于事先并不知道主题，主要依靠教师的随机应变和临场的掌握，但应注意以下几点：① 教师在讨论过程中应认真、专注地倾听每位学生的发言，仔细注意每位学生的神态及反应，以便根据该生的反应及时对他提出问题或对他进行正确的引导；② 要善于发现每位学生发言中的积极因素（哪怕只是萌芽），并及时给以肯定和鼓励；③ 要善于发现每位学生通过发言暴露出来的关于某个概念理解（或认识）的模糊或不准确之处，并及时用适合于学生接受的方式予以指出（切忌使用容易挫伤学生自尊心的词语）；④ 在讨论开始偏离教学内容或纠缠于枝节问题时，要及时加以正确引导；⑤ 在讨论的末尾，应由教师（或学生自己）对整个协作学习过程作出小结。

(2) 角色扮演。

每个人都有这样的经历：对某个问题给别人作了详细讲解之后，自己对该问题往往会有新的体会与理解。也就是说，在帮助别人学习的过程中，也能促进自己的学习。这应用在教学上就是“角色扮演”协作学习方式。通堂有两种不同形式的角色扮演：一是师生角色扮演，二是情境角色扮演。师生角色扮演就是让不同的学生分别扮演学习者和指导者的角色，学习者被要求解答问题，而指导者则检查学习者在解题过程中是否有错误。当学习者在解题过程中遇到困难时，指导者帮助学习者解决疑难。在学习过程中，他们所扮演的角色可以互换。让学生分别扮演指导者和学习者的前提是他们对学习问题有“知识上的差距”。这是学生间取长补短的一种有效的学习方式，课内课外都可实施。情境角色扮演要求若干个学生按照与当前学习主题密切相关的情境分别扮演其中的不同角色，以便营造一种身临其境的气氛，使学生能设身处地去体验、去理解学习的内容和学习主题的要求。而在这种角色扮演中，教师和其他学生则扮演观众和评委的角色。让学生扮演教师上讲台讲课，也属情境角色扮演。

（3）协同。

协同是指多个学习者共同完成某个学习任务，在共同完成任务的过程中，学习者发挥各自的认知特点，相互争论、相互帮助、相互提示或者进行分工合作。学习者对学习内容的理解和领悟就在这种和同伴紧密沟通与协作的过程中逐渐形成。在开始之前，每个学习者都必须与其他学习者讨论，交流彼此的观点并共享集体的智慧，最终在学习者之间达成一致的行动方案。学习者可以选择他们自己认为最有效、最合适的合作方式。教师可给学习小组的行动方案提出建议并提供必要的信息资源；或当学生在获取和利用有关信息资源的过程中遇到困难时给予帮助等。

（4）伙伴。

在现实生活中，学生们常常与自己熟识的同学一起做作业。没有问题时，大家各做各的，当遇到问题时，便相互讨论，从别人的思考中得到启发和帮助。“伙伴”协作学习方式与此类似，它可以使学生在学习过程中感觉到他并不是孤独的，而是有一位伙伴可以互相支持、互相帮助。当一方有问题时，他可以随时与另一方讨论。由于个人的思考范围有限，若在学习过程中能和伙伴相互交流、相互鼓励，则可达到事半功倍的效果。教师要鼓励学生结伴，必要时可提出配对建议。

4. 引导学生探究学习

（1）教师要掌握探究学习的常规指导策略。

对适合探究的内容和形式，教师选择后应该创设情境，以激发学生兴趣，鼓励学生主动选择内容与形式并独立地进行探究。其中要注意收集材料中的隐性实验。实际上，教材在讲述某一知识点时，往往都由实验引入或加入实验验证。这些实验，课本中虽未明确注明，但却是科学家们研究过程的再现，我们把它称为经典实验，应该把它们纳入探究学习的内容。同时，对不适宜探究的内容和形式，教师应该激发学生兴趣，并与之共同探讨，用“换元”和“替换”法将不适宜探究的内容与形式转换为可以探究的内容和形式，如转化为确定的问题、活动、项目和任务。例如，将传统理化生实验转化为探究性实验，将历史事件采用“模拟法庭”的形式进行探讨，将力学“碰撞与缓冲”的冲量教学转化为“扔鸡蛋不破”的比赛设计活动，等等。转化后，复杂的、抽象的内容和形式就可以变为直观的、形象的、富有活动性的内容和形式了。再者，探究学习一定要与单元教学挂钩，但也不必每节课都这样，不主张多而杂。指导时可采取合班大课的形式，一人主讲、多人协助的方式，使探究学习更加合理而高效，而且要合理利用课前课后的时间，等等。

科学探究式学习的核心目标是提高科学素质，具体目标是提高学生科学探究所需要的能力和增进对科学探究的理解，该目标以培养创新意识的实践能力为核心。探究性学习的重要意义在于教师与学生、学生与学生之间是平等自由的关系。教师是学生学习的引导者、合作者和支持者。在学生的学习过程中，教师要有计划、有步骤地把观察、实验、猜测、验证、推理、交流等教学活动积极地引进课堂，鼓励和引导学生积极地发现问题，给学生“问”的权力和机会。这不仅仅是一个教学策略，还体现了学生学习方式的重大转变。当学生遇到困难时，教师应通过适当地提问启发学生思考，帮助其找到摆脱困境的办法。当学生取得独立进展时，教师应给予及时的反馈和评价。教学中教师要想方设法鼓励学生去想、去说、去做，用自己的方式解决疑问。

（2）要创设探究性学习活动的基本条件。

一是教师必须将学生置于有意义的情境中，要善于创设各种情境，如问题情景、游戏性情境等，抓住学生的兴奋点，激发学生探究的欲望，给思维以动力；然后引导他们提出问题，或给他们布置恰当的探究任务。二是教师必须为学生开展探究活动提供必要的场地、时间和空间，并在资料、材料、设备和指导等方面给予支持。三是教师必须组织学生进行有效的表达和交流，帮助学生在自己探究的基础上加深认识，借以达到预定的学习目标。此外，教师要为学生营造一个宽松、和谐、民主的课堂环境或其他活动环境，学生的想法、结论即使与标准答案不一致也应给予理解和尊重。

（3）准确把握教师指导的“度”，防止不管不问或包办代替两个极端。

因为探究性学习的目的是培养学生的实践能力和创新精神，教师指导“过度”，就可能变成包办代替，偏离学生自主学习这个基本要求；教师指导不力，放任自流，又会失去对学生的素质培养和方向导引，同样也偏离探究性学习的目标。因此，教师要把握好度，防止“两个极端”，尊重学生的学习自主权，尊重他们的意愿，科学地引导他们自觉地完成探究性学习的整个过程。

教师在专题辅导时，可同时进行选题的指导、活动计划的指导等。在学生活动过程中，教师要密切注视他们的进度和表现，防止偏颇或不周。特别是在实施过程中，经常对他们进行具体指导，强调选题要量力而行，过程要合作协调，分工要科学合理等。而具体的探究过程，则应该由学生主动自主进行。

三、对媒体的要求

早期的媒体，除了粉笔、黑板以外，只有幻灯、投影、录音录像这类视听媒体。这类媒体尽管也能做到图文声并茂，但缺乏交互性，不能让学生主动参与，只能作为教师的演示工具，难以作为学生自主学习、进行探索与发现的认知工具。这也是奥苏贝尔否定“发现学习”的原因。而今，多媒体和网络（特别是国际互联网internet）已广泛普及，网上的教学资源愈来愈丰富，多媒体和网络技术在教育、教学领域应用的种种优越性已日益为人们所认识。多媒体和计算机网络技术由于能提供界面友好、形象直观的交互式学习环境（这有利于激发学生的学习兴趣和进行协商会话、协作学习），能提供图文声像并茂的多种感官综合刺激（这有利于情境创设和大量知识的获取与保持），还能按超文本、超链接方式组织管理学科知识和各种教学信息，目前在 internet 上按这种方式组织建构的知识库、信息库浩如烟海，并已成为世界上最大的信息资源（这不仅有利于学生的主动发现、主动探索，还有利于发展联想思维和建立新旧知识之间的联系），因而对学生认知结构的形成与发展，即促进学生关于当前所学知识的意义建构是非常有利的，也是其他的教学媒体或其他学习环境无法比拟的。而“情境创设”“协商会话”和“信息资源提供”正是建构主义学习理论所要求的学习环境必须具备的基本属性或基本要素。可见，多媒体和计算机网络技术是“主体—主导模式”的必要条件。

必须在现代教育观念的指导下，研制高水平的教学软件。教育教学软件包括一般的印刷载体、幻灯片、投影片、电影片等，也包括由计算机多媒体演示型软件，教学的课件型软件和集开发平台、基本教学模块和学科素材库为一体的、具有个性化特征的工具型软件所构成的计算机教育软件。在各种教育软件的编制过程中，必须坚持以人为本、以学生为中心的原则，突出对学习过程的优化。

具体来说，媒体在教学中的作用分为：A. 提供事实，建立经验；B. 创设情境，引发动机；C. 举例验证，建立概念；D. 提供示范，正确操作；E. 呈现过程，形成表象；F. 演绎原理，启发思维；G. 设难置疑，引起思辨；H. 展示事例，开阔视野；I. 欣赏审美，陶冶情操；J. 归纳总结，复习巩固；K. 其他。媒体的使用方式包括：A. 设疑—播放—讲解；B. 设疑—播放—讨论；C. 讲解—播放—概括；D. 讲解—播放—举例；E. 播放—提问—讲解；F. 播放—讨论—总结；G. 边播放、边讲解；H. 其他。

第五节 “主体—主导”模式的教学评价

课堂教学的好坏乃是学校能否全面提高教学质量的核心问题，而课堂教学评价是教学工作的关键环节，它是检查、总结和指导教学的先决条件和重要依据，是加强教学管理、调动教师积极性、提高教学质量的一项有效措施。但是，教学本身的复杂性决定了课堂教学评价的复杂性，它既不能单纯用劳动强度、工作时间和教学对象等方面简单的量来衡量，又不能以某一个模式来参照给分。

一直以来，课堂教学评价的关注点都是以“教师”为主，主要关注教师的课堂表现，关注教师是怎么讲的。即使关注到学生的行为表现，也基本上被看作教师“教”的回应，或者成为教师“教”的点缀。总的来说，以往的课堂教学评价表现出“以教为主，学为教服务”的倾向。

“主体—主导”模式下的课堂是一种主体主动参与、主动发展的课堂，所以教学评价应以主体发展为价值取向，应从传统的以教评教向以学评教转变。一堂课的优劣不仅要看教师的发挥，更要看学生在课堂上是否处于主体地位，看课堂上学生的个性、能力等有没有得到充分的发展。因此，新课程课堂教学评价应把“教”与“学”的双方纳入到评价的视野之中，既要评价课堂上教师教的情况，又要评价学生在课堂上学的情况。

一、从教师“教”的方面评价

1. 看教师是否注重调动学生的学习积极性

当前提倡主体性教学，使学生在教学中处于主体地位，而学生对学习的积极态度就是其学习主体性的基础。因此，教师在课堂上，要尽可能地调动学生的学习积极性，善于引导学生，鼓励和激励他们主动进行学习，努力培养学生积极的学习态度。教师要采取生动、活泼的教学方法，增加教学的趣味性，引发学生的兴趣。而且，在一堂课的整个教学过程中，在教学的各个环节上，教师一直要注意引导和调动学生，尽力使学生保持积极的学习状态。

2. 看教师是否注重引导学生直接参与教学活动

过去我们曾经认为，一堂好课就是教师讲得好，或者教师的教学方法运用得好。现在的观念发生了变化，一堂好课，教师的讲授和演示固然重要，但更重要的是教师的活动如何引起学生的学习活动。学生在课堂教学中的参与程度如何，在一定意义上决定了一堂课的成功与否。教师的教，是为了学生的学，因此，在教学中教师要注重学生对教学过程和教学活动的积极参与，采取多种方式，使学生投入其中，直接参与教学活动，积极与教师配合，通过师生互动和生生互动，共同完成教学任务。更为重要的是，这种学生的参与，是全体学生的参与，而不只是个别学生的参与。

3. 看教师是否注重采取灵活多样的教学方式和方法

在新编的课程标准中，“过程与方法”已成为教学目标的一个重要的方面。多种多样的教学方法的运用，其意义并不在于形式，而在于如何组织教学，引导学生、调动学生参与教学。方法的选择和运用，关键是为了激活学生思维，促使学生思考。因此，所有的教学方法，都应该围绕着学生的认识而展开。教师应该结合教学的实际（包括课程、教材、班级、学生和教师的实际）选择最适当的教学方法，并在教学过程中创造性地运用，而不是刻意模仿和简单借用某些方法，这样才能有好的教学效果。特别要指出的是，教师要注重自己教的方法与学生学的方法的有机结合，在教学中要有意识地注意对学生学习方法的指导。

同时，现代化的教学不仅体现在教育观念的现代化，而且体现在教学手段和教学方法的现代化，运用多媒体技术也是提高课堂教学水平的一个重要方面。需要注意的是，运用多媒体技术应与课堂讲授紧密配合，使师生的活动与技术的支持成为一种同步的过程，而不是分离的过程。

4．看教师是否注重对问题的探究

课堂教学的真正意义，不仅在于使学生掌握学科的基础知识，还要使学生在学科学习的过程中发现问题、探讨问题、研究问题和解决问题，从而逐步形成对相关问题的正确认识并掌握认识问题的科学方法。这就需要在教学中开展研究性学习，突出教学过程中的问题性、参与性、体验性和实践性，给学生机会，引导他们进行独立的、自主的学习与探究，促使学生在学习过程中不断发现问题，进行表达交流。

5．看教师是否注意面向全体

国家《基础教育课程改革纲要（试行）》中指出：“教师应尊重学生的人格，关注个体差异，满足不同学生的学习需要，……使每个学生都得到充分的发展。”但在实际教学中，仍有不少老师无视学生在认知水平上的差异，教学内容“一锅煮”，教学要求“一刀切”。这必然会导致相当数量的学生游离在教师的教学活动之外，致使其形成学习障碍，滋生厌学情绪。因此，我们的课堂教学，应着眼于帮助和指导全体学生按照适合于自身特点的方式获得最优发展。改革课堂教学，确保教学对象的全体性，通过我们的教学让所有的教学对象都能在原有的基础上有所“发展”。

6．看教师是否能够全面把握教学任务

教学任务在新的课程标准中表述为知识与能力、过程与方法、情感态度与价值观。教学任务即教学目标，无论怎样划分，都是整体目标的具体体现，都不应该忽视某一个方面。在课堂设计和教学过程中教师既要注重过程与方法、情感态度与价值观，也要防止出现轻视基础知识的倾向和忽略对具体知识的传授。如果学生缺少必要的背景知识，教学活动就难以深入，使得学生和教师都处于尴尬的被动状态。所以，我们在推进教学改革的同时，要注意避免对教学目标整体把握上的缺失，要全面和正确地理解教学的任务。

7. 看教师是否能够把握教学内容的重点

一堂课的时间有限，需要选定重点内容，组织重点活动，而重点活动应该围绕着重点内容来设计。教学没有重点，就不能带动全面，就没有突破，也就难以给人以深刻印象。而选错了重点，也就选错了方向。确定一堂课的重点内容、重点问题、重点活动，是教师在备课时的一个重要方向，需要认真地考虑分析。

二、从学生“学”的角度评价

1. 看学生的情绪状态

学生的情绪状态直接影响教学效果，如学生在课堂上的情绪是否饱满、学生是否保持良好的注意状态、学生的学习兴趣是否浓厚、学生热情是否高涨等。如果一堂课中学生对知识的渴求始终保持着较高的热情，那么，这堂课中师生之间必能形成良好的氛围，情感双向和谐交流，从而达到教学共振。

2. 看学生的活动广度

学生的活动广度可以从以下两方面来理解：一方面是指学生的每一种感官都能积极、主动地参与到教学活动中来。一堂课中我们要关注学生的全面发展，不仅仅是他们的读、写、算能力，还有观察能力、情感体验等方面的全面发展。另一方面是指学生的参与广度，如学生举手答题率达到80%以上，学生围绕学生举手答题率占

总共答题的60%以上，学生小组活动率达90%以上等。

3．看学生的活动时间

学生的活动时间即一堂课属于学生自己的时间究竟有多少。传统的教学是“灌输式”的教学。学生被动地接受学习内容，很难有自己发挥的空间，而以主体发展为价值取向的课堂则恰恰相反，它鼓励学生拥有较多的自主学习，这样就可以发展学生的自主学习能力，还有助于小组学习的开展和合作学习的实施。

4．看学生的参与方式

看学生的参与方式是否多样，如独立学习、集体讨论、小组学习、动手操作等。一堂课中学生的参与方式可以是独立学习，可以是小组学习，也可能是多种的混合。这样既可以形成良好的课堂氛围，又可以促进学生的多种能力协调发展。

5．看学生的参与品质

学生参与教学活动的品质是极其重要的，它是价值观的显现。具体表现如下：学生是否善于倾听，理解他人的发言，并能及时抓住重点；学生能否很好地与他人沟通；学生普通具有问题意识，能质疑发问，发表不同意见；学生是否具有较强的动手能力等。

6．看学生的活动认知水平

评价一堂课的成功与否，一项重要的标准是看学生的认知活动水平。传统的课堂是接受式、再现式的认知活动，是低水平的认知活动；现在的课堂应该是高水平的认知活动，即发现式、探索式的。

7．看学生的参与效果

教学效果是评课最有力的一点，教学效果如何应从以下几点来看：是否95%以上的学生通过努力达到合格的教学目标；学生通过学习，是否形成了能力发展趋向，如是否得到了学会学习能力的发展；学生是否具有较强的学习主动性等。

三、构建适应新课程要求的课堂教学评价指标体系

评价指标是指根据评价的目标，由评价指标的设计者分解出来的，

能够反映评价对象某方面本质特征的具体化、行为化的主要因素，它是对评价对象进行价值判断的依据。科学的课堂教学评价指标体系，对于科学地、客观地评价教师课堂教学质量有着重要的意义。只有建立在科学、正确的评价指标体系上进行的评价，才能发挥教学评价的导向、诊断、选拔、鉴定及激励作用，才能使教学改革朝着预期的目标前进，才能使新课程的实施有一个良好的保障机制。

基于上文所述，设计出如下“主体—主导”模式课堂教学质量评价表：

“主体—主导”模式课堂教学评价表

<table>
<tr><td colspan="8">时间：______月______日第______节　班级__________科目__________</td></tr>
<tr><td colspan="4">教学内容：</td><td colspan="4">施教者：</td></tr>
<tr><td colspan="4">教师科学指导</td><td colspan="4">学生价值趋向</td></tr>
<tr><td>评估内容</td><td>评估细则</td><td>分值</td><td>得分</td><td>评估内容</td><td>评估细则</td><td>分值</td><td>得分</td></tr>
<tr><td rowspan="4">激发学生兴趣</td><td>1. 手段优化：恰当用好电教仪器或直观教具</td><td>5</td><td></td><td rowspan="4">情感价值观</td><td>1. 情感情绪：兴趣浓厚，学得轻松、投入，乐于学习</td><td>10</td><td></td></tr>
<tr><td>2. 创设情景：精心设计问题情境，导入清晰、过渡自然、有吸引力，问题设置有梯度，提问语言简洁</td><td>10</td><td></td><td>2. 合作水平：合作学习气氛活跃，小组讨论热烈，责任心强，参与率达100%，师生、学生关系和谐</td><td>10</td><td></td></tr>
<tr><td>3. 示范示例：做好示范，精心设计课例，分层推进，促进全体学生积极参与</td><td>10</td><td></td><td>3. 意志品质：学习自信，敢于质疑，敢于竞争，善于选择恰当方法和途径，排除干扰，克服困难，取得成功</td><td>10</td><td></td></tr>
<tr><td>4. 民主鼓励：教态和蔼，有激情，师生感情融洽。重视学生情感价值观的开发，有聆听学生发言的习惯，及时给予鼓励性评价</td><td>10</td><td></td><td>4. 尊重他人：注意力集中，善于倾听他人意见，赏识他人长处</td><td>10</td><td></td></tr>
</table>

续表

评估内容	评估细则	分值	得分	评估内容	评估细则	分值	得分
培养学生习惯	5. 组织教学：课堂教学环节严密，气氛活跃，小组合作学习有序有效，实现自动化	10		个性价值观	5. 全面细致地观察，批评性地思考，选择性地记录，及时提出自己的见解	10	
	6. 规范训练：课堂常规训练频率高，针对性强，全员参与收效大	10			6. 学习习惯：准备充分，学习用品齐全，摆放有序，有良好的听、记、讨论、举手反馈等习惯	10	
	7. 教师形象：普通话流畅，表达准确、严谨，板书工整、条理、清楚，教态亲切自然	10				10	
导学方法策略	8. 以学定教：目标明确，结合学科教学渗透学法指导，使学生会学	10		未来价值观	7. 自学能力：预习到位，独立思考，主动探索，有良好的预习习惯	10	
	9. 教法科学：重方法、重过程，提倡生生交流、生师交流，鼓励学生发现问题、提出问题、解决问题	10			8. 创新能力：善于评价，敢于发表不同见解，质疑新颖，不断追求	10	
	10. 信息反馈：分层训练、分层指导、分层评价，当堂检测、及时反馈	10			9. 表达能力：表述流畅，声音响亮，逻辑性强，发表见解有条理	10	
	11. 教有特色：指导学生进行课堂总结，在实现预期目标的基础上，在某个方面具有创造性和新意	5			10. 学习效果：反馈效果好，训练达到预期目标，部分达到拓展性目标，能用学到的知识解释生活中的现象	10	
总得分	评价	评价人签名：________ 时间：________					

本评价表最大的特点是在关注教的同时，也关注学，把学生的活动纳入评价指标体系之中。关注学生在课堂师生互动、自主学习、同伴合作中的行为表现、参与热情、情感体验和探究、思考的过程，即关注学生是怎么学的。通过了解学生在课堂上如何讨论、如何交流、如何合作、如何思考、如何获得结论及其过程等学生的行为表现，评价课堂教学的成败。即使关注教师的行为，也是关注如何促进学生学习、教师如何组织并促进学生的讨论、教师如何评价和激励学生的学习、教师如何激发学生学习的热情和探究的兴趣等来评价教师课堂行为表现对学生的“学”的价值。因此，本评价表较好地体现了新课程提出的“以学论教、教为促学”的评价理念。

课堂教学评价是依据现代教育评价理论，在一定观念指导下，对课堂教学活动状态和价值所进行的判断。理念是判断标准的内核，标准则是理念的外显，二者互为表里，不可分割。因此，在评价的具体实施过程中，评价者首先要有对评价理念的体悟和认同，否则，即使是同样的评价标准，不同的理念也会产生迥异的评价结果。

当然，这里要特别指出，在课堂教学评价的具体实施中，也有一个因时、因地、因人制宜的问题，面对不同的学校、不同的年级、不同的学生、不同的学科、不同的课型、不同的教师，在进行课堂教学评价时，应从实际出发，具体问题具体分析，从而做出恰如其分的评价，切不可削足适履，搞“一刀切”。正因如此，笔者认为，正确的理念是实施课堂教学评价的前提和关键。

第四章 “主体—主导”模式的操作程序及案例集锦

第一节 语文学科

高中语文阅读课教学程序及案例

龙 芳

一、教学程序

1. 定向自读

学生在教师的引导下参与确定教学目标、明确学习目的和任务。在自读过程中，学生根据学习目标，主要思考哪些问题解决了、哪些问题不能解决、应该怎样解决等。通过定向自读，学生能更有针对性地发现问题，获取知识，形成能力，从而改变学生学习语文惰于思考的现状。

2. 讨论质疑

将班级中座位相邻的四人定为一组，相互讨论，解决疑难，留下问题。教师始终要引导和把握课堂，学生所质疑的问题必须是紧紧围绕教学目标和课文内容的，从而使答疑内容集中明确，使教学目标能按质按量按时完成。在提问过程中，教师应鼓励学生提出不同意见，肯定求异思维。

3. 交流答疑

小组成员提出疑问，先由学生回答，学生经过讨论仍不能解决

的，再由教师解答，最后由师生评议，摸索出此题的知识点和规律性。教师在此教学环节中应指导全班同学进行讨论，但注意不要充当控制的角色，鼓励学生倾听彼此的意见，学习运用课文提供的资料证实自己的观点。

教师提出学生不能想到而又需要解决或重视的问题，即体现教师对课堂教学的主导作用。教师提问后先交给学生，给学生思考的时间，尽量自己找到答案；学生如果不能很好地解决问题，再由教师点拨，引导学生解决，最后由师生评议。

4. 练习迁移

教师出题，学生回答，并相互评议。对于难度较大的问题，学生之间通过相互探讨找出准确答案；对于学生争议较大的问题，教师不要武断地得出结论，而应给学生留下充分的想象和思考空间。学生自己出题，自己回答，相互评议。自己出题反映了学生对知识掌握的程度和水平、能力的高低，还打破了对命题的神秘感，使学生成为学习的主人。

5. 总结归纳

以学生为主的归纳。以学生为主的归纳主要是对每篇课文、每个单元的归纳，这些内容相对比较清楚，该过程是学生对所学知识复习和形成归纳能力的过程。

以教师为主的归纳。以教师为主的归纳主要是依学生的知识水平不能进行的归纳和一些纵向的归纳。其操作过程是由教师提出问题，师生共同来分析和解决问题。对于总结归纳，教师要注意把它当作一个重要的教学步骤来看，不可匆匆带过，也不可就事论事，而要强化教学目标和内容的内在联系。

二、案　例

林教头风雪山神庙

1. 定向自读（5 分钟）

师生根据课后习题“研讨与练习”，共同确定本课文的教学目标。

（1）了解故事基本情节，理清发展脉络；

（2）培养分析人物性格的能力；

（3）掌握景物描写、细节描写的作用；

（4）了解封建社会“官逼民反，民不得不反”的事实及必然性。

2．讨论质疑（10 分钟）

（1）学生读课文，自学课文，小组讨论。教师巡回指导，调控课堂，使小组讨论有序开展。

（2）学生通过自学，围绕教学目标提出问题，编号如下：

① 小说的开端、发展、高潮、结局是什么？

② 课文开头关于李小二夫妇的篇幅非常长，有什么作用？

③ 林冲一身本领，为什么甘愿被发配，任人欺负？

④ 林冲是一个怎么样的人？从哪些地方可以看出他的性格特点？

⑤ 课文中有哪些对风雪的描写，渲染了怎样的气氛，如何推动情节发展？

（3）教师补充提问。

① 林冲从草料场出门打酒，陆虞侯三人走到草料场放火害林冲，为何两者没在路上相遇？

② 林冲性格的发展变化及所走的道路，对于我们认识当时的社会有何意义？

3．交流答疑（15 分钟）

师生根据上个环节提出的问题，逐一进行分析、讨论，最后得出结论。在交流中，按问题编号①、②、③解答即可，对编号④、⑤及教师补充提问则应相应展开，除给出结论外，还应给出答题的思路，教师可选出一两例示范。通过讨论得出结论如下：

（1）情节结构：

序幕（第 1 自然段）：林教头沧州遇旧知。

开端（2 ~ 5 自然段）：陆虞侯密谋害林冲，林教头买刀寻敌。

发展（6～9 自然段）：林教头接管草料场。

高潮和结局（10～12 自然段）：风雪夜山神庙复仇。

（2）李小二的情节表现了林冲的正义感和扶弱济贫的侠义精神，同时为下文做了铺垫。

（3）林冲出身好，家庭美满，生活条件优越，不能够抛开一切去造反，加之受封建愚忠思想的毒害，妄图一时隐忍来保住自己所拥有的一切。

（4）安于现状，逆来顺受，委曲求全，心地善良，有正义感，做事谨小慎微。

（5）风雪的作用：渲染气氛，推动情节发展，烘托人物迷茫、孤寂、悲凉的心境，表现了一个末路英雄的悲壮。

（6）没相遇的原因：书中对于方位细节交代清楚，林冲买酒，去山神庙是往东走，而陆虞侯是从西面而来，所以没相遇。类似的细节描写很多，可再找出一两例。

（7）让我们看到当时社会的黑暗腐败，认识到封建社会的民众奋起反抗统治者的必然性。

4. 练习迁移（5 分钟）

学生仿写，要求用自然景物来烘托人物的喜怒哀乐，字数不限。

5. 总结归纳（5 分钟）

学生在对课文有了较深的认识和理解后，谈谈学习所获，进而总结出小说类作品的赏析方法及赏析要点。

（1）小说赏析主要从三个方面入手：情节、人物、环境。

（2）情节的把握主要理清故事的开端、发展、高潮、结局。

（3）人物的把握主要是分析人物的性格特征，赏析塑造人物性格的各种方法。

（4）环境分为自然环境和人文环境，环境是小说的依托，对于情节的发展及人物的刻画有着不可忽视的作用。

高中语文写作课教学程序及案例

刘 芳

一、教学程序

1．导

“凡事预则立，不预则废。”有清晰的教学目标是一堂课成功的前提。所以课堂伊始，老师先给学生明确本堂课要达到的作文训练目标，然后给出提示或先由学生猜想后教师给出提示：可以从哪几个角度去实现这个目标，从而使学生接下来的操作有的放矢。

2．读

叶圣陶认为，阅读是写作的基础。在阅读中，一可以陶冶学生情操，让学生认识到语言文字的美丽，从而增加写作兴趣；二可以让学生积累写作素材；三让学生有了精致的可模仿参考的范本。所以，老师应事先准备好课堂要阅读的材料，在课前分发到学生手上。课堂上，让学生结合训练目标，在老师的指导下有所侧重地阅读相关文章。

3．说

让学生在刚才阅读的基础上围绕训练目标畅谈阅读心得，然后师生进行点评；老师对刚才学生所讲的进行归纳总结，上升为作文写作的理论指导。

在此环节，老师一定要给学生营造宽松和谐的畅谈环境。

4．练

在训练目标规范下，让学生练。练包括课堂上的片段式作文训练（或提纲式作文训练）和课外的大作文训练（按高考标准完善课堂作文）。

5．评

学生朗读或板书完课堂作文后，师生评议，围绕训练目标指出其优缺点。评议应以学生发言为主，切忌教师大包大揽；指出学生课堂作文中存在的问题，矫正时不可就题讲题，要告诉学生为什么错，怎样做才符合要求。

课外的大作文以老师批改为主。

6. 改

针对评议中指出的不足，学生进行修改，老师在旁指导。最后展示修改成果。

二、案 例

探秘近三年湖南省高考语文高分作文

1. 导（3 分钟左右）

师展示教学目标：通过对高考高分作文的分析，让学生在最短的时间内提高考场作文分数。

结合高考作文评分标准提示学生从内容、表达、发展等级三大方面去把握文章得高分的原因。

2. 读（9 分钟左右）

老师事先打印并分发 2011 年标杆作文《走出自我》、2012 年标杆作文《那手、那人、那心》和 2013 年标杆作文《宿命》。给出 9 分钟左右的时间，让学生围绕教学目标自由阅读，同时老师在旁指导学生如何抓住文章的闪光点，并敦促学生做好批注。

3. 说（6 分钟左右）

学生自由畅谈、讨论阅读所得。老师归纳，得出如下启示：① 文段安排上，运用排比式提出分论点。② 首段运用比兴，由自然现象到人的思维，清楚准确地表明观点。③ 首尾呼应，结构严谨。④ 善用修辞，语言较优美。⑤ 对话入题，紧扣材料。⑥ 材料丰富，详略得当。⑦ 想象丰富，角度新颖。⑧ 描写细腻，用词朴实准确。⑨ 成功运用了对比和烘托手法。

4．练（15 分钟左右）

请以“宽容”为题，写作文提纲，限时 15 分钟。

5．评（4 分钟左右）

请一学生板书其作文提纲：

《宽容》：

（1）由有关宽容的诗歌或名言引入。

（2）写自己或他人经历的有关宽容的事，写出自己的感悟。

（3）写与宽容相反的事例，谈谈这样做的负面影响。

（4）总结提升，指出宽容于己于人的好处。

师生共同就此提纲进行评议。

6．改（3 分钟左右）

学生结合评议建议进行修改。修改后的作文提纲如下：

首段：排比句开头，表明观点。

分论点一：宽容是中华民族的传统美德，是中华文明发展的重要构件。

举例：千里修书只为墙，让他三尺又何妨。万里长城今犹在，不见当年秦始皇。

分论点二：宽容是人与人友好交往的桥梁，是人们心灵沟通的桥梁。

举例：以廉颇与蔺相如的故事来论证。

分论点三：宽容是一个人文明素养的具体体现，也是事业成功的保证。

举例：以唐太宗容忍魏征的事例来论证。

分论点四：缺少了宽容，人们将在斤斤计较中与人结怨，在睚眦必报中与人结仇，在水火不容中同归于尽。

举例：列举慈禧太后和当今社会上一些人“刻薄”待人的事例。

末段：与开头照应，强化观点。

7．作业（课外完成）

请大家在提纲作文的基础上以“宽容”为题写一篇 800 字左右的记叙文或议论文。

高中语文复习课教学程序及案例

龙　智

一、教学程序

1. 课前准备

教师将提前制作好的“学案”下发给学生，上课前回收，老师全面批改，检查学生的预习情况，提高上课的针对性。

2. 情景导入

教师开门见山，引导学生明确学习目标，逐一检查“回顾预习”，引导学生熟悉课文。可从以下几个方面提示：① 背景；② 作者；③ 背诵（注：对字音和词义要根据批改的情况进行强调）。

3. 合作探究

复习文本内容，进一步体会作者情感。让学生概述文章内容，并谈谈他们的复习感受。老师设置问题进行提问引导。注意：① 问题由浅入深，不可过多过难。② 提出问题后，学生可先思考，再与同学交流。也可将不同的问题分配到各小组。（如果是文言文，可让学生把文言知识写到黑板上，让同学老师修改、补充。对于有规律性的东西老师和学生都要进行总结）。③ 学生分组讨论，教师流动于小组之间进行指导。

4. 精讲点拨

小组讨论后，教师精讲点拨，点拨时要突出重点难点，培养学生的思维能力、创新能力。

5. 当堂达标

教师根据本课的重难点选择一两个小题进行练习，并紧扣学习目标。

6. 反思提升

此环节以学生活动为主。让学生自己总结本节课的收获，梳理知识，提高认识。

7．拓展延伸

教师根据课堂复习的知识点，可用题目的形式，也可用补充资料的形式，帮助学生拓展相关知识。

8．课后巩固

此环节在课后进行，教师指点学生记忆常识、字词、名句段落。为学生找出相关的阅读资料。

二、案　例

《阿房宫赋》（第一课时：40 分钟）

1．情景导入（5 分钟）

今天，我们就一起来复习杜牧的《阿房宫赋》。

（1）解说目标。

① 明确文体。“赋”是中国古代一种重要的文体，是介于散文和诗歌中间的一种体裁。《文心雕龙 · 诠赋》中说：“赋者，铺也。铺采摛文，体物写志也。”体物写志，是赋的内容；铺采摛文，指铺的手法。赋讲求字句的整齐和声调的和谐；描写事物时注重铺陈和夸张；结尾多发议论，以寄托讽喻之意。赋体的流变大致经历了骚赋、汉赋、骈赋、律赋、文赋多个阶段，本文属于文赋。

② 明确文章背景。本文写于唐敬宗宝历元年（公元 825 年），此时的唐王朝已是大厦将倾，风雨飘摇。唐敬宗李湛年少即位，好游猎，务声色，大兴土木，不理朝政。杜牧此文意在借古讽今，通过描写阿房宫的兴建及毁灭，总结秦王朝骄奢遥逸终政亡国的历史教训，从而向唐朝统治者发出警告，希望唐朝统治者引以为戒，不要重蹈覆辙。

2．合作探究（10 分钟）

首先教师展示问题：① 整体复习课文内容和杜牧的写作目的；

② 回顾课文中出现的词类活用、一词多义及特殊句式。

学生针对教师展示的问题进行分组讨论，教师流动于小组之间进行指导。让学生把文言知识写到黑板上，让同学老师修改、补充。对于有规律性的东西，老师和学生都要进行总结。

3. 精讲点拨（5 分钟）

小组进行讨论后，教师精讲点拨，突出本文重点：“焉”的用法和“宾语前置”类型。

“焉”的用法：① 兼词，相当丁“丁是”，相当于“于何”。② 代词，相当于“之”。③ 疑问代词，意为哪里、怎么。④ 指示代词，意为那里。⑤ 语气词。句末语气词，相当于了、啊、呢。作句中语气词，表示停顿。作词尾，相当于“然”。

“宾语前置”类型：① 否定句中代词宾语前置；② 疑问句中代词宾语前置；③ 介词宾语提前；④ 特殊结构：用“之”“是”将宾语提前；⑤ 普通宾语前置。

4. 当堂达标（10 分钟）

针对文章重点知识，教师针对文言文中虚词“焉”的用法和宾语前置的类型，可设置以下课堂练习，进一步让学生了解知识点。如：

（1）下列加点虚词含义和用法相同的一组是（　　）。

A. 盘盘焉，囷囷焉　缦立远视，而望幸焉

B. 骊山北构而西折　谁得而族灭也

C. 独夫之心日益骄固　嗟夫，使六国各爱其人

D. 多于九土之城郭　青取之于蓝而青于蓝

（2）选出不是宾语前置的句子。（　　）

A. 何以知之？　B. 未之有也。

C. 虽我之死，有子存焉。　D. 唯才是举。

（3）选出不是宾语前置的句子。（　　）

A．君安与项伯有故？　　　　B．唯余马首是瞻

C．君何以知燕王？　　　　　D．寂寥而莫我知也。

5．反思提升（5 分钟）

学生通过自我整理知识点，自我解题，对杜牧的写作主张和个人思想有了深入的了解。总结：一篇《阿房宫赋》把封建王朝的奢靡腐朽撕破给世世代代的人看。杜牧向我们揭露了一个最基本的事实：覆压三百余里的雕梁画栋正是劳苦大众的累累白骨，余音袅袅的朝歌夜弦正是穷困百姓啼饥号寒的变奏，金碧辉煌的阿房宫正是秦王自掘的坟墓。前车之鉴，留于后人，《阿房宫赋》可以说既是挽歌，又是警策。

6．拓展延伸（5 分钟）

从复习本文的知识点出发，教师补充文言文中出现的特殊句式：判断句式，被动句式，倒装句式，省略句式，疑问句式，否定句式。

7．课后巩固

针对文言文中实词“一词多义”的现象，结合本文的内容，从以下几方面进行题目的设置。如：

解释下列词语的含义。

一：（1）六王毕，四海一（　）

（2）楚人一炬，可怜焦土（　）

（3）黄鹤一去不复返（　）

（4）而或长烟一空，皓月千里（　）

（5）上食埃土，下饮黄泉，用心一也（　）

（6）合从缔交，相与为一（　）

爱：（1）秦爱纷奢，人亦念其家（　）

（2）使秦复爱六国之人（　）

（3）不爱珍器重宝肥饶之地（　）

（4）晋陶渊明独爱菊（　）

取：（1）奈何取之尽锱铢，用之如泥沙（ ）
（2）青，取之于蓝，而青于蓝（ ）
（3）今入关，财物无所取（ ）
（4）留取丹心照汗青（ ）

族：（1）族秦者秦也，非天下也（ ）
（2）士大夫之族，曰师曰弟子云者（ ）
（3）山东豪俊，遂并起而亡秦族矣（ ）

焉：（1）盘盘焉，囷囷焉，蜂房水涡（ ）
（2）或师焉，或不焉（ ）
（3）且焉置土石（ ）
（4）焉用亡郑以陪邻（ ）
（5）积土成山，风雨兴焉（ ）

高中语文讲评课教学程序及案例

杨利池

一、教学程序

1. 课前准备

课前教师全面批改好学生的试卷，统计好全班学生的平均分、优分率、及格率、低分率和各题的得分率，积累学生易选错或答错的各种答案；分析归纳学生的错题原因，并且做好错题归类，分析好学生各题得分高低的可能原因；统计好进步学生和退步学生名单；根据答题情况设计有针对性的二次检测试题。

2. 课堂教学

（1）考情分析。教师介绍本次考试基本情况，包括平均分、优分率、及格率、低分率、最高分、最低分等；与上次检测成绩比较，与同一科任邻班成绩比较，与全年级成绩比较；学生个体成绩进步及退步情况，优分学生名单；原因分析，包括教师教与学生学两方面的因素。在充分肯定学生长处的同时，分析学生学习过程中存在的不足，加强学习方法的指导。

（2）自查自纠。教师提前发还试卷并提出自查活动的要求。学生对试卷进行查漏补缺，自检答错或空白的原因等，不能解决的做好标记。

（3）讨论互助。学生自查自纠过程中不能解决的问题，在同学之间进行交流，如果仍有疑问，将题号告诉教师。教师利用多媒体展示学生提出的共性问题和教师阅卷中发现学生出错较多的问题，由学生分组讨论，一起化解共性问题。教师参与其中，并把握、调控学生讨论的方向和深度，最后由教师进行归纳总结。

（4）点拨释疑。教师重点讲解错误率较高的题目，帮助学生分析错误原因，教给学生答题方法，如从何处分析、为什么这样分析、有哪些方法和技巧、如何挖掘隐含条件等，还要指导如何表述及规范答题等。

（5）教学反思。最后让学生进行总结反思，同时还要指导学生课下对照考试反思表认真填写好考试反思情况。针对出错多的试题，再设计类似的试题，以检查学生的掌握程度。

二、案　例

2014年高一语文期中测试卷讲评课

1．考情分析（6分钟）

教师展示考试情况统计表。

（1）学生情况统计：

参考人数	最高分	最低分	平均分	及格人数	及格率%	优秀人数
54	82	44	58.4	22	45.45	1

（2）分数段统计：

分数区间	49 分以下	50 ~ 59	60 ~ 69	70 ~ 79	80 ~ 89	90 ~ 100
学生数	6	26	12	9	1	0
占总数（%）	11.1	48.1	22.2	16.6	1.85	0

（3）知识点总结。

本次考试共考查 15 个知识点，各知识点分布如下：

	基础知识	语言表达	综合运用	写作
题号	第一大题 1、2、3、4、5 第二大题 6、7、8 、9 第四大题	第五大题 第六大题	第二大题 10 第三大题	第七大题
分值	28	20	12	40

（4）各题得分情况：

题号	1	2	3	4	5	6	7	8	9
得分率（%）	85.4	52.3	78.2	50.3	32	45.3	33.5	46.2	68
题号	10	11	12	13	14	15	16	17	
得分率（%）	66.5	28.9	20.3	61.7	45.3	64.3	37.8	51.2	

2．自查自纠（9 分钟）

学生自我诊断、反思，填写自我诊断表，包括每题失分原因和得分情况，失分原因有知识遗忘和缺陷、粗心大意、审题不准、难题放弃、时间安排不合理、速度慢、时间不够、语言表达不规范准确、书写不清楚等。将错题彻底改正，能自己改的自己改，改错后仍然感到困惑的题目要特别标记，以便集体展示时寻求解决。

3．讨论互助（10 分钟）

全班分为 8 个小组，讨论试卷中出现的错误，每个小组重点讨论做标记的题目和全班出错较多的题目，比如第 3、5、11、14 题。教师巡回指导，这样既可以解决学生的疑问，又能进一步了解学生的错误情况和改错情况。组内讨论互助能使每个人的大部分疑问得到解决，仍解决不了的问题，最后由师生共同解决。

4. 教师点拨释疑（10 分钟）

典例精讲：第二大题是考试中最常见的一种题型，也是学生中出现问题最多的一道试题。

阅读下面一则新闻，完成 10 ~ 12 题。

“她只能活七小时”①

［美］保罗·舍恩斯坦

（原文略）

第 10 题：这篇报道以顺叙的方式写作，并特别突出了时间，有什么好处？（4 分）

第一步：讲解命题意图。

本题考查分析文章的艺术手法的能力。本题设问简单，材料提供的信息较详细，考查学生结合所学知识，提取有效信息，分析、描述、阐释问题的能力。本题难度不大。

第二步：点拨解题思路。

解答此题时，首先分析运用顺叙的方式写作的好处。通过阅读文章可以看出，运用顺叙，可以把事情的来龙去脉清晰地表现出来，突出新闻事件的连贯性。另外，“特别突出时间”，渲染了紧张的氛围，具有现场感。

第 11 题：柯利蒂大夫为什么说“今天，你们做了一件世界上所有的医生都做不了的事”？（5 分）

第一步：讲解命题意图。

本题考查理解文中重要句子的含意的能力。本题主要考查学生结合所学知识，提取有效信息，分析、阐释问题的能力；本题难度适中。

第二步：点拨解题思路。

解答此题，必须结合具体的语言环境。“看似十分困难、几乎不可能的事情，那些博士、记者、警察合作完成了，此时，柯利蒂大夫有感而发，说了这句话。”分析时一般可以考虑主观因素和客观因素。在本题中，客观因素是这件事情特别难，医生做不到；主观因素是“你们”这些人协调、配合、努力，获得青霉素并及时送到了医院。

第 12 题：这篇报道具有很高的社会价值。请结合文本和新闻背景谈谈你的理解。(7 分)

第一步：讲解命题意图。

本题考查理解文章内容的能力及探究能力。

第二步：点拨解题思路。

本题要求我们分析报道的社会价值，这就要着眼全文。这篇报道叙述的是一个小女孩在众人的帮助下得救的故事，考虑到这个故事发生在第二次世界大战期间，故更有其深远的社会意义。众人克服种种困难，运来青霉素，救治小女孩，这体现了对生命的尊重，体现了社会的大爱，当然也蕴涵了团结就是力量、团结可以战胜一切困难的道理。在战争年代，人们看到的更多的是鲜血、死亡，这篇报道，让人们对人性、爱萌发了非同一般的渴盼，让人们透过鲜血、硝烟、死亡，看到了人性温情、伟大的一面，增强了当时的美国人民赢得战争胜利的信心。

第三步：把参考答案与学生的有误答案进行综合分析。

教师提问：请同学们分析：① 自己做错这道题的原因是什么？② 应该怎样解决这种类型的题目？③ 在今后学习中应该注意哪些问题？

学生分析：

做错的原因是基础知识不够扎实，答题思路和方法欠准确。因此在今后的学习中，要加强巩固基础知识，侧重解题思路和方法的培养，以提高解决问题的能力。

5. 教学反思（5 分钟）

最后让学生重新整理落实，把典型错题总结在错题本上，将此题正确的解题方法、自己做错的原因以及今后的学习和考试中应注意的事项详细地记下来。教师针对出错率较高的共性问题，设计出相应的课后练习，让学生在不断的训练和总结中提高解题能力。

第二节　数学学科

高中数学概念课教学程序及案例

谭易华

一、教学程序

1. 创设情境

教师从实际出发创设情境，使学生初步感受概念。教师应设计好一系列的问题或为学生准备好生成概念的具体事例，引导学生分析解答，使学生在对具体问题的体验中感知概念，形成感性认识。

2. 自主学习

在对概念感性认识的基础上，学生按教师提出的问题进行自主学习。在自主学习中产生的疑惑先在小组内与其他同学进行讨论，然后在课堂上表述自己对概念的认识、理解。教师根据情况进行必要的点拨指导、补充升华。最后，学生自己给概念写出一个定义，并不断地修改、完善，教师引领全班进一步修正完善，最终形成概念。

3. 典型示范

教师通过典型例题的讲解，启发学生思维，优化解题方法，规范解题步骤和书写格式。教师讲解之前可让学生尝试解题。

4. 变式训练

对典型例题进行变式训练，延伸拓展，使学生进一步巩固对概念的理解。练习题一般可分为三类：① 围绕“懂”来安排练习，以通过练习帮助学生理解概念；② 围绕“会”来安排练习，目的是通过训练，使学生形成基本技能，实现由“懂”到“会”的转化；③ 围绕“熟”来安排练习，引导学生运用比较的方法，找到练习题与例题之间的联系和区别，优化解题方法。

5. 自主归纳

学生自主进行课堂小结，整理本节课所学知识及应注意的问题等，总结解题方法与规律。教师适时强调重点，引导学生对概念及其发生、发展过程进行概括，对解题策略、思想方法进行点拨。

6. 自我诊断

最后用一组习题对本节课所学的概念进行自我诊断，限时完成，在小组内批阅、修改，以达到强化落实对概念的理解、应用的目的。时间不够的话可做课后作业。

二、案 例

几何概型

1. 创设情境（1 分钟）

如图，有两个转盘。甲、乙两人玩转盘游戏，规定当指针指向 B 区域时，甲获胜，否则乙获胜。

问题：在下列两种情况下分别求甲获胜的概率。

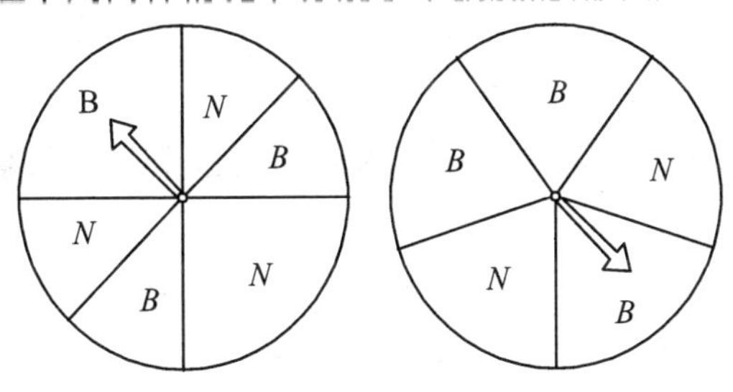

图 3 -1

2. 自主学习（15 分钟）

（1）提出问题（多媒体展示）：① 几何图形和甲获胜是否有关

系？若有关系，和几何体图形的什么表面特征有关系？② 变换图中 B 与 N 的顺序，结果是否发生变化？（教师还可做出其他变换后的图形，以示决定几何概率的因素的确定性。）

（2）学生自主思考，小组内交流。

教师点拨：题中甲获胜的概率只与图中几何因素有关，我们就说它是几何概型。

注意：① 这里“只”非常重要，如果没有“只”字，那么就意味着几何概型的概率可能还与其他因素有关，这是错误的。② 正确理解“几何因素”。一般来说，其指区域长度（或面积或体积）。

（3）学生尝试写出几何概型的定义，请一位同学表述，其他同学补充，最后教师展示。

如果每个事件发生的概率只与构成该事件区域的长度（面积或体积）成比例，则称这样的概率模型为几何概率模型，简称为几何概型。

在几何概型中，事件 A 的概率的计算公式如下：

$$P(A)=\frac{\text{构成事件}A\text{的区域长度(或面积或体积)}}{\text{试验的全部结果构成的区域长度(或面积或体积)}}$$

（4）课堂练习：情境中两种情况下甲获胜的概率分别是多少？

3．典型示范（10 分钟）

例 1．假设你家订了一份报纸，送报人可能在早上 6:30—7:30 把报纸送到你家，而你父亲离开家去工作的时间在早上 7:00—8:00，问你父亲在离开家前能得到报纸（称为事件 A）的概率是多少？

分析：我们有两种方法计算事件的概率：① 利用几何概型的公式；② 利用随机模拟的方法。

解法 1：如图 3－2 所示，方形区域内任何一点的横坐标表示送报人送到报纸的时间，纵坐标表示父亲离开家去工作的时间。随机事件落在方形内任一点是等可能的，所以符合几何概型的条件，那么根据题意，只要点落到阴影部分，就表示父亲在离开家前能得到报纸，即事件 A 发生，所以

$$P(A)=\frac{60^2-\frac{30^2}{2}}{60^2}\times 100\%=87.5\%$$

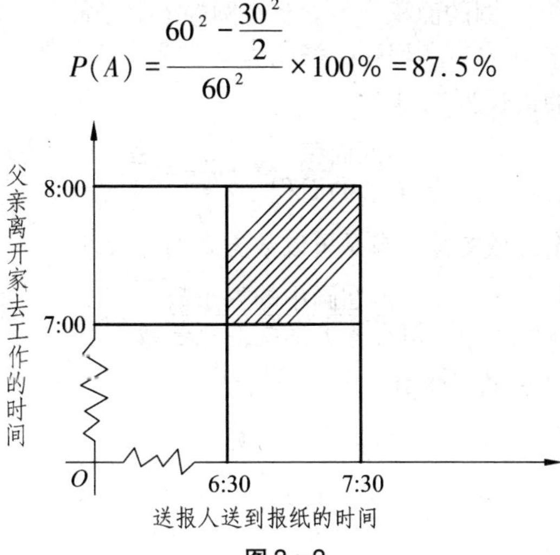

图3-2

解法2：设X，Y是0~1的均匀随机数。$X+6.5$表示送报人送到报纸的时间，$Y+7$表示父亲离开家去工作的时间。如果$Y+7>X+6.5$，即$Y>X-0.5$，那么父亲在离开家前能得到报纸。用计算机做多次试验，即可得到$P(A)$。

教师可先让学生尝试解答，充分调动学生自主设计随机模拟方法的积极性，并组织学生展示自己的解答过程，要求学生说明解答的依据。教师总结，并明晰用计算机（或计算器）产生随机数的模拟试验。强调：这里采用随机数模拟方法，是用频率去估计概率，因此，试验次数越多，频率越接近概率。

例2. 如图3-3所示，在正方形中随机撒一大把豆子，计算落在圆中的豆子数与落在正方形中的豆子数之比，并以此估计圆周率的值。

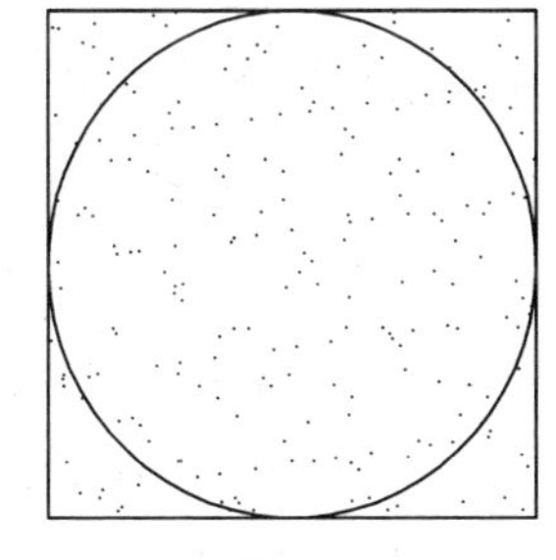

图3-3

解：随机撒一把豆子，每个豆子落在正方形内任意一点是等可能的，落在每个区域的豆子数与这个区域的面积近似成正比，即

$$\frac{\text{圆的面积}}{\text{正方形的面积}} \approx \frac{\text{落在圆中的豆子数}}{\text{落在正方形中的豆子数}}$$

假设正方形的边长为2，则

$$\frac{\text{圆的面积}}{\text{正方形的面积}} = \frac{\pi}{2 \times 2} = \frac{\pi}{4}$$

由于落在每个区域的豆子数是可以数出来的，所以

$$\pi \approx \frac{\text{落在圆中的豆子数}}{\text{落在正方形中的豆子数}} \times 4$$

这样就得到了 π 的近似值。

另外，我们也可以用计算器或计算机模拟，步骤如下：

（1）产生两组 0 ~ 1 区间的均匀随机数，$a_1 = \mathrm{RAND}$，$b_1 = \mathrm{RAND}$；

（2）经平移和伸缩变换，$a = (a_1 - 0.5) \times 2$，$b = (b_1 - 0.5) \times 2$；

（3）数出落在圆内 $a^2 + b^2 < 1$ 的豆子数 N_1，计算 $\pi = \frac{4N_1}{N}$（N 代表落在正方形中的豆子数）。

可以发现，随着试验次数的增加，得到 π 的近似值的精度会越来越高。

本例启发我们，利用几何概型，并通过随机模拟法可以近似计算不规则图形的面积。

4. 变式训练（10 分钟）

（1）如图 3 -4，如果你向靶子上射 200 镖，你期望多少镖落在黑色区域？

（2）利用随机模拟方法计算图 3 -5 中阴影部分（$y = 1$ 和 $y = x^2$ 围成的部分）的面积。

（3）画一椭圆，让学生设计方案，求此椭圆的面积。

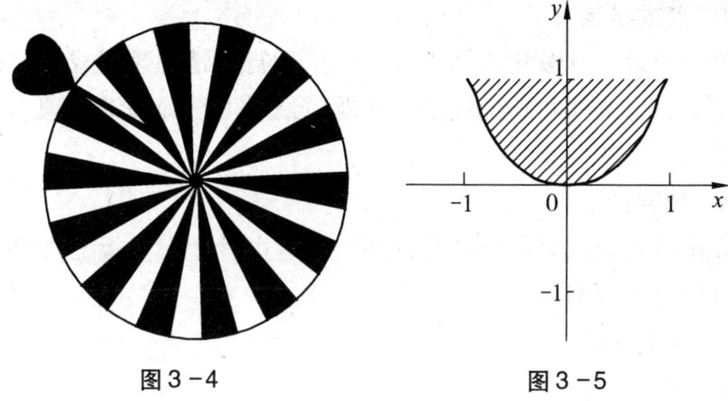

图3-4　　　　图3-5

5. 自主归纳（4分钟）

学生对照下列问题，自主归纳，使概念成为自己思想的一部分。

（1）“概率为数‘0’的事件是不可能事件，概率为1的事件是必然事件”，这句话从几何概型的角度来说还能成立吗？

（2）你能说一说古典概型和几何概型的区别与联系吗？

（3）你能说说频率和概率的关系吗？

6. 自我诊断

课后作业：《导与练》。

高中数学命题课教学程序及案例

吴俊波

一、教学程序

1. 设疑导入

为了明确发现的目标，唤起学生注意，激起学生探求愿望和学习兴趣，教师把所需要研究的命题转化成数学练习题的形式，让学生进行尝试练习，期间教师可以指导学生往命题的方向思考和解答，最终形成初步结论。

2．形成结论

教师启发、点拨并协助学生对结论进行合情推理，或观察、实验、猜想，将条件和结论概括成命题，最后由教师归纳整理、补充完善及总结思路。

3．推导论证

先由学生尝试对命题进行证明，最后由教师在黑板上将严谨的命题证明过程板书。

4．系统理解

引导学生对命题进行全面分析、领会，使学生不仅在形式上，而且在本质上加深对命题的理解。

5．发展深化

由教师精选训练题，循序渐进地开展变式训练，使学生对命题的掌握和运用逐步深入，在认知上实现更深层次的探究和理解，通过及时反馈，修正对命题认识的偏差或误解，使认识进一步完善。

二、案　例

等差数列的定义及通项公式

1．设疑导入（5 分钟）

利用多媒体展示呈现问题：

在数列$\{a_n\}$中，$a_1=5$，$a_{n+1}-a_n=3$。

（1）计算出数列的前 5 项；

（2）猜测这个数列第 6 项至第 10 项；

（3）这个数列有何特征？用语言叙述出来。

2．形成结论（10 分钟）

学生活动：① 解答幻灯片上前两道问题；② 学生共同探讨总结。

教师活动：归纳总结学生探讨出的结果并描述出命题。

（1）等差数列的定义：如果一个数列从第二项起，每一项与它的前一项的差等于同一个常数，这个数列就叫做等差数列。这个常数就叫做等差数列的公差。

（2）等差数列中相邻两项的关系式（即等差数列定义的数学表达式）：$a_{n+1}-a_n=d$（$n\in N$）。

（3）等差数列的通项公式：$a_n=a_1+(n-1)d$。

3．推导论证（5分钟）

教师板书证题过程学生观察：

$$a_2-a_1=d$$

$$a_3-a_2=d$$

$$a_4-a_3=d$$

$$\vdots$$

$$a_{20}-a_{19}=d$$

$$\vdots$$

$$a_{100}-a_{99}=d$$

$$\vdots$$

$$a_n-a_{n-1}=d$$

因为　$a_n-a_1=(n-1)\ d$

所以　$a_n=a_1+(n\quad 1)\ d$

4．系统理解（5分钟）

学生活动：

（1）等差数列$\{a_n\}$的首项为a_1，公差为d，求a_1+a_8，a_2+a_7，a_3+a_6，a_4+a_5。

（2）在等差数列$\{a_n\}$中，已知$a_3+a_{11}=40$，求$a_6+a_7+a_8$的值。

教师活动：得出更深层结论：

$$a_m=a_n+(m-n)d$$

5. 发展深化（15 分钟）

学生活动：

（1）下列结论是否正确：

① 数列 −3，−1，1，3，5，7 是首项为 −3、公差为 2 的等差数列。

② 数列 5，0，−5，−10，−15 是首项为 5、公差为 5 的等差数列。

③ 数列 2，2，2，2，2 不是等差数列。

④ 数列是$\sqrt{3}$，$\sqrt{7}$，$\sqrt{11}$，$\sqrt{15}$，$\sqrt{19}$是首项为$\sqrt{3}$、公差为 2 的等差数列。

⑤ 数列 4，6，10，12，16，18 是首项为 4、公差为 2 的等差数列。

（2）已知数列 $\{a_n\}$ 的通项公式，写出数列的前四项，判断数列是否等差数列，并加以证明。

① $a_n=2n-1$；

② $a_n=-n(n-3)^2+5$。

（3）已知等差数列$\{a_n\}$中，$a_4=10$，$a_7=19$，求 a_{11}，a_{30}。（要求用两种方法完成）

高中数学解题课教学程序及案例

吴俊波

一、教学程序

1. 提出问题，引入新课

教师提出或引导学生发现典型的探究性问题。

2. 自主探究，合作学习

教师引导学生遵循“弄清问题、拟订计划、实现计划、回顾”

一般解题方法，自主解决问题。

组织学生展开小组交流，初步解决在自主探究中遇到的认识问题和思维障碍。

教师通过观察、交谈、提问、分析、课内巡视、课堂练习和考查考试等反馈方法，及时了解学生掌握知识的情况，有针对性地进行质疑和讲解。

3. 成果展示，汇报交流

以小组为单位汇报交流解题思维过程和解答过程。可以是学生“说题”，也可以是学生板演，还可以是学生解答过程的投影展示，或者学生辩论等形式。

板演的学生通过独立思考，把自己分析和解决问题的思路与方法在全班同学面前展示。教师针对学生的分析思路和方法进行评议，充分肯定其正确的分析方法与解题技巧，找出其存在的不足之处，提出修改方法，指出努力的方向。

4. 反馈训练，巩固落实

通过变更概念中的非本质特征，变换问题中的条件或结论，变换问题的形式或内容，配置与新知识有关的实际应用题，让学生进行变式训练，培养学生举一反三、灵活应变、独立思考的能力。在变式训练中，对探索性问题的多种解决方法作出分析和优选，找到针对某一问题的最佳解决方案。

观点的形成、技能的掌握，应该由学生自己独立完成。这种独立性能培养他们较强的学习需要，激发起正确的学习动机。因此，这一环节要注重让学生参加解题的全过程，形成“自己能完成的不依赖他人，小组能解决的不依赖全班，学生能解决的不依赖老师”的良好习惯。

5. 归纳总结，提升拓展

组织和指导学生归纳概括知识和技能的一般结论，结合必要的讲解，揭示这些结论在教材整体中的相互关系和结构上的统一性，揭示新知识之间的内在联系，完善学生的认知结构。

二、案　例

椭圆几何性质解题课

1. 提出问题，引入新课（2 分钟）

利用多媒体出示探究性问题：在椭圆$\frac{x^2}{45}+\frac{y^2}{20}=1$上，求一点 P，使它与两焦点的连线互相垂直。

教师：这是一道常见的典型习题。之所以典型，是因为：第一，从思维的角度看，它有很多切入点可求解；第二，通过对其解法的归纳、总结和拓展，我们能对椭圆的几何性质及一般解题方法和规律理解得更深刻。请同学们认真思考，尽可能用多种方法来解答这个问题，并注意对所用解法进行反思、总结。

2. 自主探究，合作学习（5 分钟）

（1）学生独立思考尝试解答问题，教师巡视，指导学生通过画图、找关键词理解题意，用数学语言、图形语言、符号语言翻译问题的条件和结论，引导学生用多种方法解题。

（2）教师用几何画板展示本题的图形，其中点 P 可在椭圆上变动，椭圆的长短轴也可发生改变，为下面的教学环节做好准备。

（3）教师组织学生分组交流、讨论。

3. 成果展示，汇报交流（20 分钟）

教师提问：

（1）你们在分析题意时都发现了什么？

（2）你们是从何处入手探求本题解法的？

学生思考、交流后给出了三种解法，学生分别口述。

教师板书：

解法 1：由 $a=3\sqrt{5}$，$b=2\sqrt{5}$，得 $c=5$，F_1（-5，0），F_2（5，

0)。设 $P(x_0, y_0)$，由 $PF_1 \perp PF_2$，得 $k_{PF_1}k_{PF_2} = -1$，即

$$\frac{y_0}{x_0+5} \cdot \frac{y_0}{x_0-5} = -1 \qquad ①$$

又

$$\frac{x_0^2}{45} + \frac{y_0^2}{20} = 1 \qquad ②$$

联立①②式解得

$$\begin{cases} x_0^2 = 9 \\ y_0^2 = 16 \end{cases}$$

所以满足条件的点有 4 个，即 (3，4)，(3，-4)，(-3，4)，(-3，-4)。

解法 2：因为 $PF_1 \perp PF_2$，所以 P 点在以 F_1F_2 为直径的圆周上，故有

$$x_0^2 + y_0^2 = 25 \qquad ①$$

又

$$\frac{x_0^2}{45} + \frac{y_0^2}{20} = 1 \qquad ②$$

以下同解法 1。

解法 3：因为 $\overrightarrow{PF_1} = (x_0+5, y_0)$，$\overrightarrow{PF_2} = (x_0-5, y_0)$，且 $PF_1 \perp PF_2$，所以 $\overrightarrow{PF_1} \cdot \overrightarrow{PF_2} = 0$，即

$$(x_0+5)(x_0-5) + y_0^2 = 0$$

也即 $x_0^2 + y_0^2 = 25$。

以下同解法 2。

教师提问：同学们反思一下，如何想到这些解法？每种解法有何特点？

学生活动：在解析几何中，点通常用坐标来表示，要求点的坐标就要根据条件列出其坐标满足的两个方程组成的方程组。点在椭圆上，其坐标满足椭圆方程是显而易见的，关键是列出另一个方程。

由于两直线垂直一般用斜率之积等于 -1 来表示，联想斜率计算公式，就可列出一个方程，从而想到解法 1。

教师活动：

（1）请同学们结合条件把椭圆画出来，并画出三角形的示意图，然后分小组讨论如何进一步运用直角三角形这个条件。

（2）谁来对这一解法的特点进行概括？

学生活动：

（1）平面坐标系中的点常常看作两曲线的交点，从而利用两曲线方程组成方程组求解。点 P 除在椭圆上外，应还在另一条曲线上。考虑到条件 $PF_1 \perp PF_2$，联想平面几何的知识，点 P 应在以线段 F_1F_2 为直径的圆上，这样就有了解法 2。

（2）两直线垂直也可用向量数量积为 0 来研究，向量数量积又可通过坐标表示，因此想到解法 3。

教师活动：

（1）思考垂直关系还经常从什么角度考虑，尤其是在初中平面几何里面？

（2）请同学们结合条件把椭圆画出来，并画出三角形的示意图，然后分小组讨论如何进一步运用直角三角形这个条件。

学生活动：根据初中所学直角三角形的有关知识，有 $|PF_1| \cdot |PF_2| = |y_0| \cdot |F_1F_2|$，只要能求出 $|PF_1| \cdot |PF_2|$ 即可。

教师活动：这个思路实际运用了“等积（面积）变形”，即

$$S = \frac{1}{2}|PF_1| \cdot |PF_2| = \frac{1}{2}|y_0| \cdot |F_1F_2|$$

怎样实施这个解题计划呢？（学生讨论后口述，教师板书）

解法 4：设 $|PF_1| = r_1$，$|PF_2| = r_2$，由于 $PF_1 \perp PF_2$，且 $|F_1F_2| = 10$，所以 $r_1{}^2 + r_2{}^2 = 10^2$，即 $(r_1 + r_2)^2 - 2r_1r_2 = 100$。

又 $r_1 + r_2 = 6\sqrt{5}$，则 $r_1r_2 = 40$，所以 $S = \frac{1}{2}r_1r_2 = 20$。

又 $S = \frac{1}{2}|F_1F_2| \cdot |y_0|$，所以 $y_0 = 4$。

以下同解法1。

教师活动：谁来对这一解法的特点进行概括?

学生活动：由于 $PF_1 \perp PF_2$，考虑到直角三角形，利用勾股定理，有两直角边恰是椭圆上点 P 到两焦点的距离，故考虑椭圆的定义。这样可求出 $|PF_1| \cdot |PF_2|$，从而求出三角形的面积，问题就转化为已知三角形面积求点 P 的坐标，通过“等积变形”便可使问题获解。

教师活动：每一种解法都蕴含一种数学思想，其内涵是十分丰富的。我们可以得到这样的启示：

（1）解析几何中有关垂直问题，关键是把握对“垂直”的表达，两直线垂直，从直线斜率特征看为 $k_1k_2=-1$；从向量特征看为 $\overrightarrow{PF_1} \cdot \overrightarrow{PF_2}=0$；从点的轨迹特征看，点 P 的轨迹是圆。还可以从解三角形入手，通常可以用勾股定理、面积公式等知识来解决。从数学思想层面看，其核心是“化归与转化”思想的运用，将条件“垂直”进行多种转化与解释。

（2）椭圆上一点及两焦点确定的三角形叫作“焦点三角形”。有关焦点三角形的问题常常从解三角形、椭圆的定义入手解决。从这个意义上讲，本题探求解法的切入点就有两个：一是“垂直”，二是焦点所满足的几何性质。今后我们探求解题方法时，要先弄清题意，再探求解法的关键点。

4. 反馈训练，巩固落实（10 分钟）

反馈练习：

（1）设 F_1，F_2 是椭圆 $\frac{x^2}{a^2}+\frac{y^2}{b^2}=1$（$a>b>0$）的两个焦点，已知该椭圆上总存在点 P，满足 $PF_1 \perp PF_2$，求其离心率的取值范围。

（2）设椭圆 $\frac{x^2}{45}+\frac{y^2}{20}=1$ 的焦点为 F_1，F_2，点 P（x_0，y_0）为椭圆上一点，分别求 $\angle F_1PF_2$ 为锐角和钝角时 x_0 的取值范围。

（3）P 是椭圆$\frac{x^2}{a^2}+\frac{y^2}{b^2}=1$（$a>b>0$）上一点，$F_1$，$F_2$ 为椭圆的两个焦点，$\angle F_1PF_2=\theta$，求证：$S_{\triangle F_1PF_2}=b^2\cdot\tan\frac{\theta}{2}$。

5．归纳总结，提升拓展（3 分钟）

教师活动：我们从探究一道简单的习题的解法入手，由不同的切入点，我们得到了不同的而又都是典型的解法。同学们总结一下，自身有何收获？

学生活动：

（1）研究垂直问题可有多种切入方法，如斜率、向量、运动变化的观点（轨迹意识）、直角三角形等。另外，解决焦点三角形问题可灵活运用椭圆定义、解三角形的有关公式、定理等。

（2）解决数学问题时，要认真审题，进行联想，根据需要进行数学语言（文字语言、图形语言、符号语言）间的转化，充分注意数形结合在解题中的作用。

高中数学复习课教学程序及案例

裴来雄

一、教学程序

1．创设线索，设置情景

利用多种教学手段创设一个基本线索，如开篇给出一组公式、一个定理，或者结合学生的生活经验、经历提供一个生活中的实际数学例子，总领整节复习课，从多个角度调动学生学习的兴趣，使学生快速、积极进入所设情境中，去寻求本堂课复习的主题、中心概念及主要考点。

2．回顾知识，分析线索

在老师的启发诱导下，对照线索，认真阅读课本，结合书本上的定义、例题、练习，进行知识的回顾复习。并通过探究，使学生明确基本线索与本堂复习内容的密切关联，对基本知识点进行充分而深入地理解和分析。期望学生不仅仅能从回顾中深化对线索的理解，更能以基本线索为核心建立起整章的完整知识体系。

3. 引出问题，深入思考

老师继续在基本线索的基础上，给出与线索有关的一些变式或者一些经典例题，目的是继续调动学生的积极性与主动性，问题的设计应紧扣线索，具有针对性、严谨性及趣味性，足以吸引学生的注意力，引导学生深入思考。老师在提出问题的过程中可以鼓励学生根据老师的出题思路举一反三，提出更多个性化、多样化的问题，从而培养学生的自主学习能力。

4. 合作交流，讨论答辩

老师组织全班学生进行小组间的讨论。讨论应围绕着开篇的基本线索，其后提出的问题及学生提出的问题。老师应不断进行巡回检查、督促、指导各小组的讨论情况，及时进行小组或全班性的引导、指导或提示，以促使交流活动的深入开展。

讨论交流后各小组代表围绕问题进行答辩，老师应注意引导、调动学生的参与积极性、主动性、竞争性。

5. 引导总结，汇总线索

对于在问题讨论活动中各小组得出的结论，老师适当引导，帮助学生将结论归纳完整。对于具体问题的解答，还应归纳出一般性的解法。最终目的是充分强化线索的作用，使每一位学生对本章的复习内容建立起一套完整的知识体系，并能在实际问题的解答中充分调用相应知识进行合理、正确的解答。充分体会到数学的思维乐趣。

6. 巩固练习，加强效果

利用课件或学案组织学生完成课堂练习，加强学生对知识的回顾。在理解基本线索的基础上，进一步引导学生思考将线索知识迁移的问题。将学生新接受的信息与原有信息紧密联系，构建出新的、完整的知识体系，促进知识的吸收、理解及消化。

课后老师引导学生通过课后练习进一步加深对线索的理解，让学生充分参与到数学探究中，培养学生的自主探究能力。在加深对线索理解的同时，老师还应引导学生学会利用线索关联整章知识点，并联系实际，分析、解决生活中的一些实际问题，将数学理念深化到实践中。

二、案　例

基本不等式

1．创设线索，设置情景（3 分钟）

老师利用多媒体显示本章的基本线索——基本不等式公式：$\frac{a+b}{2} \geqslant \sqrt{ab}$，并马上继续提出如下问题：① 基本不等式的推导过程；② 基本不等式使用的条件；③ 基本不等式使用的环境；④ 基本不等式使用的步骤。

引导学生进入所设情景中，引导学生带着问题进入复习，并强化基本线索在整个章节中的重要性，调动学生的积极性并激发学生的学习兴趣。

2．回顾知识，分析线索（10 分钟）

老师提示学生以公式作为主线，认真阅读书本上关于基本不等式的相应材料，包括推导过程、例题、课后习题。自主探究使学生明确基本不等式的推导过程、使用条件、使用环境及使用步骤，并掌握基本不等式的实际应用，为下一节的例题实战奠定基础，并且在培养学生自主探究能力的同时也让他们体验数学研究学习中的一般方法，培养学生的科学素养。

3. 引出问题，深入思考（6 分钟）

老师利用多媒体课件进一步展示实际例题，强调基本不等式的实际用法，引导学生深入思考。

例一：求 $y=3x+\frac{2}{x}$（$x>0$）的最小值。

变式：求 $y=3x+\frac{2}{x}$（$x<0$）的最大值。

例二：求 $y=x(2-x)$（$0<x<2$）的最大值。

例三：求 $y=\sin x+\frac{4}{\sin x}\left(0<x\leqslant\frac{\pi}{2}\right)$的最大值。

例四：求 $y=x+\frac{2}{x-2}$（$x>2$）的最小值。

4. 合作交流，讨论答辩（10 分钟）

针对每一道例题，老师板书并针对每题做出一些基本提示后，引导全班同学临时组成学习小组，小组成员相互交流讨论，并派小组代表发言，老师针对讨论的情况及代表的发言及时点评，并将关于每个例题的考查方向的讨论结果关键词板书在黑板上。

例一：考察“积定和最小”口诀；

例二：考察“和定积最大”口诀；

例三：考察“一正二定三相等”口诀；

例四：考察拼凑的思想。

5. 引导总结，汇总线索（5 分钟）

利用黑板上的基本不等式作为提示，引导学生对基本不等式的使用心得进行归纳，特别是针对各种不同题型的不同应用过程，构建出基本不等式整个章节的基本框架，并对对应题型进行概括。教师帮助学生将概念归纳完整，由学生代表进行表述，完成概括的表达：

（1）基本不等式的推导过程：完全平方式。

（2）基本不等式使用的条件：一正二定三相等。

（3）基本不等式使用的环境：和为定值、积为定值。

（4）基本不等式使用的步骤：先判断结构，再判断是否符合条件，最后套用公式解答。

6．巩固练习，加强效果（6 分钟）

利用课件组织学生完成课堂练习，加强学生对基本不等式的理解。在此基础上拓展强化，改变题设条件与其他相关知识点综合，促使学生形成完整的知识体系。

课堂习题：

（1）已知 a，$b>0$ 且 $a+b=1$，试求$\frac{3}{a}+\frac{2}{b}$的最小值；

（2）求 $y=x(10-3x)$ $\left(0<x<\frac{10}{3}\right)$的最大值。

课外练习：

（1）已知 $a>0$，$b>0$，则$\frac{1}{a}+\frac{1}{b}+2\sqrt{ab}$的最小值是（　　）。

A．2　　B．2　　C．4　　D．5

（2）若 a，$b\in\mathbf{R}$，且 $ab>0$，则下列不等式中恒成立的是(　　)。

A．$a^2+b^2>2ab$　　B．$a+b\geqslant2$

C．$\frac{1}{a}+\frac{1}{b}>\frac{2}{\sqrt{ab}}$　　D．$\frac{b}{a}+\frac{a}{b}\geqslant2$

（3）已知 $m=a+\frac{1}{a-2}$（$a>2$），$n=\left(\frac{1}{2}\right)x^2-2$（$x<0$），则 m，n 之间的大小关系是（　　）。

A．$m>n$　　B．$m<n$　　C．$m=n$　　D．$m\leqslant n$

（4）设 x，$y\in\mathbf{R}$，$a>1$，$b>1$，若 $a^x=b^y=3$，$a+b=2\sqrt{3}$，则$\frac{1}{x}+\frac{1}{y}$的最大值为（　　）。

A. 2　　B. $\frac{3}{2}$　　C. 1　　D. $\frac{1}{2}$

（5）若 $\lg x+\lg y=1$，则$\frac{2}{x}+\frac{5}{y}$的最小值为__________。

（6）若对任意 $x>0$，$\frac{x}{x^2+3x+1}\leqslant a$ 恒成立，则 a 的取值范围为__________。

（7）已知 $x>y>0$，$xy=1$，求证：$\frac{x^2+y^2}{x-y}\geqslant 2\sqrt{2}$。

（8）已知 $a>b>0$，求证：$a^2+\frac{16}{b(a-b)}\geqslant 16$。

高中数学讲评课教学程序及案例

伍桃金

一、教学程序

1. 试卷分析

试卷分析包括试题评价和考试情况分析。

首先，试卷试题讲评是在对学生进行检测、评卷的基础上进行的。因此，上课一开始就应该对题目做出解释和对试卷优缺点做出评价。评价可由教师评价，也可引导学生一起找出试卷的优缺点。如，体现紧扣教材的有哪些题目，考查“双基”的有哪些，哪些是注重考查能力的题目等。这样，学生就明确了考试章节的重点、难点，有利于有目标地复习，更好地把握大纲要求。

其次，对学生的做题情况做出定量和定性分析。考试后学生最关心的是分数，因此教师应该向学生说明考试情况，特别对考得好的和进步大的要给予表扬（物质的和精神的），退步和较差者给予鼓励，不能批评。每次只公布平均分、优秀率、及格率，总结每个分

数段（10 分或者 5 分）的人数，让学生自己去评判自己在考试中的位置，教师不排队。同时，向学生指出考试中具有共性的出错原因，如基础知识掌握不牢，运算能力差等。

2. 讨论改错

每次考试下来，绝大部分学生都知道哪些题出错、错在哪里，因此每次发下试卷后教师不要急于讲解，先让学生自己改错或相互讨论改错，鼓励他们自己解决学习上的问题，这样可以收到事半功倍的效果。如果错题较多可提前发试卷，让学生在课前完成这项工作。

3. 剖析修正

学生改错后，再从学生中征集不会解的题目，结合评卷情况，教师进行精讲，即精于讲评，精于点拨，精于启发，精于引导。抓住关键，突出重点，体现剖析错解，修正错误，强化正确信息的功能，做到“少、精、活”。具体做法是：把从学生中收集到的错误解法用投影依次投影到屏幕上，由同学们剖析出错原因，教师适当点拨归纳。步骤为：

（1）出示课件幻灯片，格式为题号、错解剖析、正确答案。如：一、1. 3. 7. 8，等等。

（2）剖析错解：让学生剖析错解，对有些错误学生会哄堂大笑，但在笑中可以吸取教训。

（3）修正：剖析错解后，对一些重点内容又出错较多的题目进行板书，或用课件幻灯片打出正确答案。

4. 归纳总结

讲评课既是对旧知识的复习，又是对已有知识体系的拓展，因此在讲评过程中要善于及时归纳出规律性的解法，使学生以后少走弯路。

5. 巩固提高（学习评价）

讲评课在结构安排上可与复习课、新授课结合，把有序训练引入课堂，设计一定量的有梯度的反馈练习，教师及时获得反馈信息，及时进行调控，优化教学目标，使学生在一堂课四十分钟内获得尽可能多的信息。

6. 自我分析（课后时间）

组织一次考试不容易，每次讲评后一定要让学生认真分析自己成功的经验、失败的教训。根据自己的做题情况写一份详细的试卷分析。试卷分析的基本项目为：试题满分、应得分、实得分、失分原因（过失性失分、概念不清、知识掌握不牢、运算出错）、题目改错、变形题、改进措施。

二、案　例

对《2014年怀化市高三第一次模拟考试统一检测试卷》数学（理科）试卷试题的讲评

1. 试卷分析（3分钟）

（1）引导学生一起找试卷的优缺点，教师再对试卷优缺点做出总体评价。

（2）对学生的做题情况做出定量和定性分析。

对考得好的和进步大的全班点名表扬，把他们的试卷传给其他同学看看，表扬他们做题时书写规范；对退步和较差者给予鼓励。公布平均分、优秀率、及格率，公布每个10分段的人数，让学生自己去评判自己在考试中的位置，不排队。同时，向学生指出考试中具有共性的出错原因，如基础知识掌握不牢、运算能力差等。

如高三理科304班的考试情况分析，在黑板上板书展示平均分64.8，优秀率0，及格率17.9，及格人数10，每个10分段对应的人数表格：

分数段	人数
最高分：112 分	1 人（滕杰）
100～109 分	5 人 （郑习婷，吴青华，廖政玮，吴思红，欧悦）
90～99 分	4 人 （龙小丽，李豫，杨国梁，麻金雄）
80～89 分	5 人
70～79 分	5 人
60～69 分	9 人
50～59 分	11 人
40～49 分	9 人
0～39 分	7 人

2. 讨论改错（10 分钟）

提前发试卷，先让学生自己改错，等核对正确答案后看自己最多可以得到多少分。对于还是不会做或者找不出哪里出错的题目，与其他同学相互讨论改错，让学生在课前完成这项工作。鼓励他们自己解决学习上的问题，这样可以收到事半功倍的效果。

3. 剖析修正（12 分钟）

让学生说出不会解的题目，由同学们剖析出错原因，教师适当点拨归纳，结合评卷情况进行精讲。步骤为：题号、错解剖析、正确答案。如：

（1）第 11 题："已知函数 $f(x)=\sqrt{|x-1|-|x-2|-a}$ 的定义域为 R，则 a 的取值范围是________。"

（2）剖析错解。让几个学生说出他们的解法。

（3）正确答案。

解：函数 $f(x)=\sqrt{|x-1|-|x-2|-a}$ 的定义域为 $\mathbf{R}$，所以 $|x-1|-|x-2|-a\geqslant 0$ 的解集为 $\mathbf{R}$，只需 $(|x-1|-|x-2|)_{min}\geqslant a$ 即可。由绝对值的性质可知，$-1\leqslant|x-1|-|x-2|\leqslant 1$，所以 $-1\geqslant a$，所以 a 的取值范围为 $(-\infty,\ -1]$。

再如：

（1）第9题：“以直角坐标系的原点为极点，x 轴的正半轴为极轴，并在两种坐标系中取相同的长度单位。已知直线的极坐标方程为 $\rho\cos\theta=2$，它与抛物线 $\begin{cases}x=8t^2\\y=8t\end{cases}$（$t$ 为参数）相交于两点 A 和 B，则 $|AB|=$ ______________。”

（2）剖析错解：让几个学生说出他们的解法。

（3）正确答案。

解：直线的极坐标方程为 $\rho\cos\theta=2$，化为普通方程为 $x=2$，抛物线 $\begin{cases}x=8t^2\\y=8t\end{cases}$（$t$ 为参数）化为普通方程为 $y^2=8x$，求出交点为 $A(2,\ -4)$ 和 $B(2,\ 4)$，所以 $|AB|=8$。

4. 归纳总结（5 分钟）

（1）对函数 $f(x)\leqslant a$（或 $\geqslant a$、$<a$、$>a$）的解集为 $\mathbf{R}$ 的类型，转化只需 $f_{\max}(x)\leqslant a$，或 $f_{\min}(x)\geqslant a$、$f_{\max}(x)<a$、$f_{\min}(x)>a$ 即可。绝对值的性质有：

$|x-a|+|x-b|\geqslant|a-b|$ 和 $-|a-b|\leqslant|x-a|-|x-b|\leqslant|a-b|$；

$|x+a|+|x+b|\geqslant|a-b|$ 和 $-|a-b|\leqslant|x+a|-|x+b|\leqslant|a-b|$。

（2）极坐标方程与普通坐标方程的互换有以下关系：

$\rho\cos\theta=x$，$\rho\sin\theta=y$；$\rho^2=x^2+y^2$，$\tan\theta=\dfrac{y}{x}$。

（3）参数坐标方程化为普通坐标方程的方法即消去参数。

（4）弦长公式 $|AB| = 2\sqrt{r^2 - d^2}$ 和圆心到直线的距离 $d = \frac{|Ax_0 + Bx_0 + C|}{\sqrt{A^2 + B^2}}$。

5. **巩固提高（学习评价）（10分钟）**

变式训练：

（1）设函数 $f(x) = |x-4| + |x-a|$ $(a<4)$，若 $f(x)$ 的最小值为3，则 $a=$ ________。（正确答案：1）

（2）不等式 $|x-1| < 4 - |x+2|$ 的解集是 ____________。（正确答案：$\left(-\frac{5}{2}, \frac{3}{2}\right)$）

（3）以直角坐标系的原点为极点，x 轴的正半轴为极轴，并在两种坐标系中取相同的长度单位。已知直线的极坐标方程为 $\theta = \frac{\pi}{4}$ $(\rho \in \mathbf{R})$，它与曲线 $\begin{cases} x = 1 + 2\cos\alpha \\ y = 2 + 2\sin\alpha \end{cases}$（$\alpha$ 为参数）相交于两点 A 和 B，则 $|AB| =$ ________。（正确答案：$\sqrt{14}$）

（4）以直角坐标系的原点为极点，x 轴的正半轴为极轴，并在两种坐标系中取相同的长度单位。已知曲线 C_1 的极坐标方程为 $\rho(\cos\theta - \sin\theta) = 0$，它与曲线 C_2 的参数方程为 $\begin{cases} x = \cos\alpha \\ y = 1 + \sin\alpha \end{cases}$（$\alpha$ 为参数）相交于两点 A 和 B，则 $|AB| =$ ________。（正确答案：$\sqrt{2}$）

6. **自我分析（课后时间）**

让学生根据自己的做题情况写一份详细的试卷分析。试卷分析的基本项目为：试题满分、应得分、实得分、失分原因、题目改错、变形题、失分原因（包括过失性失分、概念不清、知识掌握不牢、运算出错）、改进的措施。

第三节　英语学科

高中英语阅读课教学程序及案例

龙丽艳

一、教学程序

1．设疑激趣

（1）通过多媒体演示播放文章的音频或者相关的图片，让学生捕捉到足够的信息来明白文章并回答问题。

（2）通过快速阅读，了解文章的大意。

（3）展示问题。

2．指导自学

教师通过多媒体出示讨论题，让学生带着下列类型的问题阅读课文 10 分钟：① 文章的主旨是什么？② 作者写这篇文章的目的是什么？③ 文章的结构是什么？

3．精读以理解细节

教师通过多媒体出示细节题，让学生阅读课文并回答下列类型的问题。① ××段×××行的代词“it/they/them…”指代的是什么？② ××段×××行的××词，可用什么替换？③ 从文中可以推断出下面四个选项，哪一个是不正确的？④ 如果文章还有一部分，那么作者将写的是什么？

4．启发释疑

教师利用多媒体用图像法进行推理，同时引导学生从多角度思考问题，学会利用图像法解决问题。

5. 批判性思维训练

教师可以通过多媒体出示下列类型问题，以引导学生进行批判性思考：① 你同意作者对于文章某事物的观点吗？为什么？② 你认为作者的观点是正确的吗？为什么？

6. 小　结

教师引导学生小结。

7. 课后拓展

教师准备好类似的文章，给学生作为家庭作业阅读，并让学生运用上课所学的方法阅读。

二、案　例

Ancient Greek Statue found in Xinjiang（Module3- Unit3-Project）

1. 设疑激趣（8 分钟）

（1）多媒体展示一张亚历山大塑像的图片，让学生回答下列问题：

① Have you seen this statue in TV programs or in your real life?

② Do you know who is the man in the statue?

③ What do you think of the sentence that "The circumstances create heroes"?

（2）播放文章录音，并请学生填写下列的空格。

① Alexander the great, (________ BC - ________ BC) was the son of a Greek king who defeated many cities in battle.

② ____________, Alexander himself became King after his father died.

③ In ___________ BC, he took his army into the Middle East and then Egypt.

④ ____________, he had already occupied more land than anyone before.

⑤ Yet in ________ BC, he came down with a fever and died.

(3) Check the answers:

① 356 323

② At the age of 20

③ 334

④ By the age of 30

⑤ 323

2. 指导自学（7 分钟）

通过多媒体展示下列图片，请学生花大约 5 分钟仔细阅读文章并探讨下列题目。

① What is the main topic of this passage?

(answer: Alexander the Great)

② What is the purpose of writing the passage?

(answer: to introduce Alexander the Great)

③ How does the passage develope?

(answer: time order)

3. 精读（10 分钟）

教师通过多媒体出示细节题，让学生阅读课文并回答下列问题。

(1) What does the underlined word "this" mean in the 1st paragraph?

(answer: "this" means "how a statue from distant Greece could have appeared in China.")

Explanation: 书本原文第 1 段最后 1 句是: When asked how a statue from distant Greece would have appeared in China, researchers explained that no doubt this was a result of Alexander the Great's influence. 从句子意思理解上不难看出，this 指代前半句所提的塑像如何从遥远的希腊来到中国。

(2) "He came down with a fever" in the third paragraph can be

replaced with ________?

(answer: He had a temperature. 他发烧)

(3) From the passage we can infer that?

A. Alexander was called "Alexander the Great" because he was very tall in height.

B. The statue came to China as a result of trade.

C. Alexander died in the battle.

D. Alexander had no wife. That's why he had no son.

(answer: B)

4. 启发释疑(5分钟)

学生可以和同桌进行讨论,得出文章的时间线。

356BC:出生。

20岁时:成为国王。

334BC:征战中东和埃及。

30岁时:拥有最辽阔的疆土。

323BC:发烧继而死亡。

5. 批判性思维训练(5分钟)

老师可以引导学生讨论下列问题:

①Do you think Alexander is a successful soldier? Why and why not?

②Do you think Alexander is a great king? Why and why not?

6. 小结(5分钟)

教师引导学生归纳出对于历史人物简介的文章的写作方法:

(1) 人物传记一般以时间为主线;

(2) 人物传记通常会突出其主要历史贡献。

7. 课后拓展

Fill in the blanks:

Alexander the Great, the famous Greek king, became king when he was only __1__ years old. Many cities rose up __2__ him, but he led an army to ___3___ them. Later, he took his army into the Middle East and then Egypt and ___4___ all the way to India, finding victory ___5___ he went. By the age of ___6___, he had already ___7___ more land than anyone before. Yet, he came down ___8___ a fever and died in 323 BC. Alexander the Great ___9___ the Greek culture from Europe to Africa and Asia, ___10___ the world for centuries to come.

高中英语听力课教学程序及案例

黄 曾

一、教学程序

1. 创设环境

教师在教学中尽量使用英语，并鼓励学生养成用英语进行思维和交流的习惯，让每位学生都有进入英语语言世界的感觉，为学生创立一个英语语言环境。教师还可充分利用实物、图片、录音、录像等多媒体，构成语言的立体输入，通过听觉和视觉来提高学生对听力材料的理解，来营造“互动”的氛围，进而使学生对英语产生更深刻的感性认识。

2. 听前准备

教师可通过教材和多媒体相结合，列出相关的词汇、基本句型和习惯表达，并用口头询问的方式让学生复述，还可让同学之间相互提问来加深理解，从而为听力训练专题作好铺垫，让学生对要听到的内容做好准备，降低焦虑，也让学生明确听力训练专题的目的，带着任务去听。

3. 听中训练

教师给学生放第一遍听音时要避免穿插讲解及提醒，保持听力的完整性。在某些环节注意培养学生根据语言知识和思维逻辑对所听材料进行推测的能力。在学生普遍理解的基础上，教师可对教材中的问题进行改编，让学生操练，特别要注意操练时出现的问题。第二遍放音后，组织学生谈谈听力材料的大意，必要时进行第三遍放音。要求学生既要能听出某些重要的信息，完成练习，又要把握大意，加强对抽象语言思维的理解，从而把泛听与精听结合起来，达到听力训练的最终目的。

4. 听后总结

教师对听力材料中出现的重点词汇、重点句型和习语表达进行归纳总结，并总结其中所出现的文化元素。教师应对学生较难理解的知识给予讲解。如材料合适，可为学生创造语言交流的机会，让学生进行角色扮演，促进学生语言输入、吸收和输出相结合。

5. 激趣拓展

教师在完成听力教学任务的基础上，可利用多媒体等手段适当增加学生接触鲜活英语的机会，如播放英语歌曲、英语电影或与听力材料相关的其他内容，从学生喜欢的东西上入手，进一步激发学生学习英语的趣的同时，拓展其知识。

6. 小结练习

教师应鼓励学生自己对所学知识进行总结，寻找适当相关练习加深印象。但听力不是一朝一夕就能显著提高的，还应鼓励学生坚持听力训练。

二、案　例

Advance with English 牛津高中英语
Module 4　Unit 1　Task skills building 1：listening for statistics and descriptions

1. 创设情境（3 分钟）

通过对数字的闲聊引出话题后，教师问：Can you say all the

numbers？接着提出一个问题：How to say numbers？可以发散学生的思维，活跃课堂气氛。教师乘胜追击，提问：How about these numbers：1/2，6/25，0. 3，6. 78，45. 72%？将相关短语板书在黑板上，并要求学生重复。

2. 听前准备（5 分钟）

教师通过教材和多媒体相结合，列出相关的词汇、基本句型和习惯表达。

教师问：what's the differences between increase by and increase to，rise by and rise to，grow by and grow to？Or the differences between decrease by and decrease to？

这个问题又一次活跃了课堂。并举例说明：The number of students in our school increased by 200，so now there are 3000 students in our school. The price has risen to 25 yuan a kilo.

教师再追问 How to say no change and a limit？通过这一步骤，学生基本上已经熟悉了数字的各种表达。学生也可通过自主学习教材进一步理解数字的各种表达，之后导入听力任务。

3. 听中训练（15 分钟）

教师播放听力材料，内容如下：

（1）Two years ago，we had one thousand two hundred members. By the following year，this number had grown by two hundred.

（2）Last year，our market share rose to eight-five percent. Unfortunately，we suffered a drop of twenty percent this year.

（3）Last year，between fifty and sixty percent of the students in our school ate lunch in the dining hall. Over the next few years，we are expecting this to increase. We hope that in three years，the figure will reach seventy-five point five percent.

（4）Many of our graduates continue their education at local universities or abroad. Last year，twenty-three point our percent of our graduates went to local universities，while eleven point five percent went to study abroad. This year, these percentages have increased to twenty-four point five percent and thirteen point six percent.

（5） Our research showed an increase in the number of young people visiting our museum. Compared to last year's figures, three times as many young people have visited our museum this year. This is about one third of the total number of our museum visitors.

在播放完第一遍之后，教师检查学生在书本上的完成情况，从而了解学生对听力材料的理解情况。对问题进行改编，让学生操练。如：（4）中教师可提问：What did the percentage of graduates who went to local universities increase by? 特别要注意操练时出现的问题，加强学生对 increase to 和 increase by 的理解；也可要求学生相互提问，相互回答，相互学习。接下来进行第二遍放音，组织学生谈谈听力材料的大意。要求学生在完成练习的基础上加强对听力材料的理解，进行精听练习，从而完成听力任务。

4. 听后总结（10 分钟）

此段听力材料中较难掌握的一个就是介词 to 和 by 之间的区别，一定要求学生把握好。对于分数和小数的表达如 quarter 这个词，a quarter 可以是 1/4，也可表示时间上的 15 分钟，以此类推 two quarters 可以是 1/2 也可能是 30 分钟，具体要根据语境来看。要注意其中 suffered a drop of twenty percent 和 drop by twenty percent 及对 This is about one third of the total number of our museum visitors 的理解。（材料不合适，就不进行角色扮演）

5. 激趣拓展（5 分钟）

在完成前面的教学内容之后，为了进一步激发学生学习英语的兴趣，利用多媒体给学生播放一首关于数字的英语 MTV：Five little monkeys。

6. 小结练习（2 分钟）

在教材的 step 1 里有一段关于统计的练习，要求学生课后听完后完成绘图。

Year	Market share (%)
1990	10. 5
2000	12. 5
2010	19. 5

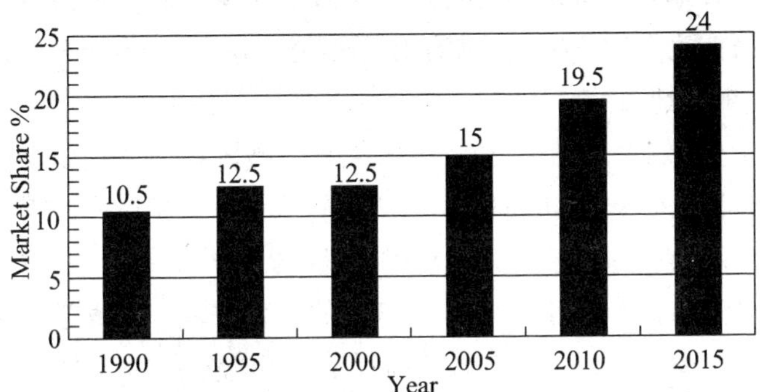

高中英语口语课教学程序及案例

龙　谦

一、教学程序

1. 引入话题

教师通过口语展示或多媒体等手段提出话题，使学生对该话题产生兴趣并有“话”要说。教师使用目标语，对话题信息进行拓展以及更深一步介绍，并对学生进行简单提问，使学生通过“听”完全融入话题情景中，思维活跃敏感起来，对话题进行思考之余，产生语言表达欲望。

2. 句型灌入

教师使用事先设计好的句型句式，对学生进行进一步提问，在学生给出答案后，用地道的句型加以修正，并不断重复示范句型，使学生加深对地道表达的印象，达到“耳熟”的地步。学生通过重复听句型，接受这种新的表达方式。

3. 强化输出

教师在教授表达方式后，可组织全班进行句式加强训练，方式上包括跟读、齐读、个别读、小组读、全班一起读等；内容上包括陈述句、疑问句、肯定句、否定句等。更换情景后，再次运用多种形式对目标语言进行重复，使学生不停地“说”，刺激语言输出。

4. 巩固运用

在学生初步的“听”和“说”之后，教师把课堂还给学生，指导学生运用所学句式和表达，完成指定任务和话题讨论，开展自由表达交流环节，并将学生分成小组，以确保每个人都有发言的机会。小组的合作讨论有利于创建一个逼真的语言环境，激发学生对语言的运用。学生在使用指定句式的前提下，可充分发挥口头表达能力。在小组讨论的同时，小组成员的“听”与“说”密不可分。此过程中，教师负责监督和检查，并总结出学生在具体操作中出现的问题，并加以修正。

5. 综合检测

训练口语的目的在于在生活中能进行交流和表达，口语课的课堂新授阶段结束后，要及时检测。可以通过话剧表演、课前三分钟报告、听力小测试、口语测试、知识游戏、故事复述等方式进行检测，以达到知识完全内化的目的。

二、案　例

天气预报

1. 引入话题（5 分钟）

T：Good morning，class. Wow，it is fine today，isn’t it? But yesterday it is rainy.

展示几幅关于天气的图片，分别是晴天、下雨、多云等，确保这些表示天气的单词学生之前学过。然后对学生进行提问。

T：What's the weather like in each picture?

S：It's …（fine，sunny，cloudy，rainy…）部分人能回答完整句子，部分人只知道单词。

T：What is the best weather if we want to go out for a picnic?

S：…

T：How do you know the weather? Have you ever seen the weather report?

S：…

T：How to report the weather? Today we will learn how to report the weather.

2. 句型灌入（10 分钟）

（1）（4 分钟）直接展示天气预报的范例，让学生自行先读，然后教师带读，组织学生翻译，学生自行熟读两分钟。

“Here is today's weather report. It will be cloudy in the morning, with heavy showers around lunchtime. The afternoon will be mostly fine. A thin mist will develop over the city centre in the early evening, later turning to fog.”

（2）（3 分钟）让学生把表示天气的词汇找出来，分别是：cloudy（多云的），heavy shower（大雨），fine（放晴的），mist（薄雾），fog（大雾）。

T：“Do you know more words about weather?”

（3）（3 分钟）给出更多表示天气的词，如 thunder（雷），lightning（电），hurricane（飓风），snow（雪），storm（暴风雨），windy（有风的），wet（潮湿的）等。全班一起齐读 3 遍这些生活中常见的表示天气的词。

3. 强化输出（12 分钟）

（1）（6 分钟）以小组为单位，用其他表示天气的词，替换之前所给出的模式中的天气的词。每个人自己“报道”一篇自己写的天气文稿，注意发音、重读、语调、断句等。全班处于活跃状态。

（2）（6mins）邀请4～5名自愿者为全班进行天气预报，并要求听众复述听到的天气变化情况。

4．巩固运用（8分钟）

（1）（5分钟）给出另一个天气预报范例，这个表达的难度略大于范例一。先让学生进行填词。

Here is the weather forecast for tomorrow. It will be warm and ______ in the morning, with a fair chance of ______ weather developing before noon. It will become cooler in the afternoon. The sky will be very cloudy with heavy ______. In the evening, the temperature will drop a lot and it will become a bit cold. There will be ______, with a ______ likely after midnight!

（2）（3分钟）要求学生对此范例加以修改、替换，完成一份自己的天气报道。

5．综合检测（5分钟）

（1）天气播报游戏：随机抽取表示天气的3～5个词，要求学生组织语言播报天气。看谁组织语言的用时最短，给最快的、最好的学生奖励糖果。

（2）课后作业：英语课课前进行3分钟duty report，要求学生进行为时一周的天气预报。

高中英语语法课教学程序及案例

郑朝煌

一、教学程序

1．设置语境

教师通过多媒体、海报等多种手段创造语言环境，为学生创造英语学习氛围，让学生从内心认同英语学习，激发他们的学习兴趣，并通过不断的语境巩固练习来加深他们对相关语法知识的把握理解，培养他们学习语言的习惯。只有通过培养他们的自觉能力，才能让他们在以后的英语学习中持之以恒，使英语学习能获得很好的效果。

2. 课前指导

教师首先通过多媒体、海报、电影片断、提问、讨论话题等多种手段创造一个生活情境，然后给出一个对话提纲。对话提纲包括要求学生掌握的基础知识与基本技能、有关旧知识的提示，为接下来的学生讨论提供一定的指引。

3. 讨论分析

让学生用英语去交流，提出在英语交流中会使用到且要注意的相关语法要点。教师组织全班学生，针对普遍性的问题，结合教材的重点、难点及自学中存在的问题，整理出讨论题并进行讨论、相互答辩，以加深理解。当学生在用英语讨论的过程中出现语法错误时，不必急于纠正，而可以让学生暂时存疑，让他们自己进行一定的思考，并提醒学生加以注意，或根据学生的认知能力做出引导。注意，不能剥夺学生的思考机会。

4. 探讨总结

在学生广泛讨论的基础上，对学生没有解决的问题或在情境对话中出现的问题进行归纳，然后针对现在完成时与现在完成进行时的联系与区别及构成方式，由教师作适当讲解，强化正确的观点，纠正偏差，补充遗漏，帮助学生全面掌握知识。

5. 小结练习

师生对问题进行探讨后，教师要鼓励学生尽可能用自己的语言归纳出知识规律，把学到的知识融进自己原有的知识体系中去。教师再组织学生充分运用所学的知识解决实际问题，使学生在运用中对新知识加以内化。课堂练习不同于课外作业，选题要小、精、活，并组织学生对学习结果进行自我评价。

二、案 例

Advance with English 牛津高中英语

Grammar and usage-Present perfect tense;

Present perfect continuous tense

语法——现在进行时与现在完成进行时

1. 设置语境（5 分钟）

（1）通过多媒体给出语境，让学生进行对照分析。

（2）通过展示图片，让学生观察两种时态的构成及其相关的语境，并注意二者之间的联系。

Ann's clothes are covered in paint.
She has been painting the ceiling.
Has been painting is the *present perfect continuous.*

The ceiling was white.Now it is blue.
She has painted the ceiling.
Has painted is the *present perfect simple.*

2. 课前指导（7 分钟）

教师通过多媒体出示讨论话题，让学生用这些话题进行讨论，注意两组时态的不同之处。然后选择其中一组话题进行讨论，也可以让学生自己创造一个语境来讨论。

• My hands are very dirty. I have been repairing the car. • She has been smoking too much recently. She should smoke less. • It's nice to see you again. What have you been doing since we last met? • Where have you been? Have you been playing tennis?	• The car is OK again now. I have repaired it. • Somebody has smoked all my cigarettes. The packet is empty. • Where is the book I gave you? What have you done with it? • Have you ever played tennis?

3．讨论分析（10 分钟）

教师组织学生上台进行对话表演。

以第一组为情境，设想现在 Mike 与 Tom 在某天下午见面之后，Tom 发现 Mike 身上有点脏，然后根据他之前了解的对方的车子坏了一事，开展以下这段对话。

STUDENT A：Hi，Mike！

STUDENT B：Hi，Tom！

STUDENT A：Your hands are so dirty. I heard your car was broken yesterday，so how is it now?

STUDENT B：The car is OK again now. I have repaired it.

STUDENT A：So that's the reason why your hands are so dirty?

STUDENT B：Yes，I have been repairing the car since six o'clock this morning.

对话完之后，让其他学生分析所使用的时态是否正确。如果认为有不正确的，让大家一起来分析原因，并对照之前所给的材料进行分析对比，看其所做的分析是否有道理。

4．探讨总结（8 分钟）

经过小组和师生讨论，得出如下结论：

（1）Present perfect tense. 现在进行时的构成形式为：have/ has done。

“Have/ has done” is a completed action. We are interested in the result of the activity，not in the activity itself. 现在完成时是一个完成的动作。我们只对此动作的结果感兴趣，而不是这个动作本身。

（2）Present perfect continuous tense. 现在完成进行时的构成形式为：have/ has been doing.

While using “have/ has been doing”，we are interested the activity itself. It doesn't matter whether the activity has been finished or not. 当使用现在完成进行时的时候，我们对此动作本身感兴趣，不在乎这个动作完成与否。

5. 小结练习（10 分钟）

设置一个情境，让学生进行分组对话。在对话中，有些空没填，让学生根据上下文用所给的动词补充完整。

be, come, do, drive, find, have, look, manage

Jane is being interviewed by Mrs. Carr: for a job working with young children.

MRS. CARR: Come in, Jane, do take a seat. Would you like a coffee?

JANE: Thank you, actually I ______ (just) one.

MRS. CARR: Oh, good. Now, do you know this area at all?

JANE: Quite well. My grandparents live just on the outskirts of town so I ______ here for holidays since I was little. I am staying with them at the moment, actually.

MRS. CARR: Oh, that's nice. And do you have a driving license?

JANE: Yes, I ______ for four years now.

MRS. CARR: And would you say you're a careful driver?

JANE: Yes, I think so. At least I ______ (never) an accident.

MRS. CARR: Good. Now could you tell me why you think you would be right for this job?

JANE: Well, I ______ (always) interested in working with small children. And I ______ to get quite a bit of practical experience by taking holiday jobs and so on.

MRS. CARR: How do you think you would cope in an emergency?

JANE: I'm quite a calm person, I think. I ______ a first aid course, too. I got this badge.

MRS. CARR: Oh, yes. That's good. Now, this job isn't permanent, you know. We need someone for about a year. How would that fit with your long-term plans?

JANE: I'd like to work abroad eventually. But I want some full

-time experience first. I ______ a Nursery Teacher's course this year. We finish next week, in fact, and I've already got a Child Care certificate.

MRS. CARR: Well, I can't make any promise, but you do sound just the sort of person we're looking for. When would you be able to start?

JANE: As soon as I finish my Nursery Teacher's course.

MRS. CARR: Excellent. And would you live with your grandparents?

JANE: Well, they live a bit far away. I'd probably try to get a small flat. I ______ in the paper every day, but I ______ (not) anything yet.

MRS. CARR: Well, if you get the job, we'll try to help you. Now, would you like to come and meet some of the children?

JANE: Oh, yes.

MRS. CARR: Right, if you'll just follow me then …

6. 作 业

完成书本第11页的A与B部分练习。

高中英语写作课教学程序及案例

郑朝煌

一、教学程序

1. 设置任务

教师首先根据学生的能力水平层次，制定适应学生的写作任务和目标，然后通过多媒体、海报等多种手段给出任务，让学生明确本堂写作课的目的，知道本节课要学会些什么，应该做些什么，并且怎样去做才能完成所给的任务。同时，要争取让每一个学生完成一定的任务，让他们都能有一种满足感与成就感，从而激发他们的学习兴趣，培养他们自主完成任务的能力。与此同时，给他们布置日常的写作任务，让他们在以后的英语学习中，持之以恒地进行日常写作，最终达到提高自己写作能力的目的。

2．分析任务

教师通过对所给的题材进行分析，让学生知道具体可以怎样做、能学到些什么、有什么地方需要特别注意、我们应该如何去完成接下来的任务。

3．完成任务

根据布置的任务，给出一定的时间让学生完成写作任务。

学生在写作的同时，不能想当然地由着自己的想法与性子去写，要充分利用和发挥在前两个步骤中所讨论的相关要点，写作要有针对性、目的性，做到让学生写其所想、写有所得。与此同时，教师可以给学生一定的提示，并给写作有困难的学生提供其所需要的辅导。

当学生在写作的过程中出现语法错误时，教师不必急于纠正，可以让学生暂时存疑，让他们自己进行一定的思考，并提醒学生加以注意；或根据学生的认知能力做出引导，不能剥夺学生思考及自我纠正的机会。

4．探讨总结

学生在完成作业之后，教师要开始引导学生，对所完成的作业及时进行讨论。此时，教师可以收取部分作业当作范文在课堂上讲评，或学生朗读自己的文章在全班进行分析，或让学生组成学习小组，进行组内分析等多种方式结合进行。在此过程中，教师起着组织与引导作用，而学生才是真正的学习主体，要充分发挥学生的主动性和积极性。

5．任务练习

根据所学内容，布置相应的课堂作业与课后作业。作业要充分体现本堂课所教的内容，同时贴近生活，能让学生产生浓厚的学习兴趣。

在布置课堂与课后作业的同时，还要给学生布置长期的日常作业，坚持让学生每天都能动笔写作。毕竟，写作是个积累的过程，只有通过日常的积累，才能从量变达到质变。

二、案 例

应用文的写作——明信片（Postcard）的写作

1. 设置任务（4 分钟）

（1）通过多媒体给出明信片的范文来让学生进行阅读理解，确保学生能读懂这张明信片。

（2）让学生自己分析明信片这种应用文的大概文本格式。

Dear Judy, We are staying at a lovely hotel near the beach. We get up late every day and have a large breakfast. Then we lie around all morning, swimming and reading. After lunch-siesta! Then it's morning swimming and a late supper. Paradise! Tomorrow we're going to the Island of the Women. See you soon. Love Mary	Judy Sanders 6Turtas Road Cambridge CT5 3YR INGLATERRA

2. 分析布置任务（8 分钟）

通过与学生的讨论、分析，确保学生理解明信片中的信息，然后让学生就文章内容进行讨论，理清文章中不同时态的灵活运用——现在进行时（We are staying at a lovely hotel near the beach）、一般现在时（We get up late every day and have a large breakfast. Then we lie around all morning, swimming and reading. Then it's morning swimming and a late supper）与现在进行时表将来（ Tomorrow we're going to the Island of the Women）。

在学生清楚了明信片的信息之后，让他们分析它的组织结构，知道一张明信片有些什么内容，有些什么注意事项。如此处，我们一般的开头是 Dear Judy，结尾是非正式的 Love ，然后是换行的 Mary。在右边或者明信片的背后是收信人的姓名 Judy Sanders，然后是与中国不同的地址格式：从小地方到大地方。

接下来，布置学生写一张明信片，可以设想自己也在度假，这样比较贴近所给的素材。对于学生来说，这样也比较容易模仿。然后让学生注意以下几个问题：① 在哪里；② 正在做什么；③ 每天在做什么；④ 接下来的几天或几周将要做什么；⑤ 问候和签名。

告诉学生，在回答这些问题的时候，注意所给范文中相应的时间结构，注意模仿和发挥。

3．完成任务（10 分钟）

给出一定的时间让学生完成教师所布置的任务。此处，估计 10 分钟就可以了。

教师可以给学生一定的提示，并给写作有困难的学生提供其所需要的辅导。

4．探讨总结（15 分钟）

在学生完成写作之后，教师收集学生所写的作业或者让学生在课堂上朗读他们所写的作业，也可以让学生在课堂上互相分组讨论批阅。总之，要看学生的能力和水平，充分发挥学生的主观能动性，让所有学生全员参与进去。此处，要特别检查学生对于三种时态的正确运用，并且能够有条理地把自己的意思表达清楚。

5．任务练习（3 分钟）

课后完成情境写作，并且上交。同时，要求每天仿写几个句子。

高中英语复习课教学程序及案例

杨斯翔

一、教学程序

1. 自主学习

在导学案中，教师制定出本堂课要达到的学习目标，从基本知识、基本技能、情感态度价值观三维角度给学生提出明确的自主学习要求，如重难点是什么、明确什么、如何将重难点知识运用到实际习题中等，并且要求学生独立思考，学会复习总结，标出不懂的疑难问题。

2. 合作研讨

学生在自主学习的基础上，对所梳理出的知识点进行汇报，在小组内进行相应的有效的合作交流，不能解决的问题通过小组交流解决，组内成员互相帮助，共同提高。交流的形式灵活多样，可以是师生合作、生生合作、组组合作。

3. 精彩展示

展示是一堂课的关键环节。通过进行全班交流，综合全体的认识和见解进而达到更高层次的认识和见解。学生交流自己对单元reading 文章的理解。经过合作交流仍解决不了的问题可以反馈给教师，教师给予点拨或引导学生突破难点，达到“点石成金”的效果。交流展示主要组织形式有游戏式、表演式、竞赛式等。

4. 巩固练习

通过练习，让学生对本堂课复习的重难点作一次有效的盘点，教师或学生总结归纳本课的重点，使学生所学的知识形成完整的框架体系，从而进行巩固拓展提高，再到实践运用。

5. 自我测评

针对复习的内容，当堂测试，并由学生互批互改，或者教师边讲评边批改，做到堂堂清。练习题要求涵盖本堂课所复习的全部知识点，分层设置，当堂反馈。

6. 评价反思

学生对本堂复习知识进行自我反思，对学习状态和学习效果进行自我评定；再由教师对学生课业评价，点评学生学习状态，点拨学习知识点。通过即时评价，及时矫正学生的复习过程及复习状态，达到最初制定的目标。

二、案　例

牛津高中英语模块 1 Unit1 School life in the UK

1. 自主学习（课前 20 分钟）

利用早读时间，教师用多媒体展示自主学习目标。

知识目标：掌握 devote，be fond of，for free，make use of，in charge of 等重要单词及短语的用法和定语从句中关系代词 that，which，who，whom，whose 的用法。

技能目标：培养略读、记录要点等阅读能力。

情感态度目标：了解英国学制的基本知识，认识中外文化学习的差别。

学生通过五个活动开展自主复习。

活动一：略读，并回答问题。(8 分钟)

（1） what did wei hua think of her life in the UK?

（2） What subject did wei hua study in the past year?

（3） which British city did wei hua go to?

活动二：听录音，边听边划出词组、重点句型及文章中出现的定语从句。(2 分钟)

活动三：细读文章，记忆重点单词、词组及句型。(5 分钟)

活动四：列出本次自主复习的困惑疑难处。(5 分钟)

2. 合作研讨（5 分钟）

学生在自主学习的基础上，对所梳理出的知识点（如重点单词、短语及句型），进行小组讨论、分析，组内成员轮流发言，组长督促并记录组内讨论内容，以便在组际交流时提供各自的看法。教师巡视每个小组的讨论情况，给予必要的帮助；同时注意学生学习过程中的不足及解决不了的难题，以备交流展示时教师进行适当的点拨提升。

3. 精彩展示（10 分钟）

各小组派一名代表参加 Make a sentence with the new words（用新单词造句）竞赛。

4. 巩固练习（10 分钟）

在此环节设计两个活动。

活动一：小组讨论。(3 分钟)

How to introduce your school life in English?（如何用英语介绍你的学校生活?）

活动二：学生根据重点单词及词组，以小组为单位，自主设置单词填空的题目。(7 分钟)

5. 自我测评（10 分钟）

根据括号内所给的提示翻译下列句子：

（1）当我回忆童年的时候，我仍然以为那是我一生中最快乐的时光。(look back on)

（2）善于利用时间的学生通常会取得好成绩。(make use of)

（3）我认为保护环境的最佳方法是多种树。(the best way to do)

6. 评价反思（5 分钟）

让学生反思下列问题：

How long did it take to review the passage?

Can I use the important words and phrases to make sentences?

How many phrases and important sentences do I get from the passage?

Can I grasp the attributive clause?

教师根据学生自我反思进行评价点拨，指出学生反思的缺漏，对本堂复习课进行总结。

高中英语讲评课教学程序及案例

龙 谦

一、教学程序

1．考情分析

发下批改后的答卷，请上中下三个层次的学生代表对自己的考试结果进行分析，说出是否满意及其原因；然后教师从总体上对考试情况进行分析，简述平均分、最高分、及格率、正确率等。表扬成绩突出的同学，肯定有明显进步的同学，勉励成绩不理想的同学。

2．合作纠错

小组合作纠错更正、分析错因、整理归类、标记热点难点等。教师督促小组完成任务并适当地予以帮助指导，了解全班情况，最后公布正确答案。

3．交流点拨

首先邀请高分同学代表，基于实例给全班分享自己的做题方法和技巧；然后每个小组派出代表，在教师的组织下，分别对相应的题目，提出本小组经过商讨后的统一思路。最后全班讨论，各抒己见。对学生解决不了或说不到位之处，教师适时点拨释疑。这样，在教师的引导下，学生积极主动地寻找问题，解决问题，可有效地避免今后在同一地方犯同样的错误，同时可以提高学生的解题水平和能力。集体学习方式有利于提高学习效率。

4．技巧总结

分析完试卷后，让学生反思自己得分率最高和最低的题型，然后就解题技巧、错因及应对策略发表自己的看法，最后教师归纳总结。

5．巩固训练

学生爱在同一个地方犯错，在讲解过后，可以对相同知识点进行变式以及延伸训练，使正确的解题思路真真正正地变成自己的解题武器。避免出现老师讲的时候懂了，学生自己做又不会的情况。

二、案　例

一次期中考试试卷单项选择题讲评

1．总结基本情况（5 分钟）

（1）分别邀请上中下 3 个层次各 2 名同学，各自陈述自己在本次考试的分数情况，以及是否达到期望值，并简单分析原因。

（2）教师简述平均分、最高分、及格率、正确率等。表扬成绩突出的同学，肯定有明显进步的同学，勉励成绩不理想的同学。

2．合作纠错（10 分钟）

（1）小组合作。

（2）统计组内成员易错题，以及出错原因。

（3）对各个单选题进行探讨，标记出考点、重点及难点。

（4）教师观察各组讨论情况，留意各组内表现突出成员，留意学生讨论多的题目。

（5）公布正确答案。

3．交流点拨（15 分钟）

（1）请各组同学代表分析相应试题，把试题读一遍后进行翻译，然后详细分析句子成分，最后归纳试题所考查的知识点。

例如，第二题为对话，考察短语“neither…nor”“either… or”“not … but…”“both… and…”的辨析。

A：“这里五月份的天气很 mild（温和）”。

B："yes（表示赞同），我喜欢这里的天气，因为它______冷______热"。温和就是不冷也不热，所以用短语 neither…nor…（既不……也不……）

（2）学生分析后，如有不到位，或者可以拓展的知识点，老师引导学生自行写出相关知识点。

比如，The teacher, together with his students ______ discussing the novel now.

A. was　　B. is　　C. were　　D. are

第一组同学找出了考点是主谓一致，together with 连接的 his students 不影响句子的谓语选择，句子的谓语根据 together with 前面的 the teacher 进行选择。老师可以进行提问：类似的连接另一个名词成分，但是不影响句子谓语动词选择的单词或者短语有哪些？（with, along with, as well as…）

4. 技巧总结（5 分钟）

（1）全部试题分析过后，学生自行总结在单项选择这块失分的个人原因：是平时积累不够，还是考试时一时疏忽？因粗心大意而丢失的分数，大概就是今后分数上升的空间。

（2）教师分享单项选择的做题技巧。

做单选有两个原则一把万能钥匙。原则：一是要符合语法；二是要符合句意。万能钥匙：先找谓语动词，谓语动词是任何疑难杂句的突破口。这三点做好了，做单选的思路就有了。

（3）要求学生将典型的、易错的题收录到错题集里，并且把错题背下来，彻底理解以免再错。

5. 巩固训练（5 分钟）

给出准备好的强化训练题，培养学生举一反三的能力。如：

（1）Lucy, together with her sisters ______ dancing now.

A. are　　B. is　　C. were　　D. was

（考查主谓一致，together with…短语后的名次及短语不影响谓语动词的选择。）

(2) I find ______ difficult to work out the math problem.

A. that　B. which　C. this　D. it

(it 为形式宾语，真正的宾语为后面的不定式。)

(3) Be quiet! It's rude to ______ people when they are talking.

A. stop　B. introduce　C. prevent　D. interrupt

(考察新授单词释义。)

(4) The more teenagers watch actors smoking in films, the more ______ they are to take up the habit of smoking themselves.

A. likely　B. simply　C. probably　D. possibly

(考察 likely, probably, possibly 几个单词表示的“可能性”。)

(5) In order to do this, we have to ______ a method of understanding based on scientific principles that are universally accepted.

A. engage　B. employ　C. express　D. experience

(考察 employ 的意思，除了“雇佣”，还有“运用”的意思。)

(6) ______ made the school proud was ______ more than 90% of the students had been admitted to key universities.

A. What; because　B. What; that

C. That; what　D. That; because

(考察名词性从句。)

第四节　物理学科

高中物理概念课教学程序及案例

高俊丽

一、教学程序

1. 创设情境

教师在引导学生建立概念之前要善于提供丰富的感性材料，在

新知识与学生已有的知识之间建立联系。可通过演示实验、生活实例，或讲故事等手段创设问题情境。

2．自主学习

教师用多媒体或黑板展示自主学习提纲，学生自主学习。教师为学生提供学习辅助材料（文本、图片、视屏等），为学生提供实验器材，进行学法指导等。

3．讨论交流

教师就学生自主学习过程中产生的共性的、疑难的、重要的问题组织学生分组讨论。教师巡回观察指导，认真倾听学生的讨论，对学生发言中的积极因素，及时给予肯定和鼓励，同时收集学生讨论结果。

4．点拨归纳

教师对难点、疑点进行点拨，然后引导学生归纳、梳理知识点。

5．检测反馈

分层次设计习题，引导学生将所学的物理概念迁移到实际生活或新的情景中去。基础习题由学生独立完成，难点可通过交流讨论完成。

二、案　例

功

1．创设情境（5 分钟）

利用多媒体呈现有趣的画面情景，同时呈现问题：

（1）猴子拿起石头砸自己的脚，石头高低不同会造成什么影响?

（2）让学生回忆初中学过的功的知识，请几位学生回答。

（3）教师讲述物理学史：蒸汽机时代，蒸汽机效率检测（功的前世）。

2．自主学习（10 分钟）

多媒体呈现学习提纲。

学习任务一：研究做功的必要因素。

思考下列问题，然后总结力对物体做功的必要因素。

（1）周一大扫除，有一个同学提水桶，但没提动，手对桶的拉力做功吗？

（2）一同学提水桶平稳地绕教室走一圈，手对桶的拉力做功吗？

（3）水平推动课桌上的课本，推力做功吗？

学习任务二：功的表达式。

（1）阅读课本，得出功的表达式。

（2）理解功的表达式中各字母的含义。

（3）功是矢量还是标量？为什么？

学习任务三：正功与负功的条件。

（1）用 10 N 的水平力拉质量为 200 g 的小车，小车沿力的方向移动 50cm 距离，求拉力的功、重力的功和支持力的功。

（2）如上例，如果拉力方向与水平面夹角 30°斜向前，求拉力的功。

（3）如上例，如果拉力方向与水平面夹角 30°斜向后，求拉力的功。

（4）如上例，如果拉力方向向后与运动方向相反，求拉力的功。

（5）根据以上计算，归纳力做正功、负功的条件，并理解正功、负功的意义。

（6）阅读课本，理解负功的另一种表达方式。

学生自主学习，教师巡视，答疑、学法指导。

3. 讨论交流（5 分钟）

前后排四人为一小组，讨论以下问题（多媒体展示）：

问题 1：一个力对物体做了 10 J 的功，可能是什么情况？

问题 2：一位同学提起地上的水桶，然后平稳地走几步，再慢慢放下，分析手对桶的拉力的做功情况。

教师巡回观察，启发性指导，收集学生讨论结果。

4. 点拨归纳（10分钟）

教师对学生的讨论进行点拨、完善：功的表达式推导、灵活运用，正负功的意义。

教师引导学生归纳知识要点：

（1）功的表达式。

（2）力做功二条件。

（3）功的性质：标量。

（4）正负功的意义：正功——动力做功；负功——阻力做功。

5. 检测反馈（10分钟）

（1）关于功的概念，下列说法正确的是（　　）。

A. 力对物体做功多，说明物体的位移一定越大

B. 力对物体做功多，说明物体的力一定越大

C. 力对物体不做功，说明物体一定没有位移

D. 功的大小由力的大小和物体在力的方向上的位移的大小决定的

（2）课本59页例题。

通过讨论和计算，让学生体会力对物体的总功的解决方法。

高中物理规律课教学程序及案例

张长海

一、教学程序

1. 创设情境

教师利用合理的构想、恰当的材料、精练的语言提出令学生困惑或感兴趣的问题，激起他们探索未知的兴趣和求知的强烈欲望，引发学生对探索问题的关注，营造鼓舞人心、令人兴奋的课堂气氛。

2. 探　究

每节课的教学内容都可分解为三部分：

（1）已知的知识（包括教材上能直接找到的结论），由教师提出问题，学生回答。

（2）完全未知的知识，由教师深入浅出地讲解明白。

（3）半知的知识（与学生已有知识有联系的知识），在教师的引导下由学生探究得出结论。

课堂探究的方式：

（1）自主探究：学生独立探究。

（2）合作探究：学生分组合作。

课堂探究的方法：

（1）理论探究：由旧知识推导出新知识。

（2）实验探究：让学生通过实验、列表比较、分析归纳等思维和实践过程概括出知识规律。

3．学以致用

教师引导学生运用探究出的结论、规律解决具体问题。教师可以围绕着“双基”和培养学生掌握学习方法的目的，出一些有一定梯度的课堂练习题训练学生。教师根据学生在“练习”中反馈回来的信息给予评价、校正和辅导。在有限的时间内，应该让学生尽量多地做练习。

4．概括强化

教师引导学生进行知识总结、学法归纳，并对学生学习过程进行评价，最后布置课后作业。

二、案　例

必修一　自由落体运动

1．创设情景（3 分钟）

（1）多媒体展示生活场景动画：落叶、下雨、下雪。

（2）让学生举一些落体运动实例。

（3）引入课题：落体运动有什么规律呢？这就是本节课我们要探究的——自由落体运动（展示课题）。

2. 探究（22 分钟）

（1）自由落体运动的概念。

① 展示问题：现实生活中轻重不同的物体由静止下落谁快谁慢？

② 学生猜想。

③ 学生自主探究：教师直接提供实验方案，学生做实验。

实验 1：将一张展开的纸片和一块橡皮擦从同一高度同时由静止释放，观察谁快谁慢？

实验 2：将纸片揉成小团，重做实验。

④ 学生报告结果。

⑤ 讨论。

A. 问题：影响物体下落快慢的因素有哪些？

B. 学生思考讨论。

C. 请几个学生报告（结论：空气阻力）。

⑥ 教师演示“牛顿管实验”验证结论。

⑦ 教师引导学生总结，引出自由落体运动概念并说明在实际生活中的近似处理。

⑧ 请学生举出生活中可看成自由落体运动的例子。

（2）自由落体运动的性质。

① 教师展示问题：自由落体运动是什么性质的运动？

② 学生猜想：教师演示一段粉笔的自由下落，让学生猜想。在教师的引导下，学生会得出“自由落体是初速为零的匀加速运动”的假设。

③ 实验探究。

【教师引导学生设计实验】

A. 实验原理。

初速为零的匀加速直线运动$\frac{2s}{t^2}=a$（恒量）。

B. 方案。

用打点计时器探究自由落体运动：演示动画。

实验方案实施。教师说明：鉴于时间关系，实验下堂课做，本节直接提供实验打出的纸带。

C. 分析论证评估。

分发课前准备的纸带，学生分组（4 人一组）处理数据：测出各段时间和位移，并计算各对应的 $2s/t^2$ 值并比较其大小，教师巡回指导。

D. 合作交流。

各小组报告实验结果，集体讨论，得出结论：“自由落体是初速为零的匀变速运动”的假设成立。

（3）自由落体加速度。

① 自由落体加速度的概念：教师引导学生分析得出 $2s/t^2$ 就是自由落体运动加速度，也叫重力加速度。

② 展示问题：

问题一：在同一地点，不同物体做自由落体运动的加速度大小有何关系？

问题二：在不同地点，物体做自由落体运动的加速度大小是否相同？

问题三：重力加速度方向如何？

③ 讨论探究。

问题一：学生讨论。

问题二：指导学生看教材。

问题三：谈话法探究。

④ 结论：教师展示自由落体加速度的特点。

（4）自由落体运动的公式。

学生自主由一般的匀变速运动三个基本公式导出相应的自由落体运动公式。

3. 学以致用（10 分钟）

学生做课本小实验：测定反应时间，教师巡回指导。

4. 概括强化（5 分钟）

（1）知识总结（学生）。

自由落体运动的概念、性质，加速度的特点、公式。

（2）学法总结（教师引导）。

科学探究方法——提出问题、猜想与假设、制订计划与设计实验、进行实验与收集数据、分析与论证、交流与合作。

（3）教学评价。

对学生学习过程进行评价。

（4）作业布置。

① 课本第 38 页第（1）（2）（3）（4）题。

② 看阅读材料《伽利略对自由落体运动的研究》，进一步体会伽利略的科学研究方法。

③ 你能设计一个粗略的测当地重力加速度的实验吗？若能，动手做做。

高中物理实验课教学程序及案例

张长海

一、教学程序

1. 课前预习

课前一两天发预习案，内容包括实验原理、实验器材、实验步骤、操作注意事项、数据处理方法和误差原因等。预习案要具有探究性，以问题形式呈现，学生利用自习课或其他课余时间结合教材进行预习。开始时不仅要安排预习时间，而且老师必须在场，一是督促，二是答疑。这样可避免一些不自觉的学生不按老师的要求去做，造成预习效果参差不齐的现象，从而影响上实验课的效果。这样坚持一段时间后，可逐渐减少老师在场的时间，预习任务也不要布置得那么具体。预习案要课前一天交教师检查，以便教师准备器材（针对一些设计性实验）。

2. 课堂探究

（1）预习展示，交流点拨。

针对实验的每一个环节（实验原理、实验器材、实验步骤、操作注意事项、数据处理方法、误差原因）让一个学生发言，其他同学补充，老师点拨解难。对复杂疑难之处，可用多媒体演示。学生举手发言，依步进行。

（2）实验探究。

学生分组进行实验操作，记录并处理实验数据，教师巡视指导。

（3）结果测评。

实验完毕后，老师展示三到五组学生的实验结果，全体评议。评议的内容一般为误差形成的原因、减小误差的方法等。

（4）教学评价。

教师围绕“三维目标”对学生进行评价。

3. 课后拓展

布置课后作业：精选与实验目的、原理、器材、注意事项等相对应的实验题，编制成练习卷。

二、案　例

必修一　2.1　实验：探究小车速度随时间变化的规律

1. 课前预习

预习案：

（1）实验目的：探究小车速度随____________变化的规律。

（2）实验原理：利用________打出的纸带上记录的数据，寻找小车速度随时间变化的规律。

（3）实验器材：请同学们思考并写出本实验需要的器材。

（4）实验步骤：请同学们理解并记住教材上所列实验步骤。

（5）数据处理。

① 如何确定计数点？

② 如何测距离？

③ 如何计算各计数点速度？

④ 如何分析小车速度与时间的关系？

（6）注意事项：请同学们思考本实验应注意哪些问题？

2. 课堂探究

（1）预习展示，交流点拨（10 分钟）。

学生举手发言，一个同学讲一个实验环节（实验原理、实验器材、实验步骤、操作注意事项、数据处理方法、误差原因），其他同学补充，教师点拨解难。讲完实验器材，教师用 PPT 展示实验器材图片，学生对着图片讲实验步骤，最后由教师演示实验操作动画。学生讲数据处理时，教师先展示一条带点纸带图片及问题：① 如何确定计数点？② 如何测距离？③ 如何计算各计数点速度？④ 如何分析小车速度与时间的关系？学生按问题对着纸带图片讲述。

（2）实验探究（20 分钟）。

学生分组进行实验操作，用教材表格记录并处理实验数据，教师巡视指导。

（3）结果测评（10 分钟）。

实验完毕后，老师展示三到五组学生的实验结果，全体评议。评议的内容一般为误差形成的原因、减小误差的方法等。本实验测评对象是 v-t 图像，从图像发现问题，展开分析。

（4）教学评价（5 分钟）。

教师围绕“三维目标”对学生进行评价。

本课教学目标：

· 知识与技能

① 会运用已学知识处理纸带，求各点瞬时速度。

② 会用表格法处理数据。

③ 掌握画图像的一般方法，并能用简洁语言进行阐述。

· 过程与方法

① 初步学习根据实验要求设计实验、完成某种规律实验的探究方法。

② 初步学会根据实验数据进行猜测、探究、发现规律的探究方法。

③ 认识数学化繁为简的工具作用，直观地运用物理图像展现规律。

· 情感态度与价值观。

① 通过对小车运动的设计，培养积极主动思考问题的习惯，并锻炼思考的全面性、准确性与逻辑性。

② 通过对纸带的处理、实验数据的图像展现，培养实事求是的科学态度，能灵活地运用科学方法来研究问题、解决问题，提高创新意识。

3. 课后拓展

（1）在探究小车速度随时间变化的规律的实验中，按照实验进行的先后顺序，将下述步骤的代号填在横线上__________________。

A. 把穿过打点计时器的纸带固定在小车后面

B. 把打点计时器固定在木板的没有滑轮的一端，并连好电路

C. 换上新的纸带，再重做两次

D. 把长木板平放在实验桌上，并使滑轮伸出桌面

E. 使小车停在靠近打点计时器处，接通电源，放开小车，让小车运动

F. 把一条细线拴在小车上，细线跨过定滑轮，下边吊着合适的钩码

G. 断开电源，取出纸带

（2）在下列给出的器材中，选出“探究小车速度随时间变化的

规律”的实验中所需的器材并填在横线上（填序号）。

①打点计时器　②天平　③低压交流电源　④低压直流电源　⑤细线和纸带　⑥钩码和小车　⑦秒表　⑧一端有滑轮的长木板　⑨刻度尺

选出的器材是________________________________。

（3）某同学在“探究小车速度随时间变化的规律”的实验中，算出小车经过各计数点的瞬时速度如表格中所示：

计数点序号	1	2	3	4	5	6
计数点对应时刻（s）	0.1	0.2	0.3	0.4	0.5	0.6
通过计数点的速度（m/s）	44.0	62.0	81.0	100.0	110.0	138.0

请作出小车的 v-t 图像，并分析运动特点。

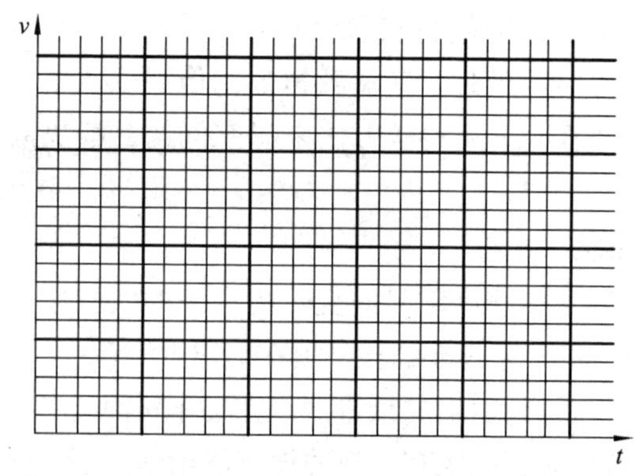

（4）在“探究小车速度随时间变化的规律”的实验中，如图给出了从0点开始，每5个点取一个计数点的纸带，其中0、1、2、3、4、5、6都为计数点。测得：$s_1=1.40$ cm，$s_2=1.90$ cm，$s_3=2.38$ cm，$s_4=2.88$ cm，$s_5=3.39$ cm，$s_6=3.87$ cm。那么：

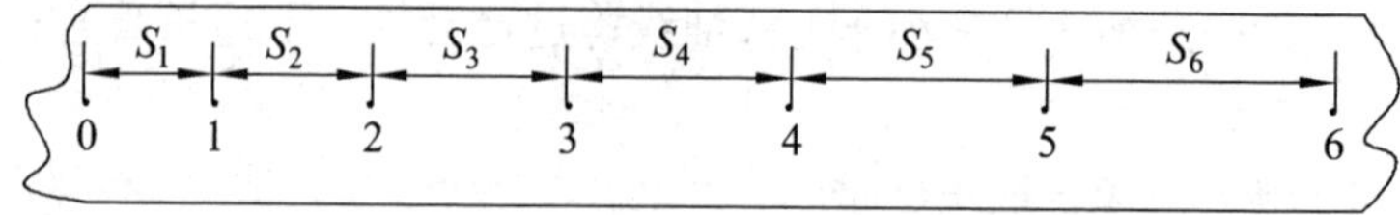

①在计时器打出点1、2、3、4、5时，小车的速度分别为：

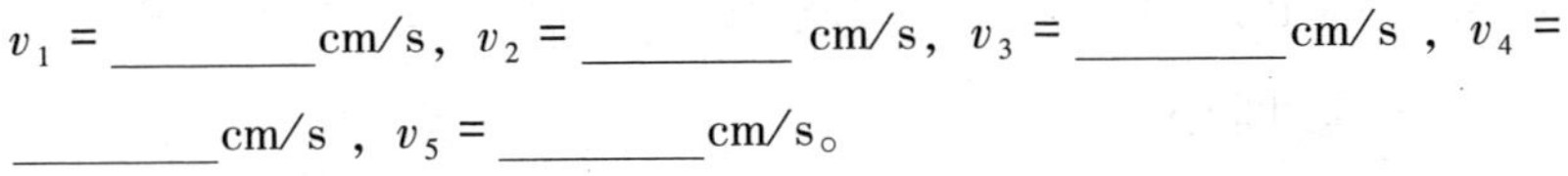

v_1 = ________cm/s，v_2 = ________ cm/s，v_3 = ________cm/s ，v_4 = ________cm/s ，v_5 = ________cm/s。

② 在平面直角坐标系中作出 v-t 图像。

③ 分析小车运动速度随时间变化的规律。

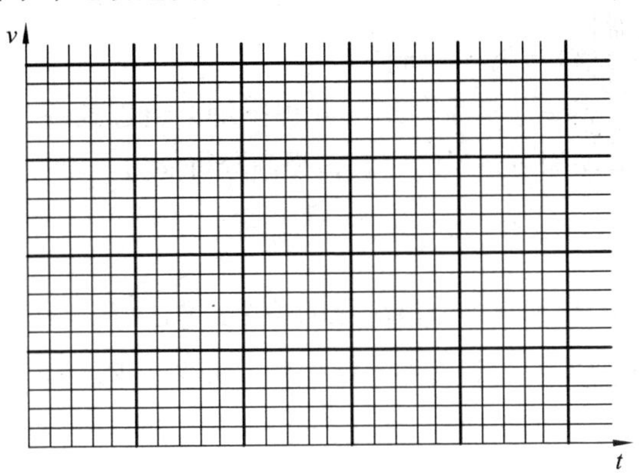

高中物理复习课教学程序及案例

向 青

一、教学程序

1. 考点分析归类

明确复习内容，让学生课前整理相关知识，并列出知识点提纲。课堂上进行展示、交流。

2. 典型例题分析

老师找几个最具代表性的例题，引导学生找到解答方法。每解答一个具体问题的时候，教师都要归纳出方法来。

3. 反馈练习

由学生和老师共同设计一份分层检测练习题（包括“基础题 A”“梯度题 B”），并拟好答案，然后让小组之间互测互评。

二、案　例

功能关系及机械能守恒定律应用复习

1．考点分析归类（5 分钟）

利用多媒体展示学生归纳的知识提纲，通过教师讲解让学生将知识系统化，加深对知识的理解，提高分析能力。

功能关系：
- 动能定理：$W_{总}=\frac{1}{2}mv_2^2-\frac{1}{2}mv_1^2$
- 重力的功和重力势能变化的关系：$W_G=E_{p1}-E_{p2}$
- 弹簧弹力的功和弹性势能变化的关系：$W_{弹}=E_{p1}-E_{p2}$
- 除重力、弹簧弹力以外的合力做功与机械能变化的关系：$W=\Delta E_{机}$

2．典型例题分析（25 分钟）

（1）多媒体展示例题 1。

【教师活动】选择适合 A 层学生的习题。

例：质量为 m 的物体，从距地面 h 高处由静止开始以加速度 $a=\frac{1}{3}g$ 竖直下落到地面，在此过程中（　　）。

A．物体的重力势能减少$\frac{1}{3}mgh$

B．物体的动能增加$\frac{1}{3}mgh$

C．物体的机械能减少$\frac{1}{3}mgh$

D．物体的机械能保持不变

【教师活动】展示问题：

① 画运动过程图及受力分析图；

② 寻找能量的变化与什么力做功有关。

【学生活动】分析理解题意，画两图，讨论、分析得出正确结果。

【教师活动】对功能关系问题进行小结。

（2）多媒体展示例题2。

【教师活动】选择适合B层学生习题。

例：如图所示，B 是质量为 $2m$、半径为 R 的光滑半球形碗，放在光滑的水平桌面上。A 是质量为 m 的细长直杆，光滑套管 D 被固定，A 可以自由上下运动，物块 C 的质量为 m，紧靠半球形碗放置。初始时，A 杆被握住，使其下端正好与碗的半球面的上边缘接触（如图）；然后从静止开始释放 A，A、B、C 便开始运动。求：

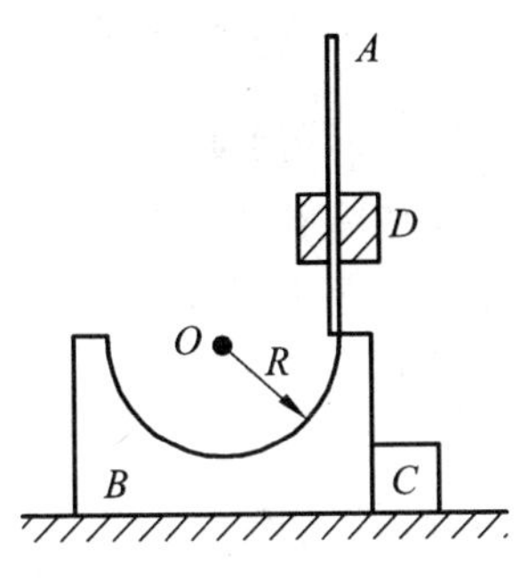

① 长直杆的下端运动到碗的最低点时，长直杆竖直方向的速度和 B、C 水平方向的速度。

② 运动的过程中，长直杆的下端能上升到的最高点距离半球形碗底部的高度。

【教师活动】展示问题：

① 画受力分析图。

② 寻找能量的变化。

【学生活动】分析理解题意，讨论分析得出正确结果。

【教师活动】对此类圆周连接体问题进行总结。

3. 反馈练习（课堂10分钟加课后15分钟）

分发分层检测练习题。

【学生活动】以小组为单位首先进行个人独立作答，然后小组讨论，进行小结，分析错题。

【教师活动】深入小组了解情况，进行精讲点拨，个别辅导，在练习中学生自己或互评中能够解决的问题，老师不再一一拿到课堂上“过关”，课堂上只解决那些学生真正解决不了的问题。

高中物理讲评课教学程序及案例

牛　伟

一、教学程序

1．课前准备

依试卷题型结构将班级同学分成几个小组。分组原则：① 优优促进：每个组要有至少两名成绩优秀的同学，他们能够相互补充，加深对知识的理解。② 以优带差：每个组要分配几名后进生，每次讨论要让后进生先发言，说出自己的解题过程和对知识的理解，优生针对性的给予指正，帮助他们完善对知识的理解。③ 每组指派一名组长。组长组织组员提出问题，讨论问题，达成共识，做好记录。④ 每组人数依据学习任务而定。

2．考情分析，提出问题

教师展示本次测试的基本数据，归纳本次测试中出现的普遍问题，提出本节课需要解决的问题。

3．任务分工

依试卷题型结构将试题分成几大题组并分配给各学习小组。由于时间和精力问题，每个学习小组完成一个题组的任务：

（1）纠错，错因分析。

（2）解题思路方法总结。

（3）解决老师提出的相关问题。

4．合作探究

每个学习小组根据本组分配的任务进行讨论，教师密切关注小组活动的进程，关注每个小组及每个小组成员的表现，给予及时的帮助指导。

5．汇报交流

各学习小组推举代表向全班同学汇报。汇报内容主要是解题的思路、方法、步骤，以及容易出错的原因和防止出错的办法、一题多解和最优化的解法，解答教师展示的相关问题。代表说完，组员可以自由补充，其他组的同学可以提出自己的看法并可向汇报组提出新的问题。在此环节中，教师要做的一是监督其他同学认真听取汇报，二是最后对汇报进行评价和补充。

二、案　例

2014 湘西自治州高考“二模”理综试卷（物理试题）讲评课

1. 课前准备

依高考理综物理试卷的结构将试题分成五个题组：选择题、实验题、计算题、选修题 2 个（选修 3 ~4、3 ~5），将全班学生分成 5 个小组。先自由组合，后教师调配，做到优优互促、优差互助。每组选定 1 名组长，负责组织与协调。

2. 考情分析，提出问题（4 分钟）

本次测试的基本数据如下（参考人数 40）：

		A		B		C		D	
		选择人数	比例	选择人数	比例	选择人数	比例	选择人数	比例
选择题	14	0	0	2	0.05	5	0.125	33	0.825
	15	21	0.525	16	0.4	1	0.025	2	0.05
	16	9	0.225	18	0.45	12	0.3	1	0.025
	17	27	0.675	7	0.175	3	0.075	3	0.075
	18	4	0.1	34	0.85	2	0.05	0	0
	19	19	0.475	21	0.525	39	0.975	1	0.025
	20	22	0.55	17	0.425	10	0.25	30	0.75
	21	0	0	27	0.675	38	0.95	35	0.875

实验题		第一空		第二空		第三空	
		得分人数	比例	得分人数	比例	得分人数	比例
	22	37	0.925		0		0
	23	38	0.95	33	0.825	24	0.6

			满分人数	比例
计算题	24	(1)	37	0.925
		(2)	35	0.875
	25	(1)	21	0.525
		(2)	11	0.275
		(3)	9	0.225

			满分人数	比例
选　修	34（18 人）	(1)	6	0.15
		(2)	5	0.125
	35（22 人）	(1)	9	0.225
		(2)	4	0.1

根据学生答题情况提出以下必须解决的问题：

（1）静电平衡状态下的导体具有哪些特点？

（2）非理想电表在电路中应该如何处理？如何做电路的动态分析？

（3）滑动变阻器的分压式接法与限流式接法的本质区别是什么？

（4）带电粒子在电磁场中的运动有哪些典型模型？

3. 任务分工（1 分钟）

每个学习小组完成一个题组的任务：

（1）纠错，错因分析。

（2）解题思路方法总结。

（3）解决老师提出的相关问题。

4. 合作探究（10 分钟）

每个学习小组根据本组分配的任务进行讨论，教师巡回帮助指导。

5. 汇报交流（25 分钟）

学习小组代表汇报，教师评价补充。

选择题组，推举了龙同学汇报：

第 15 题，主要出错原因是“静电平衡状态下的导体”这一考点不常考，被我们给忽略掉了。

我们组归纳出“静电平衡状态下的导体”有以下特点：（板书）

（1）其本身是一个等势体，表面为一个等势面；

（2）内部场强处处为零；

（3）净电荷只分布在导体的外表面，内部没有净电荷；

（4）导体表面尖锐部分电荷分布密集，点场强，容易形成尖端放电；平滑部分电荷分布稀疏，电场弱。

【教师补充】“静电平衡状态下的导体”还会涉及“电荷移动”的问题。如：

（1）导体达到静电平衡时，A、B 端分别带什么电？

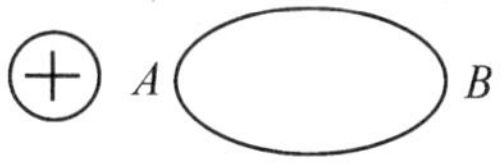

⊕ A ◯ B

（2）若在 B 端引一导线接地，A、B 端分别带什么电？大地与导体之间电荷是如何移动的？

（3）若在 A 端引一导线接地，A、B 端分别带什么电？大地与导体之间电荷是如何移动的？

先给学生一点思考时间，再分析归纳。最后总结结论：近端带上异种电荷，远端带上同种电荷；导体电势大于零，接地时自由电子从大地移向导体；导体电势小于零，则从导体移向大地。

学生继续汇报：

第 16 题，很多同学选了 C 选项，其出错原因是：思维定式，将星球直径 D 默认为半径了，因为大多数万有引力的习题是提供半径这一物理量的。从这里我们应该吸取教训——仔细审题。

第19题，这道题也是我们复习过程中忽略的一个知识点——超导现象。超导圆环其电阻为零，一旦出现感应电流（电能），电能就不会转化为热，会一直存在，所以电流也会一直存在。（对这道题的解释，是小组讨论无果请教老师后得出来的。）

第20题，题中给出了3个电路状态：用两个电压表测量同一电路的电压，其读数不同，说明两电压表为非理想电压表。非理想电压表在电路中应该看作一能读出电压的大电阻。$U_2 > U_1$，根据电路动态分析的结论“串反并同”，可以判断 $R_{V_2} > R_{V_1}$。（在此，小组只得出了“非理想电表”的结论，无法比较两电表的的内阻，教师适时提醒：用电路的动态分析。）当把 V_1、V_2 串联后接入 ab 间，相当于接入了 $R_{V_2} + R_{V_1} > R_{V_2}$ 的电阻，此时 ab 间的电压应比18.6 V还大，所以此时 $U_{ab3} > 18.6$ V。而 V_1、V_2 串联，串联按电阻分压，$R_{V_2} > R_{V1}$，所以 $V_2 > V_1$。

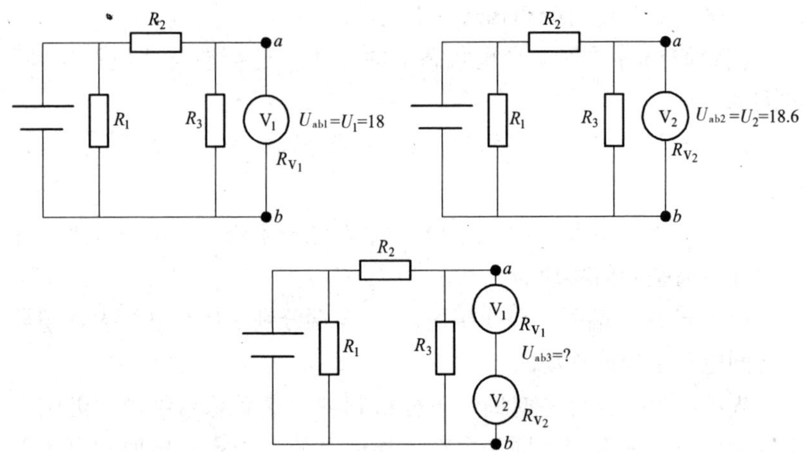

通过这道题我们归纳了电表在电路中的处理：

理想电流表：相当于一根导线；与之并联的电路被短路，没有电流流过。

理想电压表：相当于开路；与之串联的电路，相当于一根导线。

非理想电流表：相当于一个小电阻，能读出流过它或与之串联

的电路的电流。

非理想电压表：相当于一个大电阻，能读出它或与之并联的电路两端的电压。

我们组这次要汇报的内容就是这些，如果其他同学还有不懂的地方或其他不懂的题，可以和我们组的同学交流。

教师对该组的汇报作出评价：这一组的同学分析得很好、归纳很全面，非常好。平常我们的练习和测试不能就题做题，要学会归纳总结。

实验题组：……

计算题组：……

3~4 选修题组：……

3~5 选修题组：……

第五节 化学学科

高中化学概念课教学程序及案例

罗 琴

一、教学流程

1. 课前预习

发放预习学案，明确预习目标。预习学案中所设计的问题，应突出学生对基础知识和基本方法的理解、掌握，并通过设计一定量的训练、测试题目，引导学生巩固对基础知识和基本方法的预习成果。同时，通过自我检测发现自己在预习过程中存在的问题。

2. 课内探究

(1) 情境导入，确认目标。

通过演示实验、讲化学故事、复习旧知识等方式，引发学生学习的兴趣，学生尽快进入学习状态。引导学生分析课时教学目标要求，挖掘出本节课的重点、难点、疑惑点，帮助学生进一步明确本节课的学习任务，使学生能整体把握所学内容、学习要求和学习方法。

（2）预习总结，自主研修。

首先让学生在组内互相交流预习的问题。其次师生共同探究学案上的重点、难点、疑点、考点以及学生学习过程中易忘、易漏、易混的知识等，要让学生通过自主学习、自主探究、初步构建起知识体系。对于学生确实解决不了的问题，教师应引导学生找出原因并做好相应的记录，同时及时了解学习进程、学生自学中存在的疑难问题和不足之处。

（3）合作探究，交流展示。

教师可以引导学生开展小组互助合作。针对各小组存在的共性问题，围绕重点、难点、易错点，教师精选具有思维价值、创造价值和发散价值的问题，引导学生进一步思考和交流。教师要适时点拨，保证课堂讨论的方向性和有效性。此外，还要结合课堂上出现的新问题，适时组织即时互动。

（4）精讲点拨，跟踪训练。

组织全班汇报交流。对有疑义、争议的困难问题，教师不要去直接出示现成的答案，而要通过教师科学的提示、恰当的点拨，让学生通过分析、对比、综合、思考来自己解决问题。对该讲的问题教师一定要讲透，要拓展，要归类整合。每解决一个或一类问题后，教师要根据学生预习和科学的预见设计部分有代表性的题目让学生训练，通过训练帮助学生进一步理解、巩固所学知识，掌握应用学习方法。

（5）归纳总结，应用达标。

教师要引导学生结合学习目标对所学的知识进行归纳总结，分析本部分知识所涵盖的主要内容，找出知识的联系点；引导学生分析在学习本部分知识时应如何把握重点、突破难点，并提出还存在困惑的问题。最后让学生通过课堂达标测试来检验课堂学习效果，并当堂反馈矫正。

3. 课后练习

（1）延伸训练。

设计课后作业。作业要具有巩固性、适量性、针对性、落实性；或布置有关研究性学习活动。

（2）反馈评价。

教师对学生的课后作业应及时批阅，对完成情况做出评价，对存在的问题应及时进行反馈矫正。

二、案　例

人教版　必修1　第一章　第二节　物质的量

1. 课前预习（课前发放预习作业）

预习案：

（1）你怎样知道1 kg小米有多少粒？

（2）物质的量的定义、单位是什么？

（3）你如何理解阿伏伽德罗常数？

（4）物质的量、阿伏伽德罗常数、粒子数之间的关系是什么？

2. 课内探究

环节一：情境导入，确认目标（5分钟）。

多媒体呈现与问题相关的画面，并同时呈现问题：

（1）农贸市场的一堆苹果有多少个？

（2）1 kg小米有多少粒？

学生讨论并自由发表自己的解决方法，并经归纳后选出最优方法。当要计算个体小的物体的个数时，要引入“集团”的概念。而且，个体越小，“集团”中的个数越多。

环节二：预习总结，自主研修（5 分钟）。

多媒体呈现学习任务，学生分组自主研修。

（1）什么是物质的量？它的意义是什么？

（2）物质的量的单位什么？摩尔的基准是多少？

（3）什么叫阿佛伽德罗常数？

环节三：合作探究，交流展示（5 分钟）。

各个学习小组结合课前发放的预习作业，展示自主研修得到的结果，展示交流，教师给予评价。

环节四：精讲点拨，跟踪训练（20 分钟）。

教师在小组交流展示得到的结果中，再进一步点拨，并用多媒体呈现：

（1）物质的量。

① 概念：物质的量是一个物理量，表示含有一定数目的粒子的集合体。

② 符号及单位：符号为 n，单位为摩尔（或摩）。

（2）摩尔。

① 摩尔是物质的量的单位，符号为 mol。

② 1mol 粒子集合体所含有的粒子数与 0.012 kgC^{12}中含有的 C 原子个数相同，约为 6.02×10^{23}，即含有 6.02×10^{23}个粒子的任何粒子集体计量为 1 mol。

（3）阿伏伽德罗常数。

① 定义：把 1mol 任何粒子的粒子数叫作阿伏伽德罗常数。

② 符号及单位：符号为 N_A，单位为 mol^{-}。

跟踪训练：

（1）下列说法是否正确：

1 mol 人　1 mol 小汽车　1 mol 氧气分子　1 mol 质子

点拨：物质的量的使用注意事项：物质的量及其单位——摩尔只适用于微观粒子，如原子、分子、离子、质子、电子、中子等。不用于宏观物质，如 1 mol 人、1 mol 大豆都是错误的。

（2）下列说法是否正确：

1 mol 氧　1 mol 钠

由学生得出结论：物质的量及其单位——摩尔只适用于微观粒子，如原子、分子、离子、质子、电子、中子等。这里 1 mol 的“氧”既有可能是氧分子，也有可能是氧原子，所以这种描述是不正确的。

点拨：① 使用物质的量单位——摩尔时，必须指明物质粒子的名称，不能笼统地称谓。1 mol 氧、1 mol 氢就是错误的，只能说 1 mol 氧分子或 1 mol 氧原子。② 只要物质的量相同的任何物质，所含微粒数相同；反之也成立。

（3）1 mol O_2 的分子数约为________，2.5 mol SO_2 的分子数为________；

（4）3.01×10^{23} 个 CO_2 的物质的量是______mol，其中碳原子的物质的量是______；

教师追问：根据以上四个小题，能否得出物质的量（n），阿伏伽德罗常数（N_A）与粒子数（N）的关系？

学生从题目中交流讨论，得出：$n = \frac{N}{N_A}$，即物质的量、阿伏伽德罗常数、粒子数之间的关系。

环节五：归纳总结，应用达标（5 分钟）。

由小组合作的方式进行归纳总结：物质的量（n）、粒子数（N）、阿伏伽德罗常数（N_A）之间的关系。

物质的量（n）$\underset{\div N_A}{\overset{\times N_A}{\rightleftharpoons}}$ 微粒数（N）

多媒体呈现应用达标习题，并让学生当堂完成。

（1）1 mol $Al_2(SO_4)_3$ 中含 Al^{3+} ______个，SO_4^{2-} ______个。

（2）1 mol Na^+ 中含质子______个，电子______个。

让学生将物质的量相关知识进一步巩固和升华。

3. 课后练习

（1）在 0.5 mol Na_2SO_4 中，含有的 Na^+ 数约为（　　）。

A. 3.01×10^{23}　　B. 6.02×10^{23}

C. 0.5　　D. 1

(2) 1 mol 下列气体中所含原子数最多的是（　　）。

A. H_2　　B. CO_2　　C. CH_4　　D. O_2

(3) 将1 mol CO与1 mol CO_2相比较，正确的是（　　）。

A. 分子数相等　　B. 原子数相等

C. 电子数相等　　D. 质子数相等

(4) 氢原子数目为9.03×10^{23}的NH_3是（　　）。

A. 1.5 mol　　B. 1 mol　　C. 0.5 mol　　D. 2 mol

(5) 下列说法中正确的是（N_A代表阿伏伽德罗常数的值）（　　）。

A. 1 mol N_2和1 molCO所含的分子数都是N_A

B. 1 mol H_2和1 mol CO_2所含的原子数都是N_A

C. 1 mol CO和1 mol CO_2所含的氧原子数都是N_A

D. 1 mol H_2SO_4和1 mol H_3PO_4所含的原子数都是$4N_A$

(6) 物质的量相同的甲烷和氨气具有不同的（　　）。

A. 电子数目　　B. 质子数目

C. 分子数目　　D. 原子数目

(7) 相同物质的量的SO_2和SO_3，所含分子的数目之比为______，所含O的物质的量之比为______。

高中化学规律课教学程序及案例

罗　琴

一、教学程序

1. 课前预习

发放预习学案，明确预习目标。预习学案中所设计的问题，应突出学生对基础知识和基本方法的理解、掌握，并通过设计一定量

的训练、测试题目，引导学生巩固对基础知识和基本方法的预习成果。同时，通过自我检测发现自己在预习过程中存在的问题。

2. 课内探究

（1）情境导入，确认目标。

通过演示实验、讲化学故事、复习旧知识等方式，引发学生的学习兴趣，学生尽快进入学习状态。引导学生分析课时教学目标要求，挖掘出本节课的重点、难点、疑惑点，帮助学生进一步明确本节课的学习任务，使学生能整体把握所学内容、学习要求和学习方法。

（2）预习总结，自主研修。

首先让学生在组内互批交流预习的问题。其次，师生共同探究学案上的重点、难点、疑点、考点以及学生学习过程中易忘、易漏、易混的知识等，要让学生通过自主学习、自主探究、初步构建起知识体系。对于学生确实解决不了的问题，教师应引导学生找出原因并做好相应的记录，同时及时了解学习进程、学生自学中存在的疑难问题和不足之处。

（3）合作探究，交流展示。

引导学生开展小组互助合作。针对各小组存在的共性问题，围绕重点、难点、易错点，教师精选具有思维价值、创造价值和发散价值的问题，引导学生进一步思考和交流。教师要适时点拨，保证课堂讨论的方向性和有效性，还要结合课堂上出现的新问题，适时组织即时互动。

（4）精讲点拨，跟踪训练。

组织全班汇报交流。对有疑义、争议的困难问题，教师不要去直接出示现成的答案，而要通过教师科学的提示、恰当的点拨，让学生通过分析、对比、综合、思考来自己解决问题。对该讲的问题教师一定要讲透，要拓展，要归类整合。每解决一个或一类问题后，教师要根据学生预习和科学的预见设计部分有代表性的题目让学生训练，通过训练帮助学生进一步理解、巩固所学知识，掌握并应用学习方法。

（5）归纳总结，应用达标。

教师要引导学生结合学习目标对所学的知识进行归纳总结，分析本部分知识所涵盖的主要内容，找出知识的联系点；引导学生应如何把握重点，突破难点，并提出还存在困惑的问题。最后，让学生通过课堂达标测试来检验课堂学习效果，并当堂反馈矫正。

3．课后练习

（1）延伸训练。

设计课后作业。作业要具有巩固性、适量性、针对性、落实性。也可以布置有关研究性学习活动。

（2）反馈评价。

教师对学生的课后作业应及时批阅，对完成情况做出评价，对存在的问题应及时进行反馈矫正。

二、案　例

人教版必修2　第一章　第二节　元素周期律（第一课时）

1．课前预习（课前发放预习作业）

元素周期律预习案：

（1）书写1～20号元素的原子结构示意图，并找出原子核外电子排布的简单规律。

（2）设计实验探究钠、镁、铝的金属活动性强弱。

（3）以第三周期为例分析元素性质的变化规律。

（4）你对元素周期律如何理解？

2．课内探究

环节一：情境导入，确认目标（2分钟）。

四季的轮回，年复一年，日复一日，这些描述时间的词语，都体现了时间变化的一个典型的特点——周期性。这节课，我们将通过元素周期律的学习来研究元素性质的变化特点，总结其规律。

环节二：预习总结，自主研修（10 分钟）。

学生到黑板上按周期写出 1 ~ 20 号元素原子结构示意图并且学会找出原子核外电子排布的简单规律，同时幻灯片展示。

（1）核外电子排布及主要化合价的变化规律。

原子序数	电子层数	最外层电子数	最高或最低化合价的变化
1 ~ 2			
3 ~ 10			
11 ~ 18			

让学生去完成表格中的内容，得到结论：

① 第二周期和第三周期元素的原子的最外层电子数都是从______递增到______。

② 第二周期和第三周期元素的最高正价都是从______升高到______，______（除外）。最低化合价都是从______升高到______，最后变为 0 价。

③ 随着原子序数的递增，元素原子的核外电子数的排布和主要化合价都呈现______变化。

让学生分析教材表 1 ~ 2 数据，展示另一张幻灯片。

（2）元素原子半径的变化。

原子序数	原子半径的变化
39	⟶ （　　）　　（　　）
11 ~ 17	（　　）　　（　　）

由学生完成并得出结论：原子半径也呈现周期性的变化。

环节三：合作探究，交流展示（10 分钟）。

各个小组将预习设计的实验方案进行展示，并在老师和学生的评判下，分组进行实验，探究金属钠、镁、铝的金属性活动强弱，然后全班进行交流和评价。

探究完金属性的活动强弱后，幻灯片展示硅、磷、硫、氯性质的资料，引导学生进行横向对比和归纳非金属性的强弱变化。

由此得出：$\xrightarrow[\text{金属性逐渐减弱，非金属性逐渐增强}]{\text{Na Mg Al Si P S Cl}}$

环节四：精讲点拨，跟踪训练（10 分钟）。

在学生进行完试验探究和对比后，进行扩展提高：不仅从 Na 到 Cl 元素性质呈周期性变化，其他元素也不例外，这就是元素周期律。

所有环节把元素周期律的内容都体现给学生后，由学生总结什么是元素周期律、元素的性质（包括原子核外电子排布、原子半径、元素原子的主要化合价、元素的金属性和非金属性）。随着原子序数的递增呈现周期性变化的规律叫做元素周期律。然后幻灯片展示跟踪训练：

（1）有三种金属 a、b、c，在相同条件下，b 的最高价氧化物的水化物的碱性比 a 的最高价氧化物的水化物碱性强，a 可以从 c 的盐溶液中置换出 c。则这三种金属元素的金属性由强到弱的顺序是（　　）。

A. a、b、c　　　　B. b、a、c

C. b、c、a　　　　D. c、b、a

（2）电子层数相同的 X、Y、Z 三种元素，其最高价氧化物对应水化物的酸性强弱是 $HXO_4 > H_2YO_4 > H_3ZO_4$，则它们对应气态氢化物的稳定性由强到弱的是__________（写化学式，下同）；非金属性由强到弱的是__________。

环节五：归纳总结，应用达标（8 分钟）。

进行跟踪训练后，引导学生对元素周期律的知识进行概括和总结并用幻灯片展示：

（1）原子核外电子的排布：① 核外电子的分层排布；② 电子运动区域的差别；③ 核外子的排布规律。

（2）元素周期律：① 元素周期律的定义；② 元素的性质的

内容。

再用幻灯片把应用达标题呈现：

X、Y、Z 三种元素的原子具有相同的电子层数，而 Y 的核电荷数比 X 大 2，Z 的核电荷数比 Y 多 4，1 mol X 单质跟足量的酸起反应能置换出 1 g 氢气，这时 X 变为与氖原子相同电子层结构的离子。根据上述条件，试回答：

（1）X、Y、Z 的元素符号依次为________、________、________。

（2）X、Y 最高价氧化物对应水化物跟 Z 的气态氢化物的水溶液反应的离子方程式分别为①____________，②____________。

3. 课后练习

（1）比较下列性质（填“>”“<”“=”）：

① 半径：N ______ F；② 酸性：H_2CO_3 ______ HNO_3；③ 碱性：KOH ______ $Ca(OH)_2$；④ 还原性：K ______ Ca；⑤ 稳定性：H_2S ______ H_2O；⑥ 非金属性：O ______ N。

（2）下列各组中化合物的性质比较，不正确的是（　　）。

A. 酸性：$HClO_4 > HBrO_4 > HIO_4$

B. 碱性：$NaOH > Mg(OH)_2 > Al(OH)_3$

B. 稳定性：$PH_3 > H_2S > HCl$

D. 非金属性：F > O > S

（3）下列递变情况中，正确的是（　　）。

A. Na、Mg、Al 原子的最外层电子数依次减少

B. Li、Na、K 的金属性依次减弱

C. C、N、O 的原子半径依次减少

D. Si、P、S 元素的最高正化合价依次降低

（4）X 元素最高价氧化对应水化物为 H_3XO_4，则它对应的气态氢化物为（　　）。

A. HX　　B. H_2X　　C. XH_4　　D. XH_3

（5）原子序数从 11 依次增加到 17，下列递变关系中，错误的是（　）。

A. 电子层数逐渐增多

B. 原子半径逐渐增大

C. 最高正化合价数值逐渐增大

D. 从 Si ~ Cl，最低负化合价从 -4 ~ -1

（6）下列各组元素中按微粒半径递增顺序排列的是（　　）。

A. Li Na K　　B. Ba^{2+} Ca^{2+} Mg^{2+}

C. Ca^{2+} K^{+} Cl^{-}　　D. N O F

（7）A、B、C、D 4 种元素，已知 A 核外有 18 个电子；B 原子最外层电子数比 D 原子核外电子数多 2 个，B 原子比 D 原子多 2 个电子层；D+ 核外没有电子，C 元素原子核外电子数比 B 元素原子核外电子数多 5 个。

① 写出四种元素的名称。

A ＿＿＿＿＿　B ＿＿＿＿＿　C ＿＿＿＿＿　D ＿＿＿＿＿

② 画出 C 和 D 原子及 A - 的结构示意图。

＿＿＿＿＿＿＿＿＿＿＿＿＿＿＿＿＿＿＿＿＿＿＿＿＿＿＿＿＿＿。

高中化学元素化合物知识课教学程序及案例

吴志芳

一、教学程序

1. 创设情景

良好的问题情景能引起学生的疑惑或好奇，产生学习的愿望、意向。化学问题情景可以从以下几个方面创设：

（1）有关化学知识的应用——生产、生活、医疗、军事。

（2）化学史——发现、认识过程。

（3）实验——明显、有趣、刺激。

（4）挑明矛盾、激化矛盾——新旧知识矛盾、理论与实验矛盾。

2. 猜想假设

学生对提出的问题进行猜想或假设。猜想、假设是对所要解决问题的结果的一种猜测、一种推断，是基于某些已知的事实材料和头脑中已有的知识，通过理论思维的能动作用，对未知的量及其关系作出的一种猜测性的推断。

3. 设计实验方案

学生分组讨论设计实验方案，验证猜想假设。

（1）实验方案设计的类型主要包括：① 制取某种物质的实验；② 物质性质的实验；③ 物质检验实验；④ 分离混合物或从混合物中提取某物质的实验；⑤ 验证化学原理、化学概念或化学反应的实验。

（2）实验方案设计的原则。

① 科学性原则。这是实验设计的首要原则。它指所设计实验的原理、操作顺序、操作方法等，必须与化学理论知识以及化学实验方法理论相一致。

② 可行性原则。可行性原则是指设计实验时，所运用的实验原理在实施时切实可行，而且所选用的化学药品、仪器、设备、实验方法等在现行条件下能够满足。

③ 简约性原则。是指化学实验的设计要尽可能地采用简单的装置或方法，用较少的步骤及实验药品，在较短的时间内来完成实验的原则。

④ 安全性原则。这是指实验设计时应尽量避免使用有毒药品或具有一定危险性的实验操作。

4. 实验探究

（1）依据实验方案进行实验，形式可以是教师演示或学生分组实验，引导学生认真观察实验现象。实验结束后，教师要求学生汇

报实验现象。

（2）教师组织学生根据实验现象分析、讨论，教师启发、点拨，最后归纳得出相关结论，验证猜想假设。

5．迁移应用

教师引导学生运用探究得出的结论、规律解决具体问题。

二、案　例

铁的重要化合物

1．创设情景

教师提供一些常见的含有铁元素的药品：Fe_2O_3，Fe_3O_4，$FeCl_2$溶液（加铁钉）、$FeCl_2$溶液（不加铁钉）、$FeCl_3$溶液，铁粉，让学生观察，然后提出问题：

（1）能不能利用现有的药品制取$Fe(OH)_2$和$Fe(OH)_3$呢？

（2）加入了铁钉的$FeCl_2$溶液与未加铁钉的$FeCl_2$溶液有什么不同吗？联系观察到的药品的颜色，请问未加铁钉的$FeCl_2$溶液可能含有什么成分？

2．猜想假设

学生基于以上问题提出猜想。

3．设计实验方案

（1）教师建议：

①根据复分解反应条件，分别用$FeCl_2$溶液、$FeCl_3$溶液与NaOH溶液反应制备$Fe(OH)_2$和$Fe(OH)_3$。

②用KSCN溶液可以检验溶液中是否含Fe^{3+}。

（2）学生设计。

根据提供的试剂：0.1 mol/L$FeCl_2$溶液、0.1 mol/L$FeCl_3$溶液、铁粉、KI淀粉溶液、$KMnO_4$溶液、新制氯水、硝酸、KSCN溶液，选择合适的试剂，设计$FeCl_2$与$FeCl_3$相互转化的实验方案。

学生思考讨论后，请几位学生讲述自己的设计，集体讨论，最后确定方案。

4．实验探究

（1）实验操作。

①学生分组实验制取 $Fe(OH)_2$ 和 $Fe(OH)_3$

②教师演示怎样将 KSCN 溶液分别加入到 $FeCl_2$ 溶液和 $FeCl_3$ 溶液中。

③学生分组实验：向加入了铁钉的 $FeCl_2$ 溶液与没有加铁钉的 $FeCl_3$ 溶液中滴加 KSCN 溶液，检验溶液中是否含 Fe^{3+}。

④学生分组实验：$FeCl_2$ 与 $FeCl_3$ 相互转化。

（2）学生汇报实验结果：

①向 $FeCl_3$ 溶液加入 NaOH 溶液产生红褐色沉淀，向 $FeCl_2$ 溶液加入 NaOH 溶液产生灰绿色沉淀。

②KSCN 溶液分别加入到 $FeCl_3$ 溶液中，$FeCl_2$ 溶液和未加铁钉的 $FeCl_2$ 溶液颜色较深，显浅黄色。

③分别向加入了铁钉的 $FeCl_2$ 溶液与没有加铁钉的 $FeCl_2$ 溶液中滴加 KSCN 溶液，前者无明显现象，后者溶液变成红色。

④Fe^{2+} 转化为 Fe^{3+}，失电子被氧化，需加入氧化剂，如 HNO_3 和氯水；Fe^{3+} 转化为 Fe^{2+}，得电子被还原，需加入还原剂，如铁粉、KI。

（3）结论。教师引导学生展开讨论，得出结论：

①Fe $(OH)_2$ 中 +2 价的 Fe 很容易被空气中的 O_2 氧化成 +3 的 Fe。

②Fe^{3+} 遇 KSCN 溶液显红色，Fe^{2+} 遇 KSCN 溶液不显红色。

③Fe^{2+} 具有还原性，Fe^{3+} 具有氧化性，选择合适的氧化剂或还原剂，可以实现 Fe^{2+} 和 Fe^{3+} 的相互转化。

④从化合价的角度分析 Fe^{3+} 和 Fe^{2+} 相互转化：

$$Fe^{2+} \xrightarrow{Cl_2、O_2、Na_2O_2、KMnO_4\text{等强氧化剂}} Fe^{3+}$$

5．迁移应用

（1）你对实验室保存 $FeCl_2$溶液有什么建议？

（2）要证明某溶液中不含 Fe^{3+}，而可能含有 Fe^{2+}，进行如下实验操作时最佳顺序为（　　）。

①滴入足量氯水　②加入铁粉　③滴入 KSCN 溶液　④滴入 NaOH 溶液

A．①③　　B．③②　　C．③①　　D．③④

（3）要除去 $FeCl_2$溶液中少量的 $FeCl_3$，可行的办法是（　　）。

A．滴入 KSCN 溶液　　B．通入氯气

C．加入铜粉　　D．加入铁粉

高中化学计算课教学程序及案例

罗　琴

一、教学程序

1．课前预习

发放预习学案，明确目标。学生预习与本课相关的基本概念和基本规律，同时在规定时间内完成相关的计算题。

2．课内探究

（1）预习总结，搜集问题。

让学生以小组为单位归纳总结预习过程中存在的问题，教师应简要点拨出现问题的原因以及解决问题的一些基本方法，发挥“支架”作用。

（2）典型引导，自主练习。

新课教学中的计算课的例题应典型，难度应贴近课本。重点让学生掌握此类计算题的一般解题思路和方法，巩固基本概念和基本规律，注重方法的总结。在例题分析过程中要紧扣所呈现的知识，

让学生体会知识点考查的多样性和多变性。

学生根据教师的要求，自主读题、审题、解题，在规定时间内完成计算题，同时能针对不同计算题型归纳总结研究化学问题的方法（此环节中应提醒学生将自己不能解决的问题做上标记，这是后面小组内交流的重点）。

应根据学情和题目的难易程度确定练习题目的完成情况，可采用分段完成或全部完成。

（3）合作交流，反思内化。

学生在独立完成学习任务后，进行小组内合作交流，互相讨论。在小组内应重点交流做标记的题目，由会做的同学进行讲解，展示思路。组内都不会或不能达成共识的问题应由组长记录并反馈给老师。

（4）重点点拨，方法指导。

将组内存在的问题进行集中展示，将“问题”“错因”以及“当时的解题思路”充分暴露出来，或由学生讲解，或由师生共议，或教师讲解。针对学生存在的问题，找准切入点，及时进行方法指导，充分发挥好教师的支架作用。例如从何处分析、为什么这样分析、有哪些方法和技巧、如何挖掘隐含条件、如何建立正确模型、如何排除思维障碍等。这是习题训练课的升华部分，重在解法的强化、规律的总结、认知结构的完善等。

（5）反思总结，变式训练。

针对有代表性的共性题，设计相应的变式练习。以练促思，以练促改，练中悟法。通过练习，让学生巩固知识，掌握方法、思路、规律。同时，教师在课堂教学中还应随时关注学生在解题过程中的生成情况，及时对所做题目进行调整。

3. 课后练习

（1）二次过关。

针对出错多的计算题目，再设计类似的变式训练题，进行二次过关，以检查学生改错程度和掌握程度。

（2）反馈评价。

教师应及时批阅二次过关训练题，并做出相应的反馈和矫正。

二、案　例

有关化学平衡的简单计算

1. 课前预习（提前发放预习案）

预习案：

（1）化学平衡状态的定义是什么?

（2）怎样判断一个反应达到化学平衡状态?

（3）你怎样理解化学平衡计算的步骤?

（4）完成《学海导航》的基础题。

2. 课内探究

（1）预习总结，搜集问题（2分钟）。

上计算课前，让学生首先把在预习中碰到的疑惑展示给大家，带着问题进入本堂课的教学，如学生对于怎样进行化学平衡状态的判断不能理解等，这样就能确定重难点。

（2）典型引导，自主练习（10分钟）。

用幻灯片展示典例1：

X、Y、Z为三种气体，把$a$mol$X$和$b$mol$Y$充入一密闭容器中，发生反应$X+2Y \rightleftharpoons 2Z$，达到平衡后，若它们的物质的量满足$n(X)+n(Y)=n(Z)$，则$Y$的转化率为（　　）。

A. $\frac{a+b}{5}\times100\%$　　B. $\frac{2(a+b)}{5b}\times100\%$

C. $\frac{2(a+b)}{5}\times100\%$　　D. $\frac{a+b}{5a}\times100\%$

然后进行示范解答。

解：设反应达到平衡是消耗Y的物质的量为X，则

	X	+	$2Y$	$\rightleftharpoons$	$2Z$
起始量/mol	a		b		0
转变量/mol	$0.5X$		X		X
平衡量/mol	$a-0.5X$		$b-X$		X

依题意可得：

$$(a-0.5X)+(b-X)=X$$

$$X=\frac{2\ (a+b)}{5}\text{mol}$$

Y 的转化率为：

$$\frac{2\ (a+b)\ /5}{b}\times 100\%=\frac{2\ (a+b)}{5b}\times 100\%$$

故选 B。

由这个示范典例得出解答化学平衡的基本步骤——三段式：①写出化学方程式；②列出起始量、变化量、平衡量；③根据题设其他条件和有关概念、定律求解。然后再用幻灯片展示一个练习题，让学生试着去解答。

在一定条件下有可逆反应 $X\ (g)\ +3Y(g)\ \rightleftharpoons 2Z(g)$，若 X、Y、Z 起始浓度分别为 C_1、C_2、C_3（均不为 0），经 2 分钟后达平衡，平衡时 X、Y、Z 的浓度分别为 0.1 mol/L、0.3 mol/L、0.04 mol/L，则下列判断不合理的是（　　）。

A. $V(Z)=0.02$ mol/L · min

B. 平衡时，X 与 Z 的生成速率之比为 1∶2

C. C_1∶C_2 =1∶3

D. X、Y 的转化率相等

（3）合作交流，反思内化（10 分钟）。

学生在独立完成学习任务后，进行小组内合作交流，互相讨论，由会做的同学进行讲解，展示思路。组内都不会或不能达成共识的问题应由组长记录并反馈给老师。

（4）重点点拨，方法指导（10 分钟）。

将“问题”“错因”以及“当时的解题思路”充分暴露出来后，故师进行方法指导。

解：

	$X(g)+$	$3Y(g)$	$\rightleftharpoons 2Z(g)$
起始量/ moL/L	C_1	C_2	C_3
变化量/ moL/L	$C_1-0.1$	$C_2-0.3$	$C_3-0.04$
平衡量/ moL/L	0.1	0.3	0.04

A 选项：$V(Z)=\dfrac{C_3-0.04}{2}$，又 $C_3>0$，所以 $V(Z)<0.02$ mol/L·min，故 A 错误；

B 选项：反应的速率之比等于反应的系数之比，X 与 Z 的反应系数之比为 1∶2，所以平衡时，X 与 Z 的生成速率之比为 1∶2。故 B 正确；

C 选项：转化的量之比等于系数之比等于1∶3，$(C_1-0.1):(C_2-0.3)=1:3$，整理后 $C_1:C_2=1:3$。故 C 正确；

D 选项：转化率 $=\dfrac{\text{变化量}}{\text{起始量}}\times 100\%$，可得 X 的转化量 $=\dfrac{C_1-0.1}{C_1}\times 100\%$。$Y$ 的转化量 $=\dfrac{C_2-0.3}{C_2}\times 100\%$。因为 $(C_1-0.1):(C_2-0.3)=1:3$，$C_1:C_2=1:3$，所以 X、Y 的转化率相等。故 D 正确。

综上所述，应该选择 A。

（5）反思总结、变式训练（8 分钟）。

用幻灯片展示有代表性的变式练习。以练促思，以练促改，练中悟法。通过练习，让学生巩固知识，掌握方法、思路、规律，熟练应用化学平衡的计算方法。

恒温、恒压下，在一个可变容积的容器中发生如下反应：$A(\text{气})+B(\text{气})\rightleftharpoons C(\text{气})$。

① 若开始时放入 1 mol$A$ 和 1 mol$B$，达到平衡后，生成 a mol$C$，这时 A 的物质的量为______mol。

② 若开始时放入 3 mol$A$ 和 3 mol$B$，达到平衡后，生成 C 的物质的量为____mol。

③ 若开始时放入 x mol$A$，2 mol$B$ 和 1 mol$C$，达到平衡后，A 和 C 的物质的量分别是 y mol 和 $3a$ mol，则 x = ________mol，y = ______mol。平衡时，B 的物质的量为________。（选填一个编号）

（甲）大于 2 mol；（乙）等于 2 mol（丙）小于 2 mol；（丁）可能大于、等于或小于 2 mol。

作出此判断的理由是________________________________。

3. 课后练习

（1）将 a mol SO_2和 b mol O_2放在密闭容器中，于一定条件下发生反应，达到平衡时有 c mol SO_3生成，则在平衡混合气体中 SO_3所占的体积分数为（　　）。

A. $c/a+b$　　　　B. $c/a+b+c$

C. $c/a+b-c$　　　　D. $2c/2a+2b-c$

（2）一定温度和压强下，五氯化磷分解反应：$PCl_5(g) \rightleftharpoons PCl_3(g) + Cl_2(g)$，平衡时 PCl_5的分解百分率为 20%，则混合气体对氢气的相对密度为（　　）。

A. 43.4　　B. 86.8　　C. 163.6　　D. 4.6

（3）在 80 ℃时，将 0.40 mol 的 N_2O_4气体充入 2 L 已经抽空的固定容积的密闭容器中，发生如下反应：$N_2O_4 \rightleftharpoons 2NO_2$，隔一段时间对该容器内的物质进行分析，得到如下数据：

时间/s n/mol	0	20	40	60	80	100
$n(N_2O_4)$	0.40	a	0.20	c	d	e
$n(NO_2)$	0.00	0.24	b	0.52	0.60	0.60

① 计算 20 ~40 s 内用 N_2O_4表示的平均反应速率为__________$mol \cdot L^{-1} \cdot s^{-1}$。

② 计算在 80 ℃时该反应的平衡常数 $K=$ ________。

③ 40 s 时，NO_2的浓度 $b=$ ______mol/L，反应最迟到________s 达到平衡状态。

④ 反应进行至 100 s 后将反应混合物的温度降低，混合气体的颜色______（填“变浅”“变深”或“不变”）。

⑤ 要增大该反应的 K 值，可采取的措施有__________（填序号）。

A. 增大 N_2O_4的起始浓度　　B. 向混合气体中通入 NO_2

C. 使用高效催化剂　　D. 升高温度

⑥ 下图是 80 ℃时容器中 N_2O_4物质的量的变化曲线，请在该图中补画出该反应在 60 ℃时 N_2O_4物质的量的变化曲线。

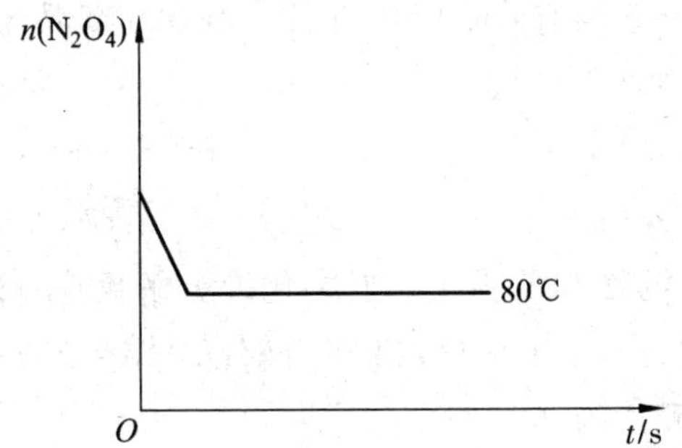

高中化学实验课教学程序及案例

杨铭靖

一、教学程序

1. 创设情景，引入问题

从学科本身出发，并结合学生的实际与社会生活，引入问题。问题要难易适度。

2. 分析问题，提出假设

教师提供大量的资料、素材，引导学生分析问题，结合学生的个人知识、经验，提出合理的假设。

3. 设计实验，探究方案

根据提出的假设，教师引导学生设计实验方案，验证假设。方案设计要目的明确，要对可能发生的情况有充分估计和设想，要遵循合理选择、排除干扰、操作准确等原则。

4. 实验操作，记录数据

让学生分组进行实验，记录数据。教师巡回观察指导，协调学生在分组实验中的角色分配，及时纠正和规范学生的操作，引导学生捕捉和发现实验中的细致变化甚至异常现象。

5. 数据分析，验证假设

各实验小组分析实验数据，得出结论；然后各小组展示实验结果，集体讨论结论的对错，验证假设。或教师设计问题，让学生根据实验结果分析论证，验证假设。

6. 应用拓展

课堂练习，拓展知识，培养学生应用知识解决实际问题的能力。

二、案 例

金属钠的性质

1. 创设情景，引入问题（5 分钟）

教师演示滴管中的水滴到暗藏在酒精灯灯芯处的钠，即“滴水点灯”的小魔术。通过“滴水点灯”的小魔术，打破学生原有的认知，把“水火不相容”与“滴水点灯”形成强烈反差。然后提问：俗语说“水火不相容”，为什么刚才的实验中却用水点着了火呢？

2. 分析问题，提出假设（4 分钟）

教师引导学生从燃烧的三要素（可燃物、氧气、温度达到着火点）分析“滴水点灯”产生的原因。最后提出假设：是滴水的过程中产生了大量的热量。

3．设计实验，探究方案（6 分钟）

教师播放珠江河段“水雷”剧烈爆炸视频，提供金属钠的相关信息，引导学生设计出两个探究实验方案：① 如何取出钠及得出钠的物理性质；② 金属钠与水的反应。

4．实验操作，记录数据（15 分钟）

教师组织学生分组实验。

【实验探究 1】

取一小块金属钠，用滤纸吸干表面的煤油，用小刀切去一端的表层，观察表面的颜色以及表面颜色的变化。

【实验探究 2】

向一只盛有水的大烧杯中滴加几滴酚酞试液，然后将一小块金属钠（约绿豆般大小）投入烧杯中，观察实验现象，写出钠与水反应的方程式。

5．数据分析，验证假设（10 分钟）

学生展示实验结果后进一步讨论下列问题：

（1）上述钠与水的反应中钠元素化合价如何变化？在反应中体现什么性质？

（2）钠为什么要保存在煤油中？

（3）若金属钠着火如何灭火？能不能用水？

经过小组和师生讨论，得出如下结论：

（1）钠的物理性质：银白色固体，硬度小，质软，密度小于水。

（2）钠的化学性质：与水的反应 $2Na + 2H_2O \xlongequal{} 2NaOH + H_2\uparrow$ 同时放出大量的热。

（3）魔术揭秘：水滴到暗藏在酒精灯灯芯处的钠，钠与水反应放出大量的热，引燃酒精灯。

6．应用拓展（5 分钟）

学生自主完成下列练习题，然后集体辨析答案：

（1）我国在西汉时期，就掌握了湿法炼铜技术，其原理就是用铁与硫酸铜反应置换出铜。活泼金属能够把不活泼金属从它们的盐溶液中置换出来。Na 能置换出 $CuSO_4$中的 Cu 吗?

(2) 如图分组实验，将一小块钠投入到盛有煤油和水的试管中（煤油和水均足够多)，可以观察到的现象是什么?

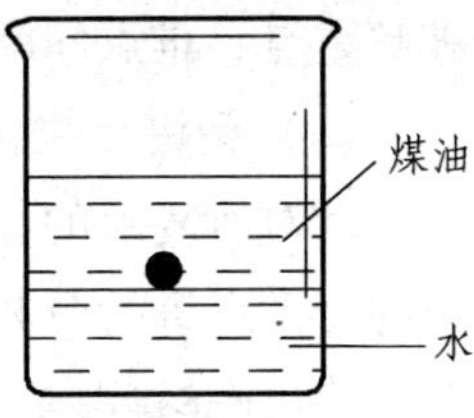

高中化学复习课教学程序及案例

罗 琴

一、教学程序

1. 课前预习

发放预习学案，明确目标。学生初步感知学习内容，掌握“是什么”的知识，初步解决“为什么”的知识，形成基本知识框架。同时，在规定时间内完成预习学案中的训练题。题目可提供答案，通过学生的自考自批，发现预习过程中存在的问题。

2. 课内探究

(1) 预习总结，展示问题。

首先让学生在组内互批交流预习的问题。教师通过查看学生预习学案情况，归纳汇总学生学习过程中存在的相关问题，在全班进行展示，让学生带着问题开始新的学习。教师要把这些问题放在后续适当的学习环节中进行处理解决。

(2) 自主探究，合作交流。

学生在规定时间内独立思考并完成课内学习任务，同时找出疑难问题。

依据自主学习中发现的问题，教师应引导学生在自主探究找到问题根源的基础上，积极开展小组合作学习，就学生对某些问题的理解、认识、掌握等方面进行互帮互学，并组织组间的交流展示，

破解重点、难点问题，构建相对完善的知识框架。

（3）精讲点拨，总结升华。

针对所复习的相关知识，教师对知识的重点、难点、疑点、知识的交汇点进行分析总结、归纳提升，帮助学生理清解决问题的思路，找出解决问题的方法和规律，促使学生在知识的理解与掌握、方法规律的运用等方面得到升华。

教师的点拨讲解可从以下几个方面入手：一是面上不会的问题；二是重点、难点、易错点、易混点、易忽视点；三是引导帮助学生将相似、相关的知识联系起来，进行易同比较，总结规律，理清知识间的内在联系，建构好知识网络；四是知识的合理延伸；五是适当联系学生的生活经验和社会实践。

（4）深化训练，提升能力。

通过对例题的解析，教师要引导学生归纳出一些不易掌握的解题方法和规律。设计适当的变式训练题，引导学生做到举一反三，从而把解决问题的方法迁移到不同问题的解决中。

（5）反思总结，随堂检测。

引导学生反思总结本课学习的内容与方法，进一步完善知识框架，提升学生的整体把握能力。围绕学习目标设计达标检测题，当堂检查训练效果，让学生做出自我评价。

3. 课后练习

（1）达标训练。

精选相应习题进行课后训练检测，使学生对所学知识进行内化整理，把知识纳入个体的认知结构中。

（2）反馈评价。

通过教师批阅或学生互批等方式，了解达标训练情况。针对达标训练中再次出现的问题，教师进一步在知识理解、解题思路、解题方法技巧等方面对学生进行指导，同时还应设计一定量的补充练习题，以达到知识的巩固与迁移目的。

二、案 例

人教版 必修2 第二章 化学反应与能量

1．课前预习（提前发放预习案）

预习案：

（1）你怎样理解化学能与化学键键能的关系？

（2）原电池的定义及构成条件是什么？

（3）掌握化学反应速率的定义、计算和影响化学反应速率的因素。

（4）理解化学反应平衡状态的定义及判断。

（5）完成《学海导航》复习作业。

2．课内探究

环节一：预习总结，展示问题（2分钟）。

复习课中，让学生首先把在预习中碰到的疑惑展示给大家，带着问题进入本堂课的教学，如学生对于如何进行化学反应速率的相关计算及怎样进行化学平衡状态的判断不能理解等，这样就能确定重难点。

环节二：自主探究，合作交流（10分钟）。

各个小组提出问题后，再结合预习学案的提示，在课堂上进行自主探究和合作交流，由学生自主处理和解决问题。

如对于预习案中的第1问：你怎样理解化学能与化学键键能的关系？让学生自主发言，再进行交流得到：在化学反应中，随着物质的变化，既有反应物化学键断裂（吸收能量），又有生成物中化学键的形成（放出能量），同时物质的化学能也会发生改变。反应中，物质化学能的变化是体系能量的变化，吸热或者放热是体系对环境发生的作用。这两种能量变化不是隔离的而是有联系的，二者的关系可以表示为：反应物化学能之和 + 反应物中化学键键能之和 = 生

成物化学能之和 + 生成物中化学键键能之和。

环节三：精讲点拨，总结升华（8 分钟）。

教师听完学生的讲解后用幻灯片展示精讲内容，并进行点拨：

（1）化学能与热能：① 化学反应中能量变化的主要原因；② 化学反应吸收能量或放出能量的决定因素；③ 化学反应的一大特征；④ 常见的放热反应；⑤ 常见的吸热反应。

（2）化学能与电能：① 原电池的概念；② 原电池的工作原理；③ 原电池的构成条件；④ 原电池正、负极的判断；⑤ 金属活泼性的判断；⑥ 原电池的电极反应；⑦ 原电池的设计；⑧ 发展中的化学电源。

（3）化学反应速率与限度：① 化学反应速率的概念；② 表达式：$v(B)=\dfrac{\Delta c(B)}{\Delta t}$；③ 影响化学反应速率的因素；④ 化学反应的限度。

这样构建化学反应与能量的知识体系，可以使学生在梳理后将有关知识进行总结与升华。

环节四：深化训练，提升能力（10 分钟）。

用幻灯片展示深化训练的题目，鼓励学生积极思考，分组回答问题，从而巩固知识，激发竞争意识。

（1）下图各装置中，溶液均为稀硫酸，不能构成原电池的是(　　)。

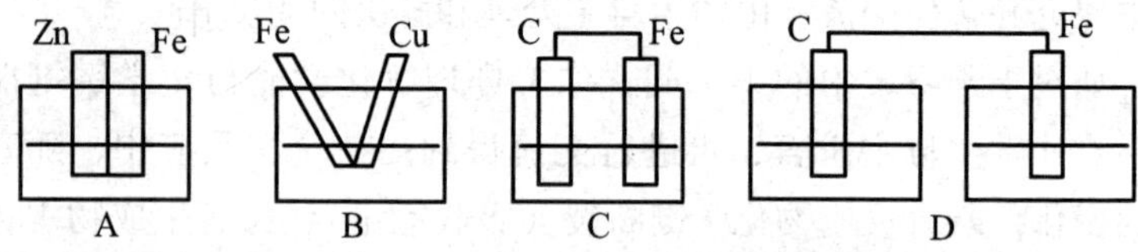

（2）把 A、B、C、D 四块金属片浸入稀硫酸中，分别用导线两两相连可以组成原电池。A、B 相连时，A 为负极；C、D 相连时，电流由 D → C；A、C 相连时，C 极上产生大量气泡；B、D 相连时，D 极发生氧化反应。这四种金属的活动顺序是（　　）。

A. A > B > C > D　　　　B. A > C > D > B

C. C > A > B > D　　　　D. B > D > C > A

（3）在一定条件下，反应 $N_2 + 3H_2 \longrightarrow 2NH_3$ 在 2 L 密闭容器中进行，5 min 内氨的质量增加了 1.7 g，则反应速率为（　　）。

A. $vH_2 = 0.03 mol/(L \cdot min)$

B. $vN_2 = 0.02 mol/(L \cdot min)$

C. $vNH_3 = 0.17 g/(L \cdot min)$

D. $vNH_3 = 0.01 mol/(L \cdot min)$

环节五：反思总结，随堂检测（10 分钟）。

让学生主动反思和总结化学与能量的知识点，并进行随堂检测；小组之间合作批改，进一步完善知识框架，提升学生的整体把握能力。

（1）下列变化属于吸热反应的是（　　）。

①液态水汽化　②将胆矾加热变为白色粉末　③浓硫酸稀释　④氯酸钾分解制氧气　⑤生石灰与水反应生成熟石灰

A. ①④　　B. ②③　　C. ①④⑤　　D. ②

（2）银锌电池是广泛用于各种电子仪器的电源，它的充电和放电过程可表示为：$2Ag + Zn(OH)_2 \rightleftharpoons Ag_2O + Zn + 2H_2O$。此电池放电时，负极上发生反应的物质是（　　）。

A. Ag　　B. $Zn(OH)_2$　　C. Ag_2O　　D. Zn

（3）下列四种 X 溶液，均能跟盐酸反应，其中反应最快的是(　　)。

A. 10℃ 20 mL 3 mol/L 的 X 溶液

B. 20℃ 30 mL 2 molL 的 X 溶液

C. 20℃ 10 mL 4 mol/L 的 X 溶液

D. 10℃ 10 mL 2 mol/L 的 X 溶液

（4）反应 $4NH_3 + 5O_2 \rightleftharpoons 4NO + 6H_2O$ 在 5 L 的密闭容器中进行；30 s 后，NO 的物质的量增加了 0.3 mol，此反应的平均反应速率

用 NO 来表示为多少？

3. 课后练习

（1）下列说法正确的是（　　）。

A. 物质发生化学反应都伴随着能量变化

B. 伴有能量变化的物质变化都是化学变化

C. 在一个确定的化学反应关系中，反应物的总能量总是高于生成物的总能量

D. 放热反应的发生无需任何条件

（2）下图各装置中，不能构成原电池的是（　　）。

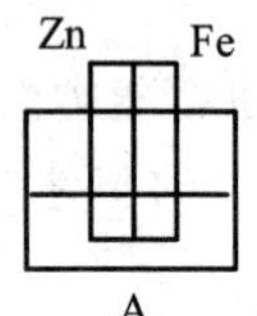

A

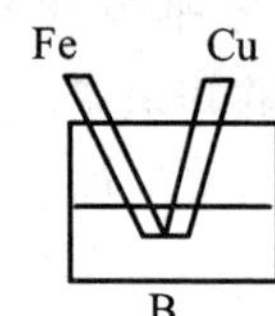

B

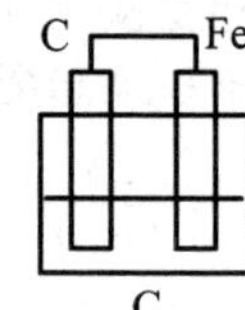

C

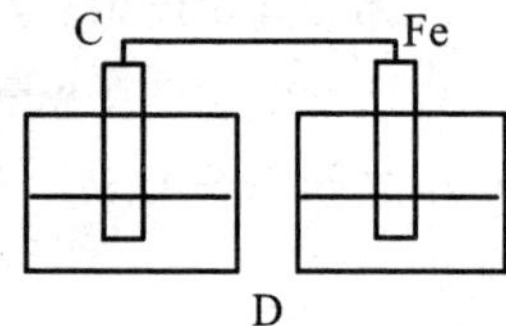

D

（3）把 a、b、c、d 四块金属片浸泡在稀硫酸中，用导线两两相连可以组成各种原电池：若 a、b 相连时，a 为负极；c、d 相连时，c 为负极；a、c 相连时，c 为正极；b、d 相连时，b 为正极。则这四种金属的活动性顺序由大到小为（　　）。

A. a > b > c > d　　　　B. a > c > d > b

C. c > a > b > d　　　　D. b > d > c > a

（4）反应 $N_2 + 3H_2 \rightleftharpoons 2NH_3$ 在 2 L 的密闭容器中发生，5 min 内 NH_3 的质量增加了 1.7 g，求 $v(NH_3)$、$v(H_2)$、$v(N_2)$。

高中化学讲评课教学程序及案例

李　毅

一、教学程序

1. 试卷分析

课前教师认真批改试卷，仔细分析，找准学生考试中所暴露出

的典型错误，为重点讲评做好准备。

（1）成绩分析：包括各分数段人数、班级均分、及格率、优分率、最高分、最低分等子项，目的是了解学生考试的总体情况。

（2）试卷分析：包括主要知识点分布、难易程度、每小题得分率、典型错误等，确定试卷讲评的重点和难点。

2. 学生自查自纠

学生结合自己的错误，通过自我独立思考、查阅教材等方法解决疑难问题。此过程中教师巡回指导，重点关注学习基础比较薄弱的部分学生，及时解决这部分学生中存在的知识缺陷与能力缺陷。

3. 相互讨论，释疑解难

课前将班级学生分成若干学习小组（分组坚持组间同质、组内异质的原则，使每个小组的构成大体相同），同时明确个人职责，确定组长，以便及时收集信息。学生讨论后不能解决的问题提交小组讨论，小组讨论后仍无法解决的共性问题，由组长做好记录，向老师汇报。教师主动参与部分小组的讨论，一方面调动学生学习的积极性，促进师生、生生之间的互动；另一方面广泛搜集第一手资料，以使课堂讲评更有针对性和实效性。

4. 重点、难点讲评

（1）讲评应抓住主要矛盾，解决共性的问题，不必也不能面面俱到。以小组讨论后组长反馈的信息及批阅试卷中发现的问题为主。

（2）讲评时侧重讲思路、讲技巧，重过程、重方法，突出展示思维过程。同时，应做好小结，小结同类题型的解题思路和解题方法。

（3）注重引导学生对错误进行深刻的反思，还原错误思路，找出症结所在，填堵知识漏洞。

5. 拓展变式，巩固训练

针对重点讲评的内容，设计一定分量的变式训练，以进一步强化讲评的效果，拓展、完善学生的知识网络结构。拓展变式题可以是在原题的基础上变换题设、过程或结论，也可以选择考查相同能力或知识点的同类试题。教师应在更高的角度审视试题，尽可能地构建知识间的广泛联系，拓展学生思维的广度、深度，培养学生思维的深刻性和灵活性。

6．课后反思

对于部分学生“一听就懂、一丢就忘”的现象，要求学生将自己的典型错题摘录在错题集上。同时引导学生做“题后小结”和“题后反思”，在思考中深化对问题的理解，提高解题效率。

二、案　例

高三模拟理科综合能力测试化学试题讲评

1．试卷分析（3 分钟）

在试卷批阅完后，教师对各知识点分布情况、各分数段分布情况、各题得分情况、答题中反映出的问题进行了统计，总结答题中出现的问题。

本次模考共考查了 42 个知识点，各板块分布如下：

内容	基本概念和基础理论	元素和化合物	有机化学	化学实验	化学计算
题号	6、7、9、11、29（1）（3）（5）	10、8 27（1）（3）、29（2）（3）（4）	12、28	26、27（2）	29（4）
分值	30	20	20	28	2

与近年高考试卷相比，实验比重偏大（15 ~ 20 分），化学计算比重偏小（8 ~ 15 分）

各分数段分布情况：

分数段	89～80	79～70	69～60	59～50	49～40
人　数	2	10	13	10	7

最高分：88 分，最低分：22 分，平均分：58.2，达到有效分（63 分）的人数：29。

本次考试总体来说试题难易适中，试题的区分度较好，学生成绩分布基本呈正态曲线。

各题得分情况：

题　号	6	7	8	9	10	11	12	26	27	28	29
得分率（%）	66	83	78.3	36.7	78.3	58.3	43.3	41.2	52.0	37.0	46.9

2. 学生自查自纠（4 分钟）

在课前发放试卷，学生自查自纠，以学习小组为单位相互交流，填写并上交“考试错因自查表”。

考试错因自查表：

序号	错因	题号	分值	内容
1	基础不扎实丢分			
2	计算错误丢分			
3	审题不慎丢分			
4	答题不规范或不准确丢分			
5	读不懂丢分			
6	情绪因素丢分			
7	速度慢做不完丢分			
8	以为难而放弃丢分			
9	其他原因丢分			
10	自查自纠找回分值			
11	组内讨论交流找回分值			
12	本组不能解决的题有			

3. 相互讨论，释疑解难（3 分钟）

全班分为 8 个小组，讨论试卷中出现的错误，有些可以自行解决，不能解决的由小组长上报课代表，由课代表反馈给老师。

4. 重点、难点讲评（20 分钟）

针对反馈的信息，课堂上重点解决以下问题：离子浓度的大小比较，离子共存，氧化还原反应先后问题、有机推断题、同分异构体的书写。

难点在于电极反应方程式的书写。

（1）溶液中微粒浓度相对大小的判断。

（试题略）小组代表说题，师生互动评析，归纳小结，提炼方法。

【多媒体显示】溶液中微粒浓度大小的比较规律（略）。

方法：溶液中微粒浓度大小比较的思维程序：确定溶液中的溶质→写出溶质、溶剂的电离和水解方程式→用上述规律采用“关键性离子定位法”和“守恒判断法”比较浓度的相对大小。

（2）物质反应顺序的判断。

（试题略）小组代表说题，师生代表说题，师生互动评析，归纳小结，提炼方法。

这类试题涉及一种物质与多种物质反应的顺序问题，所以要求有较高的能力，难度较大。

规律：强者优先。（氧化性、还原性……）

方法：先判断强弱，再根据反应物量的比例确定所进行的反应。

（3）有机推断、同分异构体的书写。

（题略）小组代表说题，师生互动评析，归纳小结，提炼方法。

本题考查了官能团的判断、有机反应类型、有机物结构简式，以及写出反应方程式、判断同分异构体的数目，将化学反应的新信息和学生已有的知识相结合进行化学推断的题型。这类题需学生进行对比、分析碳架的结构和官能团的转变，进而理解信息和应用信息。

总结：同分异构体的书写方法：插入法、移位法、取代法。

【机动教学内容】原电池电极方程式的书写。

5. 拓展变式，巩固训练（5 分钟）

结合学生实际，针对重点讲评的内容，设计一定分量的变式训练，以进一步强化讲评的效果，拓展、完善学生的知识网络结构，培养学生思维的深刻性和灵活性，教师个别答疑辅导。

6. 课后反思（5 分钟）

一套试题做完后，不同的学生反馈的问题差异是很大的，如何在讲评课中让不同层次的学生均有较大的收获是必须要考虑的问题。本节课，根据测试题的难易程度，把讲评分为多个层次，第一层次为学生自检，第二层次为同学之间的讨论，第三层次为师生互动评析和教师的分类指导、个别答疑，从而较好地解决学与教的问题，使学生的不同问题得到解答、不同层次的学生均有提高。

最后，学生在错题本上修改错误，格式如下：

第　题：

应得分：　　　　实得分：　　　　知识点：

a. 正确解答：

b. 错因：（知识遗忘、审题失误、表述不规范、数据处理失误、速度慢做不完、难度大放弃……）

c. 归纳整理规律、解题方法和技巧，充分体会、内化。

d. 完成教师布置的针对训练题。

第六节 生物学科

高中生物概念课教学程序及案例（一）

丁成霞

一、教学程序

1. 课前准备

老师利用导学案作为学生的预习提纲，以学习小组为单位去收集材料、整理材料、处理材料。明确本节课学习目标并找出本节内容的重难点。

2. 课内探究

（1）观察。

老师结合导学案的内容在教学过程中提供丰富的教学材料，如演示实验、模型、标本、实物、挂图、多媒体课件等。从视觉角度调动学生的学习兴趣，化难为易，使学生积极进入所设情景中，对材料产生直观感性的认识，从而提高学生的学习积极性。

（2）启发。

根据提供的材料，老师精心设计问题，“激疑启思，变教为导”，通过适时的发问、设疑启思，形成一个获取知识、培养能力的最佳情境。充分体现学生在教学过程中的主体地位，调动学生的主观能动性，引导学生独立思考，主动活泼地学习，融会贯通，并提高分析问题和解决问题的能力。

（3）探究。

在教师的启发诱导下，以现行教材为基本探究内容，以学生周围的世界和生活实际为参考对象，按照科学探究要素来组织教学内容和教学活动。通过调动学生的积极性，促使他们自己去获取知识以及发现问题、提出问题、分析问题、解决问题。发展学生的创造性思维，培养学生的自学能力和独立探究能力。

（4）归纳。

引导学生归纳探究所得信息，建构概念并形成完整的知识体系。

（5）总结。

引导学生使用相关专业术语对探究信息所得出的结论进行表达，培养学生语言归纳及表达能力。

（6）练习。

利用导学案上的练习，对本节课所学内容进行巩固。完成练习后教师及时点评，及时纠正学生对某个知识点的错误理解，做到查漏补缺。

3. 课后拓展

对课上所讲内容进行巩固，加深理解。老师布置发散思维性、发展提高性和迁移应用性的作业，使学生做到活化概念、应用概念，将概念知识迁移，利用概念分析、解决实际问题。

二、案　例

物质跨膜运输的方式

1. 课前准备

老师将本节内容的导学案准备好后发给学生，以此指导学生预习本节内容，明确本节内容的学习目标、重难点。建议学生查阅、收集、整理资料来帮助预习工作的进行，理解重难点。

2. 课内探究

（1）观察（3 分钟）。

借助多媒体动画演示，把有关渗透作用、跨膜运输的几种方式直观地展示给学生，使学生由感性认识上升到理性认识。

(2）启发（2 分钟）。

在展示动画的同时，老师提出问题，让学生带着问题观察并激活学生原有的知识，启发学生思维，为探究做好准备。

① 物质跨膜运输有哪几种方式?

② 什么是被动运输，有什么特点?

③ 什么是主动运输，有什么特点?

④ 被动运输和主动运输有什么区别?

(3）探究（20 分钟）。

利用课件、动画和问题引导学生以小组为单位进行探究，老师给予一定程度的指导。通过探究活动让学生理解本节内容中的重难点。

① 物质跨膜运输有两种方式：主动运输和被动运输。

② 主动运输和被动运输的特点。

③ 主动运输和被动运输的区别。

(4）归纳（5 分钟）。

老师引导学生利用多种形式，如表格或概念图，将小组内探究所得信息进行归纳，形成完整的知识体系。

例：表格形式

跨膜方式			
运输方向			
是否需要载体蛋白			
是否消耗细胞内的能量			
代表例子			

（5）结论（3分钟）。

学生代表将探究所得出的结论进行表达，老师帮助学生用专业术语规范结论。

项　目	自由扩散	协助扩散	主动运输
运输方向	顺浓度梯度	顺浓度梯度	逆浓度梯度
是否需要载体蛋白	不需要	需要	需要
是否消耗细胞内的能量	不消耗	不消耗	需要消耗
代表例子	氧气、水、二氧化碳、甘油、乙醇、苯等通过胞膜	葡萄糖通过红细胞	葡萄糖、氨基酸通过小肠上皮细胞膜；离子通过细胞膜等

（6）练习（7分钟）。

结合本节课所学内容，要求学生完成学案中的课堂练习。完成后由学生之间相互点评，老师指导。给学生提供展示自己的舞台，让学生成为课堂的主人。

3. 课后拓展

让学生参与到科学探究中，课后要求学生通过设计实验加深对概念的理解。例：老师拟题“温度会影响物质的跨膜运输吗?”引导学生围绕问题设计实验进行探究。

在设计实验加深对概念理解的同时，引导学生学会利用概念联系实际，分析解决生活实践中的一些实际问题，将概念深化到实践中去。例如：老师提问“果脯在腌制中慢慢变甜，与物质跨膜运输是否有关?”引导学生思考。

高中生物概念课教学程序及案例（二）

熊 力

一、教学程序

1. 设问引导

教师采用讲故事、做游戏、设问引思、复旧引新等手法，为新课的导入铺路搭桥。“引”的目的是使学生明确目标，激发学习兴趣和求知欲望。

2. 自主思考

教师给出思考问题的提纲，为学生自学定标定向，让学生根据提纲阅读教材或有针对性、有选择性地阅读教材的重点、难点，或者由教师引导学生发现新知识后，再由学生阅读教材。教师来回巡视，了解阅读效果，掌握学生自学中存在的疑难问题和不足之处。对于学生产生的困惑疑难，教师不要急于作讲解、回答，应给以适当的“点拨”，让学生调整自己的思路。

3. 讨论交流

教师针对预计的和学生自主学习中产生的疑难问题，组织学生进行分组讨论。然后各小组之间展示交流，各抒己见，集思广益，取长补短。教师对积极发言的小组予以表扬，对有独到见解的给予肯定、鼓励。这样，既调动了学生参与教学的积极性，促进学生的创造性思维能力的发展，又培养了学生表达问题、展开交流的能力和合作精神。

学习小组的组建，是课前必须完成的准备工作。每个学生的生理心理素质、个性特点、生活环境、兴趣愿望和能力特点等都存在差异，他们在学习中有特定的优势和不足。所以，要按照“异质同构”原则分组：将全班学生每 6 ~ 8 人分成一组，按“U”形方式排放座位，使每一小组内的学生在能力、个性、性别等方面是不同而且是互补的。这样可以保证每小组站在同一起跑线上进行组内合作、组间竞争。

4．反馈总结

在讨论交流的基础上，教师归纳本节知识内容的重难点，针对每个小组学生的综合表现给予点评，每组学生派出学生代表总结本组学习心得体会。

5．应用拓展

本环节的目的是巩固知识，培养能力，发展智力。教师要精心设计课堂练习题，突出解题的思路和方法，突出知识重点难点，具有发散性。先让学生独立思考，再小组讨论，然后以教师提问形式促进全班合作学习。

6．布置作业

教师精心设计课后练习题，既要把握学业水平考试标准，又要能够兼顾高考，还要具有生活时代气息。

二、案　例

基因是有遗传效应的DNA片段

1．设问引导（3分钟）

教师提出问题：如何理解遗传信息的概念？用一个听力磁带中的英文信息作为类比，引导学生理解信息概念，再推而广之理解遗传信息的概念。

2．自主思考（15分钟）

教师提出本节的重点和难点：

（1）基因和DNA的关系。

（2）DNA如何储存遗传信息。

【引导学生阅读】

资料1：大肠杆菌细胞的拟核有1个DNA分子，长度约为4.7×10^6个碱基对，在DNA分子上分布着4 400个基因，每个基因的平均长度约为1 000个碱基对。

思考下列问题，可以组内小范围讨论：

（1）DNA数目和基因数目的大小关系如何？

（2）基因的碱基总数和DNA分子碱基总数的大小关系如何？

综合各小组的回答意见，引导学生理解并掌握：一个DNA分子上含有多个基因。基因是DNA的片段，是不连续的。

资料2：将荧光水母的荧光基因通过技术手段转移到猪的受精卵细胞内，成长的猪体内可以产生荧光蛋白。

思考：为什么水母这一荧光的性状能在小猪身上表现？

引导学生思考讨论，得出：基因能控制生物的性状，即具有遗传效应。

引导学生总结基因的概念，引导学生得出下列结论：①基因是有遗传效应的DNA片段；②基因是控制生物性状的基本单位；③基因在染色体上呈线性排列。

3．讨论交流（15分钟）

本节的难点：基因如何蕴藏遗传信息？在之前的思考环节中，各组形成了不同的看法和观点。教师组织学生进行小组讨论，并且让每一小组推选一名学生阐述本组同学共同的讨论意见。综合每组同学的表述，加以引导和解释，得出较为全面的结论：遗传信息蕴藏在4种碱基的排列顺序之中；碱基排列顺序的千变万化，构成了DNA分子的多样性，而碱基的特定排列顺序，又构成了每一个DNA分子的特异性。

4．反馈总结（5分钟）

教师总结强调本节核心内容：

（1）基因的概念：①基因是有遗传效应的DNA片段；②基因是控制生物性状的基本单位；③基因在染色体上呈线性排列。

（2）DNA 片段中的遗传信息：遗传信息蕴藏在 4 种碱基的排列顺序之中；碱基排列顺序的千变万化，构成了 DNA 分子的多样性，而碱基的特定排列顺序，又构成了每一个 DNA 分子的特异性。

每组学生派出学生代表总结本组学习心得体会。教师对每组成员的参与度、答题准确程度、合作交流程度等各方面，对每个小组进行点评。

5. 应用拓展（3 分钟）

给出两个思考题，要求每组学生独立思考：

（1）下列有关 DNA 和基因的关系的叙述正确的是（　　）。

A. 一个 DNA 分子上有许多个基因

B. DNA 的碱基排列顺序就代表基因

C. 组成不同基因的碱基数量一定不同

D. 基因是碱基对随机排列而成的 DNA 片段

（2）DNA 分子结构多样性的原因是（　　）。

A. 碱基配对方式的多样性

B. 磷酸和脱氧核糖排列顺序的多样性

C. 螺旋方向的多样性

D. 碱基对排列顺序的多样性

首先，将第一个问题拆分为：① DNA 是什么？② 基因是什么？③ 两者有什么联系？④ 两者有什么区别？将第二个问题拆分为：① DNA 的分子结构有什么特点？② DNA 分子结构中什么位置可以存在多种组合可能？

每个小问题要求不同的小组通过组内讨论，派出学生代表回答；对于每组同学的回答，教师先不予评论，而请每组派出一个代表，评价其他一个小组的回答：本组成员是否认可？最终再由教师总结，得出较为标准的答案.

6. 布置作业

（1）分析下图回答有关问题：

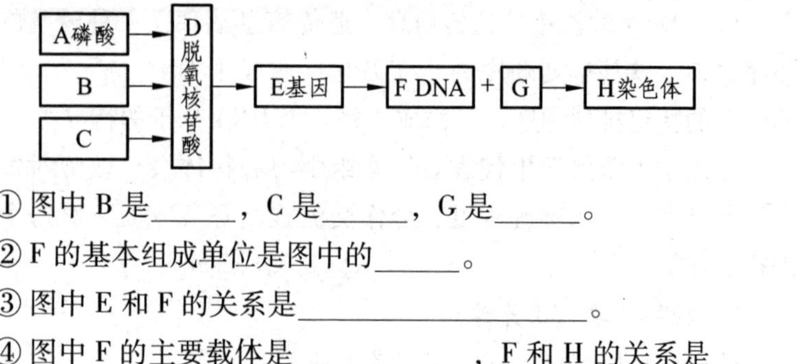

①图中B是______，C是______，G是______。

②F的基本组成单位是图中的______。

③图中E和F的关系是__________________。

④图中F的主要载体是___________，F和H的关系是____________________。

⑤一个H中含________个F，一个F中含________个E，一个E中含______个D。

【答案】①脱氧核糖　含氮碱基　蛋白质　②D　③E是有遗传效应的F片段　④染色体　H是F的主要载体　⑤一　许多　成百上千

【解析】　DNA的基本组成单位是脱氧核苷酸，它由一分子磷酸、一分子脱氧核糖和一分子含氮碱基构成。基因是有遗传效应的DNA片段。染色体是遗传物质DNA的主要载体，一条染色体上通常含有一个DNA分子，一个DNA上有很多个基因。一个基因是由成百上千个脱氧核苷酸构成的。

（2）1990年10月，国际人类基因组计划正式启动，以揭示生命和各种遗传现象的奥秘。

①建立人类基因组图谱需要分析______条染色体的______序列。

②有人提出"吃基因补基因"，你是否赞成这种观点？试从新陈代谢角度简要说明理由。

____

____

【答案】①24　碱基　②不赞成，因为基因被人吃后，和其他生物大分子一样被消化分解，不可能以基因形式进入细胞，更不可

能补充或整合到人体原有基因组中去。赞成，基因被吃下以后，消化分解产生的简单有机物可以作为合成DNA的原料。

高中生物规律课教学程序及案例

田 非

一、教学程序

1. 问题原型联想——激发“探究欲”

在进行规律课的教学过程中，首先要创设情境激发学生探究的内部动机，这一环节的核心是为引入规律提供感性认识。规律的基础是感性认识，对生物现象变化规律及概念之间的本质联系进行研究归纳。教师可以根据考纲，结合学生已有知识，针对本节课的知识点和教学目标，创设贴近生活的问题原型，通过感性认识，激发学生的“探究欲”。

2. 问题逻辑初探——分析与猜想

该环节，以学生自主合作学习为主，在获得感性认识的基础上，教师应大胆开放课堂，在教师的引导下，学生带着问题，通过阅读、观察提出问题，通过分析、合作、讨论、猜想，尝试对问题原型进行初步解释。

3. 问题深入剖析——探疑与点拨

该环节为教师发挥主导地位的阶段，教师对学生的初步猜想和疑惑进行汇总，针对教学内容，对问题深入剖析，释疑解惑，点拨思路，指导方法，启智培能，为规律的得出做好铺垫。

4. 问题归纳总结——得出规律

在教师的引导下，让学生通过合作，尝试总结得出规律。

5. 训练强化——应用规律

学习生物规律的目的在于运用。在这一环节中，一方面要用典型的问题深化、活化学生对所学规律的理解，逐步领会分析、处理和解决生物问题的思路和方法；另一方面，要组织学生进行运用知识的训练，帮助和引导学生在训练的基础上，逐步总结出在解决问题时一些带有规律性的思路和方法。训练中要更多注意联系社会生产生活实际，综合分析、解决实际问题，使学生感到生物规律就在自己的身边，培养和激励学生在创新中发展，在发展中创新。

二、案　例

基因的自由组合定律

1．问题原型联想——激发“探究欲”（3 分钟）

教师采用故事导入法引出问题原型：

屏幕展示：

英国有位美貌的女演员，写信向大文豪萧伯纳求婚：“因为你是个天才，我不嫌你年迈丑陋。假如我和你结合的话，咱们后代有你的智慧和我的美貌，那一定是十全十美了。”萧伯纳给她的回信说：“你的想象很是美妙，可是，假如生下的孩子外貌像我，而智慧像你，那又该怎么办呢？”

该故事情节性强，引人入胜，给学生以疑问，引发后续思路。由此引出主题，道明学习任务。

2．问题逻辑初探——分析与猜想（12 分钟）

学生带着问题，回顾知识、研读教材（第 9 ~ 11 页），发现问题，小组讨论初步解决。设计以下几个问题：

（1）设计两对相对性状的实验流程。

（2）比较一对相对性状实验和两对相对自交性状实验中 F_2 的性状分离比的差别，两者是否有联系？

（3）根据 Dd 的配子形成方式写出 YyRr（F_2）的配子类型。

（4）完成表 1：

表1 YyRr 自交结果

♀ ♂	YR	yR	Yr	yr
YR				
yR				
Yr				
yr				

3. 问题深入剖析——探疑与点拨（15 分钟）

本环节为课堂中教师发挥主导作用的阶段，是“讲”的过程。根据前面的提问和学生的回答情况，梳理重难点知识，指导学生分析推论 F_2 中基因型和表现型以及各项规律。设计的活动有以下几个：

（1）讲解两对相对性状杂交实验流程，着重分析学生疑点较多的地方；

（2）对比分离定律，引导学生对自由组合现象进行解释；

（3）分析 F_2 的性状分离比的形成，重点分析“棋盘”中基因型和表现型的对应关系、各类型所占比例等；

（4）如何才能证明这种解释的正确性？测交实验的过程和结果分析。

4. 问题归纳总结——得出规律（5 分钟）

教师引导学生总结归纳自由组合定律的内容。问题设计如下：

（1）根据分离定律，你能仿写出自由组合定律的内容吗？

（2）孟德尔为什么可以获得成功？

5. 训练强化——应用规律（5 分钟）

下题就与第五章的人类遗传病知识相关：在一个家庭中，父亲是多指患者（由显性致病基因 P 控制），母亲的表现型正常，他们婚后生了一个手指正常但患先天聋哑（由隐性致病基因 d 控制，遗传因子组成为dd）的孩子。则双亲的基因型、后代的表现型及概率怎样？

高中生物学史课教学程序及案例

丁成霞

一、教学程序

1. 创设情境，激发兴趣

利用多种教学手段创设情境，如提供相关的图文信息资料、数据，或播放视频、动画，或呈现生物的标本、模型，或从学生的生活经验、经历中提出探究性的问题，或从社会关注的与生物学有关的热点问题切入等。从听觉、视觉等多种角度调动学生学习的兴趣，使学生快速、积极进入所设情境中，去寻求探究的话题、概念、主题。

2. 认真阅读，自主探究

在老师的启发诱导下，认真阅读科学发现史，结合科学发现史中的经典实验进行自主探究。通过探究，使学生明确每一个科学结论得出的大体经过。期望学生不仅能从科学结论的发现过程中深化对概念的理解，而且能受到科学家崇高的精神境界熏陶。

3. 提出问题，深入思考

利用多媒体课件逐步展示科学发现史中的经典实验，针对实验设计和实验过程提出问题。问题的设计应紧扣主题，具有悬念性、针对性、趣味性，足以吸引学生的注意力，引导学生深入思考。老师在提出问题的过程中可以鼓励学生提出个性化、多样化的问题，培养学生的自主学习能力。

4. 合作交流，讨论答辩

老师组织全班学生进行小组间的讨论，讨论围绕老师针对实验设计和实验过程提出的问题及学生提出的问题。老师应不断进行巡回检查、督促、指导，及时进行小组或全班性的引导、指导或提示，以促使交流活动的深入开展。

讨论交流后各小组代表围绕问题进行答辩，老师应注意引导，调动学生的参与性、主动性、竞争性。

5. 引导总结，得出结论

对于在问题讨论活动中各小组得出的结论，老师应予以适当引导，帮助学生将概念归纳完整。

6. 巩固练习，知识迁移

利用课件或学案组织学生完成课堂练习，加强学生对概念的理解。在理解相关概念的基础上，进一步引导学生思考将概念知识迁移的问题。将学生新接受的信息与原有信息紧密联系，构建出新的、完整的知识体系，促进知识的吸收、理解及消化。

课后老师引导学生通过设计实验加深对概念的理解，让学生参加到科学探究中，培养学生的自主探究能力。在设计实验加深对概念理解的同时，老师还应引导学生学会利用概念联系实际，分析、解决生活中的一些实际问题，将概念深化到实践中。

二、案 例

光合作用的探究历程

1. 创设情境，激发兴趣（3 分钟）

老师利用多媒体播放绿色植物由种子萌发成幼苗再到长成参天大树的视频，并同时提问：动物的生长发育所需的能量由摄食所获得的食物提供，我们知道绿色植物是通过光合作用来获得能量维持生长发育，那么光合作用这一生命活动又是由谁发现的呢？老师从视觉角度引导学生进入所设情景中，引导学生带着问题进入新课，激发学生学习的兴趣。

2. 认真阅读，自主探究（7 分钟）

老师提示学生以时间为主线，认真阅读教材上关于光合作用的研究史料，再通过自主探究使学生明确在光合作用的发现过程中作出巨大贡献的科学家以及他们的经典实验。在培养学生自主探究能力的同时，也让他们体验科学探索的一般方法，培养学生的科学素养。

3. 提出问题，深入思考（3 分钟）

老师利用多媒体课件逐步展示光合作用发现过程中的经典实验。在播放课件的同时，针对实验设计和实验过程提出问题，引导学生深入思考。

实验一：柳树实验。

（1）植物增加的重量和土壤减少的重量是怎样的关系？

（2）海尔蒙特的实验说明了什么问题？

实验二：植物——蜡烛——小白鼠实验。

（1）是谁提出了植物的生长与空气有关呢？

（2）普利斯特利的实验说明了什么问题？

实验三：光条件实验。

英格豪斯的实验进一步证实了只有在光的照射下，普里斯特利的实验才能成功，说明了什么问题？

实验四：淀粉实验。

（1）萨克斯的实验结果说明了光合作用的产物有什么？

（2）为什么在实验中要将一片叶子半边曝光半边遮光处理？这种处理方式采用了哪种科学研究方法？

实验五：水绵光照实验。

（1）恩格尔曼选用水绵的巧妙之处有哪些？

（2）这个实验可以说明光合作用的场所在哪里？需要什么条件？有什么产物？

4．合作交流，讨论答辩（17 分钟）

针对每一个实验，老师提问并播放完课件后，引导全班同学临时组成学习小组，小组成员相互交流讨论，并派小组代表发言。老师针对讨论的情况及代表的发言及时点评，并将关于每个实验的讨论结果关键词板书在黑板上。

原料：H_2O、CO_2

产物：O_2、淀粉（糖类）

场所：叶绿体

条件：光照

5．引导总结，得出结论（3 分钟）

利用黑板上的关键词作为提示，引导学生从原料、产物、场所及条件四个方面构建出光合作用的概念，并用反应式进行概括，教师帮助学生将概念归纳完整。由学生代表表述概念并完成反应方程式的书写。

（1）概念。

光合作用是指绿色植物通过叶绿体，利用光能，把二氧化碳和水转化成储存着能量的有机物，并且释放出氧气的过程。

（2）反应方程式。

$H_2O+CO_2\rightarrow(CH_2O)+O_2$（条件：光；场所：叶绿体）

6．巩固练习，知识迁移（7 分钟）

利用课件或学案组织学生完成课堂练习，加强学生对概念的理解。在理解光合作用概念的基础上，进一步引导学生考虑影响光合作用的因素，如温度、光照强度、CO_2浓度等。将学生新接受的信息与原有信息紧密联系，构建出新的完整的知识体系，促进知识的吸收、理解消化。

课后，老师引导学生设计实验，加深对概念的理解：

（1）通过实验验证影响光合作用的因素：温度、光照强度、CO_2浓度等。

（2）设计实验探究光合作用的场所是叶绿体。

（3）通过实验检测光合作用的产物是否有淀粉、O_2。

在设计实验加深对光合作用概念理解的同时，老师还应引导学生学会利用概念联系实际，分析、解决生活中的一些实际问题，将概念深化到实践中。如老师可以给出相关主题引导学生思考、调查并撰写科学调查报告。例如：在农业生产中，无论是大田栽培还是温室栽培，都要考虑光能的充分和合理利用。你可以通过实际调查或资料收集，了解许多方法和措施，汇总成文，相互交流。

高中生物实验课教学程序及案例（一）

田　非

一、教学程序

1. 创设问题情境，提出假设

教师利用多种教学方式创设问题情境引导学生提出问题，提出假设，使教学信息具有新奇性，从而使学生产生好奇心和求知欲，极大地激发出探究动机和兴趣，有利于培养学生的思维素质和探究能力。

2. 引导探究，创设实验方案

首先在教师的引导下，让学生明白实验设计必须遵循的基本原则，然后以学生为主体，通过小组合作，以假设为核心，初步创设实验方案。在该环节中，学生是主体，手段是小组合作，教师仅仅是一个引导者。

3. 修正实验方案，学生动手实验

每组选派代表将本组的设计方案进行展示和讲解，其他同学提出疑问、指出缺漏。在教师的引导下，通过讨论、分析，选出可行的实验方案，完善实验方案。随后便是各小组自主选择完善后的实

验方案并进行实验。实验过程中，教师要提醒学生注意操作，更要做好实验记录，获得足够的信息，以便对该方案进行评价。

4. 交流讨论，展示成果

学生互相交流，展示实验成果并进行学生自评、学生互评以及教师评价。每个小组可推荐一位学生为该小组的实验进行答辩，其他小组的成员可以自由发问。

5. 评价总结，提出问题

结合学生的讨论情况，老师引导学生相互评价并总结实验结果。在学生互评的过程中指出各小组的优缺点，这样既可以让学生及时发现自己实验的不足之处，又可以引发学生提出新的问题，保持学生探究的热情，培养学生养成终身探究的习惯。

二、案 例

探究影响酶活性的条件

1. 创设问题情境，提出假设（3 分钟）

教师出示一袋加酶洗衣粉，请学生阅读洗衣粉包装袋上的使用说明并导问：

（1）材料中的信息与酶有什么关系，与酶的活性又有什么关系？

（2）为什么加酶洗衣粉要在60℃以下的温水中使用？

（3）影响酶活性的条件有哪些？

学生通过阅读洗衣粉包装袋上的使用说明，结合酶的有关知识，踊跃提出问题，各小组交流要讨论的问题和作出假设。例如：“温度是否会影响酶的活性”“温度过高是否会使酶失活”“pH 是否会影响酶的活性”。

2. 引导探究，创设实验方案（10 分钟）

教师投影一些相关实验设计的基础知识（基本原则及注意事项），引导学生设计实验：

（1）实验的自变量是什么？因变量是什么？怎样检测因变量？

（2）如何控制自变量？

（3）如何预期实验现象？

在教师的引导下，学生分小组讨论并拟订实验方案。

3．修正实验方案，学生动手实验（15 分钟）

各小组派代表展示设计方案，并听取其他小组的建议，进行必要的答辩；然后各小组进行反思，修正并完善实验方案。在该环节教师应从旁适时进行指导。

然后学生开展实验探究的过程。该过程学生应规范操作，并做好实验记录，若遇到疑问，可重复进行实验或进一步验证。教师在该环节应注意巡视，收集实验操作中出现的问题。

4．交流讨论，展示成果（7 分钟）

小组代表阐述、展示实验成果，大家一起讨论分析。

（1）在探究温度对酶活性影响的相关实验，得出的结论是：温度对酶的活性有影响，高温使酶丧失活性，低温仅是抑制酶活性，温度恢复，酶活性可恢复。

（2）在探究 pH 对酶活性影响的相关实验，得出的结论是：pH 对酶的活性有影响，过酸、过碱都会让酶丧失活性。

5．评价总结，提出问题（5 分钟）

教师组织学生进行组内及组间的交流、评价、总结，在交流与表达过程中产生新的探究问题：

（1）关于选材的探究：① 淀粉酶和过氧化氢酶是否都适合用来进行“温度对酶活性的影响”的探究？②“淀粉的分解”用碘液检测还是用斐林试剂检测？

（2）进行“定量”实验探究：① 如何确定酶的最适温度（pH）？

② 不同的酶最适温度（pH）是否相同？

高中生物实验课教学程序及案例（二）

万明长

一、教学程序

1. 创设情境，提供信息

教师在课堂上给学生提供一些理论联系实际的生动材料，创设问题情境，让学生体验生活、感受困惑，从而发现问题。

2. 提出问题，作出猜想

（1）学生对创设的情景观察理解以后，常常由于好奇心或想作进一步的了解而提出问题，问题即为实验的题目。有时，学生不能提出问题，就由教师展示问题。

（2）让学生利用自己已有的知识对问题的最终答案提出可能的猜想，预测可能的结果。

3. 设计实验，筛选方案

让学生利用提供的器材仪器，设计一个具有可操作性的实验方案，包括实验原理思路、操作步骤及数据记录表格。教师提示：设计实验方案时一定要注意遵循实验设计的四个基本原则：① 单一变量原则；② 对照性原则；③ 科学性原则；④ 重复性原则。

教师在设计实验过程中需要及时给予引导，每个小组不一定要求用相同的实验方案，但是必须保证每个小组的实验方案都合理且具有操作性。

4. 实验探究，获取数据

各实验小组按设计的方案操作，分工协作，记录实验数据。教师巡回观察，督促学生全员参与，规范学生操作。

5. 分析论证，推导结论

各小组讨论分析实验数据或现象，得出实验结论，对实验过程中出现的问题、偏离的实验现象或者误差进行讨论并记录下来。教师巡回指导，应特别注意辅导后进生。

6．展示成果，交流互评

各实验小组选出代表，展示本组实验方案及结论，组间交流互评。教师协调、引导、点评。

7．强化技能，拓展延伸

改变实验变量，学生设计实验方案，做课后作业。

由于不同的探究问题难易不同、用材不同、耗时不同，因此探究性实验的几个环节可分两种方式来组织进行。

（1）完全在课内完成。

（2）课前完成设计，课内操作、论证、交流。

二、案　例

探究光照强度对光合作用强度的影响

1．创设情境，提供信息（1分钟）

空气中二氧化碳的浓度、土壤中水分的多少、光照的强弱与时间长短、光的成分、温度的高低等，都是影响光合作用强度的外界因素。农业生产上许多增加农作物产量的措施，都要通过提高光合作用的强度来实现。例如，控制光照的强弱和温度的高低，适当增加农作物生活环境中的二氧化碳浓度等。

2．提出问题，作出猜想（1分钟）

（1）教师提出问题：光照强度对光合作用强度有什么影响？

（2）学生猜想：光照越强，光合作用越强；或光照越强，光合作用越弱。

3．设计实验，筛选方案（10分钟）

每个小组分别设计自己的实验方案，教师加以指导。例如，某小组的设计思路：利用绿色植物通过叶绿体进行光合作用产生氧气的原理，将绿色的嫩叶抽气，使其内部气体全部逸出，细胞间隙充满了水，浮力减小，叶片就会沉到水底。再给予叶片一定强度的光照，一段时间后因光反应产生的氧气会充斥在叶片的细胞间隙中，浮力增大，叶片会从水底浮起。光照强度不同，光反应产物的多少也不同。可以用相同功率的光源在不同的距离照射水中的嫩叶，来调节光照的强度；也可以用不同功率的光源在同一距离照射水中的嫩叶，形成光照强度不同的条件。通过观察同一时间内装置中叶片浮起的数量，或观察不同光照强度下浮起相同数量叶片所需的时间，来探究光照强度对光合作用强度的影响。

4．实验探究，获取数据（20 分钟）

以上面某组为例：

（1）在暗处，将两盏台灯分别装上 40 W 灯泡、100 W 灯泡。取 100 mL 烧杯 2 个，均倒入 70 mL 富含二氧化碳的清水，放在距台灯 10 cm 的地方。关灯。

（2）用打孔器将嫩叶打出直径为 1 cm 的圆片若干。

（3）将小圆形叶片放入注射器中，并让注射器吸入清水，排出注射器内残留的空气。用手堵住注射器前端的小孔，并缓缓拉动活塞，使小圆形叶片内的气体逸出。

（4）将内部气体逸出的小圆形叶片各 5 片，分别放入暗处盛有清水的 2 个烧杯中。这时的叶片由于细胞间隙充满了水，应该全部沉到水底。

（5）开启台灯。注意：两盏台灯的灯光不能相互干扰。

（6）室温不要太低，一般以 25 ℃为宜。为防止实验过程中烧杯内水的温度受灯光照射而升高，可考虑用冷光源灯泡。

（7）观察并记录同一时间内两个实验装置中小圆形叶片浮起的数量，或观察、记录在不同光照强度条件下浮起相同数量小圆形叶片所需要的时间。

实验数据：不同光照强度下叶片漂起状况表（室温：25 ℃）。

台灯灯泡的功率（W）		40	100
台灯与烧杯的距离（cm）		10	10
叶片漂起的时间（min）	第一片叶漂起	18	5
	第二片叶漂起	32	11
	第三片叶漂起	41	14
	第四片叶漂起	74	22
	第五片叶漂起	未漂起	35

5．分析论证，推导结论（2 分钟）

各小组讨论分析实验数据或现象，得出实验结论。

如上组，通过实验操作可以清晰地看出，在相同的条件下用功率不同的台灯光照射，其结果是用功率高的台灯照射的一组叶片漂起得快，而用功率低的台灯照射的一组叶片漂起得慢。

由此得出结论：光照强度越大，光合作用强度也越大。

6．展示成果，交流互评（5 分钟）

各小组派出代表向其他小组展示本组的实验设计、操作流程、数据并进行分析，包括对某些特殊现象的解释，如解释上表中第五片叶在 40W 灯光下未漂起的原因。

展示成果，有的小组归纳总结出光照强度对植物光合作用的速率影响关系；光照强度与光合作用速率的关系曲线分析。

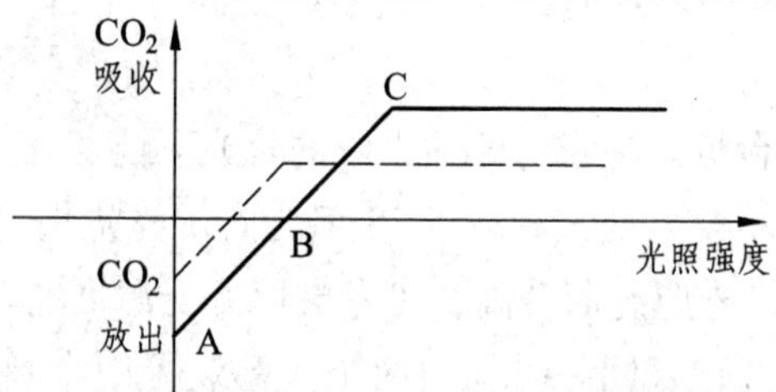

A 点：光照强度为 0，此时只进行细胞呼吸，释放的 CO_2 量可表示此时细胞呼吸的强度。

AB 段：随光照强度增强，光合作用强度也逐渐增强，CO_2 释放量逐渐减少。这是因为细胞呼吸释放的 CO_2 有一部分用于光合作用，此时细胞呼吸强度大于光合作用强度。

B 点：细胞呼吸释放的 CO_2 全部用于光合作用，即光合作用强度等于细胞呼吸强度（光照强度只有在 B 点以上时，植物才能正常生长）。B 点所示光照强度称为光补偿点。

BC 段：表明随着光照强度的不断加强，光合作用强度不断加强，到 C 点以上不再加强了。C 点所示光照强度称为光饱和点。

7．强化技能，拓展延伸（1 分钟）

布置课后作业：探究其他环境因素对光合作用强度的影响。

（1）自变量为二氧化碳。使用同一光照强度照射数量相同的沉入水底的小圆形叶片，但烧杯中水的二氧化碳含量不同。例如，一个烧杯盛煮开后晾凉的水，另一个烧杯盛通入二氧化碳的水。

（2）自变量为温度。使用同一光照强度照射数量相同的沉入水底的小圆形叶片，烧杯中水的二氧化碳含量也相同，但水的温度不同。例如，一个烧杯中水的温度为 5 ℃，另一个烧杯中水的温度为 25 ℃。

要求：① 写出实验原理及设计思路；② 写出操作流程或步骤；③ 设计实验结果分析表格。

高中生物复习课教学程序及案例

张玲朝

一、教学程序

1．课前预习

在上课之前，布置学生自主复习相关章节，总结已知的知识，温故知新，加深印象。对把握不好的知识点，在课堂上可以重点听课，加强理解，提高学习效率。

2. 案例引入

教师利用恰当的案例提出问题，可以是视频，可以是生活中看似平常却充满神秘的实例，以此激发学生探索未知的兴趣和欲望，活跃课堂气氛，让复习课不再枯燥无味。

3. 自主学习——画概念图

在预先复习的基础上，学生自行找出与知识点相关的概念，再将有关的概念用概念图表示出来。

4. 协作学习

将完成的概念图分组进行组内比较和讨论，初步完善。在教师的组织下进行组间比较，使概念图更加直观、容易理解。

5. 学以致用

在教师引导下，学生将需要掌握的知识点整理出来，把概念图运用到其中，贯穿整个知识点，化零为整，将知识点联系起来，形成一个整体，加强学生对知识点的把握。

6. 练习反馈

根据学生在“练习”中反馈回来的信息给予评价、校正和辅导。

7. 小结及课后练习

教师引导学生进行知识总结、学法归纳，最后布置课后作业。

二、案　例

细胞的减数分裂

1. 课前预习

课前布置与本节课知识相关的问题，便于学生有目的地完成自我复习：① 细胞的减数分裂过程是怎样的？② 减数分裂与有丝分裂有何不同？③ 减数分裂的意义是什么？

学生带着这些问题去自主复习，明确自己已知的和未知的知识点，加强听课的目的性，提高复习效率。

2. 案例引入（大约2分钟）

观看有关配子的产生及受精卵形成的视频。

3. 自主学习——画概念图（大约5分钟）

由学生提出细胞分裂过程中涉及的相关概念，对这些概念作出合理的解释，并找出这些概念之间的联系，画出初步概念图。

例如，本节内容涉及的染色质是指细胞间期细胞核内能被碱性染料染色的物质，染色体是染色质高度螺旋后形成的棒状结构，染色体和染色质是同一物质出现在不同时期的两种形态。

此外，还有染色单体、同源染色体、四分体、非同源染色体等概念，它们都有一定的内在联系。

4. 协作学习（大约5分钟）

学生分为多个小组，组内成员将自己总结的概念图与其他同学作比较并交流，找到问题，对概念图进行完善。最后在教师的组织下进行组间比较。

以下为总结出的概念图：

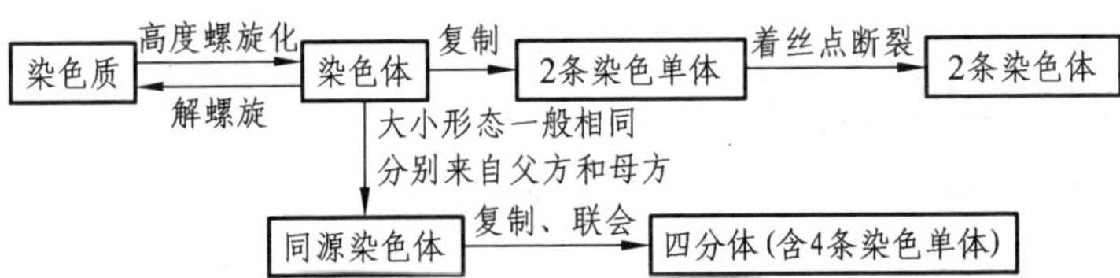

对于学生没有理解的概念以及规律之间的区别与内在联系、抽象概念的具体化等，由教师作适当讲解，强化正确的观点，纠正偏差，补充遗漏，帮助学生全面掌握知识。

5. 学以致用（大约15分钟）

减数分裂的过程（以精子的形成为例）。

在教师的指导下，学生思考以下问题：

（1）减数第一次分裂前细胞有何变化？

（2）减数第一次分裂染色体行为变化有何特点？

（3）减数第二次分裂染色体行为变化有何特点？

（4）减数分裂完成后，细胞的染色体数有何变化？

将以上所总结的概念应用于理解细胞的减数分裂过程，并总结出减数分裂的大致过程。结果如下：

精原细胞 —DNA 复制→ 初级精母细胞 —同源染色体联合、同源染色体分离→

次级精母细胞 —着丝点分裂、姐妹染色单体分离→ 精细胞 —变形→ 精子

（大约 10 分钟）

6．练习反馈（大约 10 分钟）

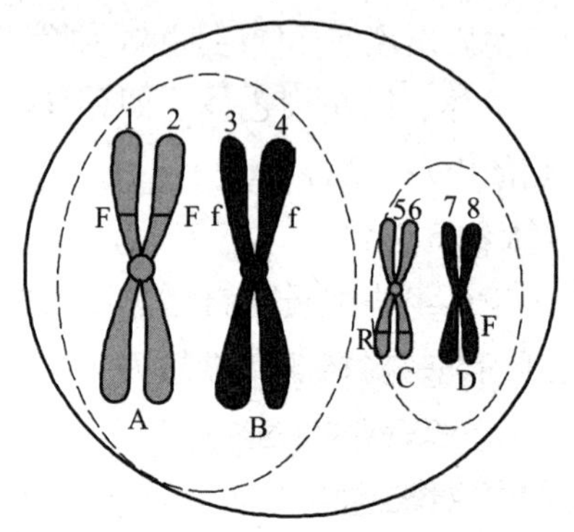

（1）此细胞进行______分裂，处于______时期，共______个；

（2）图中有染色体_____个，DNA _____个，染色单体_____个；

（3）A 和 B 是__________，细胞分裂时将______；A 和 C 是__________，细胞分裂时可能__________；

（4）1 和 2 是__________，细胞分裂时将______；2 和 3 是__________，细胞分裂时可能__________；

教师要鼓励学生尽可能用自己的语言归纳出知识规律，把学到的知识融进自己原有的知识体系中去。再组织学生充分运用所学的知识解决实际问题，使学生在运用中对新知识加以内化。

7．总结与课后练习（大约需要 3 分钟）

（1）总结概括本节内容的重点。

（2）布置课后作业：在减数分裂过程中，染色体及 DNA 的数量变化如何？请用曲线表示出来。

高中生物讲评课教学程序及案例

罗 伟

一、教学程序

1. 整体把握试卷，分清题目类型

（1）将印好的答案和批改完的题目和试卷一起下发给学生，让学生自主再完成一遍试卷，梳理并记下发现所得。

（2）老师正确引导，下发题型分类表格。

题 型	考查分类	题号	考查点、考查意图	易错点
概念题	识记 整合 变形			
图形、图表题	课本原图 图形整合 图形变形			
信息题	知识联想			
实验、探究题	观察类实验 验证性实验 探究性实验 生物学史实验 生活小实验			
遗传推断、计算题	推断遗传方式 推断基因型、表现型 推断杂交过程 求概率 设计杂交过程			
其他题型				

2. 分组讨论题型，找准出题意图

（1）借助题型分类表格引导学生分组完成任务。如全班共60个人，按座位分成8组，每组承担各自的讲解任务。

题　型	考查方式	考查点、考查意图	易错点
概念题	识记 整合 变形		

“识记”：可直接标出课本知识点的具体位置。

“整合”：可讲解如何整合。

“变形”：可讲解如何变形。

对于这三种考查方式，侧重讲解不容易理解的方式，如主要讲解“变形”的考查方式。

（2）学生讨论这个题目考查点是什么？为什么要以这种方式出现？我们容易出错的原因是什么？应该如何避免出现这些错误？

（3）对于难度较大的一个大题目，老师可根据题目的实际考查内容将其分解成几个小问让学生自主讨论完成。

3. 总结易错点，讨论解题技巧

学生讨论分任务并讲解后，可由其他学生对该题目的考查方式的讲解和出题人的意图进行讨论和评价，并结合自己的解题习惯总结出容易出错的地方，如“知识点模糊、知识迁移能力弱、图形没看清楚、图形整合能力弱、逻辑转变能力弱、惯性思维”等。

“如何在最短的时间内把题目解答出来？”学生可通过讨论交流将解题技巧总结并积累下来，如“两遍读题、注意隐藏条件、排除干扰因素、找到关键条件、简化题目流程、规范合理答题”等。

4. 一题多变，创设新题

鼓励学生发散思维，结合自己的错题集，将不同的题型变形或整合为新的题目并制作成新的试卷，再次检测。通过检测，反馈出学生的知识掌握情况和解题能力提升的幅度。

二、案 例

湘西自治州2014高考一模理综试卷生物试题讲评课

1. 整体把握试卷，分清题目类型（5分钟）

第一步：教师下发试卷和答案（因试卷版面较大，故只展示重点讲解的题型）。学生自我思考和更正。

题目：非选择题7：果蝇是一种非常小的蝇类，遗传学家摩尔根曾因对果蝇的研究而获得“诺贝尔奖”。果蝇的灰身（B）和黑身（b），长翅（V）和残翅（v），红眼（R）和白眼（r）分别受一对等位基因控制；Bb、Vv基因位于常染色体上，Rr基因位于X染色体上。摩尔根等研究发现：

P	灰身♀×黑身♂	红眼♀×白眼♂
F_1	灰身	红眼
F_2	灰身：黑身=3：1	红眼：白眼=3：1

（1）近百年来，果蝇被应用于遗传学研究的各个方面，而且它是早于人类基因组计划而被进行基因测序的一种动物。科学家常选择果蝇作为遗传实验材料的原因可能是________________________________。（举出两点即可）

（2）以上表格中的两对相对性状中，如果进行正交与反交，产生的F_1、F_2，结果不一致的是________________。一般情况下，用一对相对性状的真核生物亲本进行正交和反交，如果结果一致，可说明控制该相对性状的基因位于________________________。

（3）实验一：现有纯种的灰身长翅和黑身残翅果蝇，请设计实验探究灰身、黑身和长翅、残翅这两对性状的遗传是否符合基因的自由组合律。

第一步：取纯种的灰身长翅和黑身残翅果蝇杂交，得 F_1；

第二步：____；

第三步：统计后代表现型的比例。

结果预测：如果________________________________，则符合基因的自由组合定律；反之，则不符合基因的自由组合定律。

（4）实验二：已知果蝇的红眼和白眼是一对相对性状（红眼 R、白眼 r），且雌雄果蝇均有红眼和白眼类型。若用一次交配实验即可证明这对基因位于何种染色体上，选择的亲本表现型应为____。

实验预期及相应结论为：____。

【答案】

（1）易培养，繁殖快；相对性状明显；染色体数目较少等

（2）红眼 × 白眼　常染色体上

（3）第二步：让 F_1 与黑身残翅果蝇测交（或让 F_1 中雌雄个体相互交配）

结果预测：后代出现 4 种表现型：灰身长翅、黑身长翅、灰黑残翅、黑身残翅，且比例为 1∶1∶1∶1，或后代出现 4 种表现型：灰身长翅、灰身残翅、黑身长翅、黑身残翅，且比例为 9∶3∶3∶1。

（4）白眼雌果蝇 × 红眼雄果蝇

① 子代中雌果蝇全为红眼，雄果蝇全为白眼，这对基因位于 X 染色体上。

② 子代中雌雄果蝇全为红眼，则这对基因位于常染色体上（RR × rr）。

③ 子代中雌雄果蝇均既有红眼又有白眼，则这对基因位于常染色体上（Rr × rr）。

第二步：老师正确引导，下发题型分类表格。学生将试题归类

入表格，将能归纳出的考查点、考查意图、易错点总结并填写在下发的表格内。

题型	考查分类	题号	考查点、考查意图	易错点
概念题	识记 整合 变形	选择题 1 选择题 5		
图形、图表题	课本原图 图形整合 图形变形	选择题 3		
信息题	知识联想			
实验、探究题	观察类实验 验证性实验 探究性实验 生物学史实验 生活小实验	选择题 4 非选择题 6		
遗传推断、计算题	推断遗传方式 推断基因型、表现型 推断杂交过程 求概率 设计杂交过程	非选择题 7		
综合运用题	知识、图形、生活实际相结合	选择题 2		

2. **分组讨论题型，找准出题意图**（因分组较多，故以一组为例记录学生讨论，讲解题目过程）（20 分钟）

（1）多媒体展示分类表格，在学生讲解时将学生讲述的考查点和考查意图及易错点同步展示在大屏幕上。

题号	小题号	考查方式	考查点、考查意图	易错点
非选择题7	(1)	知识识记；伴性遗传的定义理解；	人教版必修2课本28页“相关信息”；	知识遗忘；知识理解不深，知识联系能力弱；
	(2)	分离定律、自由组合定律的理解、运用；	人教版必修2课本33页黑体字；	杂交、测交方法理解不透彻，无法正确选择和运用；
(遗传推断、计算题)	(3) (4)	假设→推断→总结综合解题能力	人教版必修2课本11页黑体字	知识不系统，做题经验不足，找不到突破点

学生讲述过程：

第一步：分析评价题目。本题考查的知识点主要是基因的自由组合定律及其应用。由题意可知有两对基因位于常染色体上，一对基因位于X染色体上，X染色体上的基因控制的性状在后代中出现的情况是和性别相联系的。灰身、黑身和长翅、残翅这两对性状的遗传是否符合基因的自由组合定律，看它们的后代分离比是否都是3∶1（或1∶1）。本组认为该题目有简单可以轻松拿分的地方，也有难以找到突破点较难拿分的地方。

第二步：讲解题目。

第一小题（1）：考查的知识点是人教版必修2课本28页“相关信息”（摩尔根等遗传学家用果蝇做实验材料的原因是：果蝇繁殖速度快，一年就可以繁殖30代；相对性状明显；易于饲养；雌雄易辨；染色体数目较少等）。解决此问的要求就是简单记忆。

第二小题（2）：考查的知识点是人教版必修2课本33页黑体字。生物的性状遗传和性别相关联或根据性别的不同而表现有所不同，我们可判断该性状遗传为伴性遗传。若性状遗传雌雄表现一样，则为常染色体遗传。表格中控制灰身、黑身的基因在常染色体上，无论是正交还是反交，后代的性状分离比都是3∶1；而控制红眼和白眼的基因在 X 染色体上，正交组合红眼♀×白眼♂的后代红眼∶白眼=3∶1，而反交组合红眼♂×白眼♀的后代中，红眼∶白眼=1∶1。故答案为红眼×白眼。建议对此问要多次反复练习。

第三小题（3）：考查的知识点是人教版必修 2 课本 11 页黑体字。这部分知识需要同学们对课本上两对相对性状的杂交和测交过程，以及自由组合定律的实质和细胞学基础有十分清楚的记忆并熟练掌握杂交、测交的遗传过程，这样才能轻松解答此题。由题可知，控制灰身、黑身和长翅、残翅这两对性状的基因都在常染色体上。如果取纯种的灰身长翅和黑身残翅果蝇杂交，则 F1 全是灰身长翅（两对基因都杂合）；再让 F1 测交，后代性状分离比为灰身长翅∶黑身长翅∶灰黑残翅∶黑身残翅=1∶1∶1∶1，说明这两对性状的遗传符合基因的自由组合定律；如果不是 1∶1∶1∶1，则说明这两对性状的遗传不符合基因的自由组合定律（也可以让 F1 雌雄个体相互交配，若后代性状分离比为灰身长翅∶黑身长翅∶灰黑残翅∶黑身残翅=9∶3∶3∶1，则说明这两对性状的遗传符合基因的自由组合定律；如果不是 9∶3∶3∶1，则说明这两对性状的遗传不符合基因的自由组合定律）。此问需多次重复练习，以增加解题印象。

第四小题（4）：考查的是我们解题的经验。在解答很多遗传学题目的时候，我们发现有一组特殊的杂交组合，该杂交组合能通过一次交配确定控制性状的基因存在的位置（常染色体、X 染色体，还是 X、Y 染色体的同源区段）。如在伴 X 遗传中，母亲是隐性纯合子时，儿子肯定是隐性性状；当父亲是显性个体时，儿子肯定是显性性状（至少是显性杂合子），故用一次交配实验即可证明这对基因位于何种染色体上。可以选择白眼雌果蝇（隐性性状）×红眼雄果蝇（显性性状）这组特殊的杂交组合。如果子代中雌果蝇全为红眼，雄果蝇全为白眼，则这对基因位于 X 染色体上；如果子代中雌雄果蝇全为红眼，则说明跟性别无关，这对基因位于常染色体上，且亲本基因组合为 RR×rr；如果子代中雌雄果蝇全为既有红眼又有白眼，也说明跟性别无关，这对基因位于常染色体上，且亲本基因组合为：Rr × rr。

（2）其他同学讨论评价。

田媛同学：我认为该组同学的讲解很详细，但我总是对遗传知识记忆不牢，看见遗传学题目就害怕。看来我要多下工夫克服这些问题。

龙志刚同学：经过该组同学的讲解，我发现自己解题的时候都是一知半解，导致很多题目解答很模糊。现在通过学习和做笔记，我会改掉不求甚解的坏习惯。

黄珍同学：该题要求能熟练掌握孟德尔的自由组合定律的杂交试验，并能尝试设计实验。又要综合伴性遗传考虑。看来要多练习这方面的题目，才能提高解题能力。

3. 总结易错点，讨论解题技巧（**10 分钟**）

同学们自由讨论逐一发言，老师总结如下：

（1）易错点。

该题需要对相关的知识点记忆清楚，如人教版必修 2 课本 28 页“相关信息”、人教版必修 2 课本 33 页黑体字、人教版必修 2 课本 11 页黑体字。但是理科生容易疏忽简单知识点的记忆，简单题反而容易丢分。

对课本上的知识不能理解透彻和灵活运用，如什么情况下选择杂交或者测交等问题。所以，需要大量的解题练习才能达到熟练运用的目的。

对所解过的题目没有系统的整理，无法总结出特殊的杂交组合。

（2）解题技巧。

读题两遍，注意审题。避免匆忙答题，偏离题意。注意表格信息，转换为有用文字条件，抓住关键信息，规范合理答题。

4. 一题多变，创设新题（**5 分钟或延伸到课后**）

做完这套题目，同学们对遗传题的三对等位基因很感兴趣。提出三对等位基因的基因型如何书写表达、如何选取合适的雌雄性果蝇进行交配后得到怎样的结果等问题。设计出如下题目：

新题：若控制果蝇灰身（B）和黑身（b）的基因位于常染色体上，控制果蝇的红眼（R）和白眼（r）基因只存在于X染色体上。控制果蝇的刚毛（F）和截毛（f）这对等位基因存在于X、Y染色体的同源区段。回答下列问题：

（1）请写出黑身白眼截毛果蝇的基因型。

（2）设计表格，要求通过该表格能清晰展示出果蝇所有的基因型。

（3）现有一只红眼刚毛的雌果蝇，请通过一次交配验证这只果蝇的基因型。说出实验过程。

【答案】

（1）$bbX^{rf}X^{rf}$　$bbX^{rf}Y^{f}$

（2）

第一对性状	第二对性状					第三对性状						
	雌性			雄性		雌性			雄性			
	X^RX^R（红眼）	X^RX^r（红眼）	X^rX^r（白眼）	X^RY（红眼）	X^rY（白眼）	X^FX^F（刚毛）	X^FX^f（刚毛）	X^fX^f（截毛）	X^FY^F（刚毛）	X^FY^f（刚毛）	X^fY^F（刚毛）	X^fY^f（截毛）
BB（灰身）												
Bb（灰身）												
bb（黑身）												

如某雌果蝇控制第一对性状的基因为BB，第二对性状的基因为X^RX^R，第三对性状的基因为X^FX^F，则该果蝇的基因型为

$BBX^{RF}X^{RF}$。

（3）选取白眼截毛的雄果蝇与这只黑身红眼刚毛的雌果蝇交配，若后代全是红眼刚毛，则该雌果蝇的基因型为$X^{RF}X^{RF}$；若后代全为红眼，而且雌雄都有刚毛和截毛性状，则该雌果蝇的基因型为$X^{RF}X^{Rr}$；若后代全为刚毛，而且雌雄都有红眼和白眼，则该雌果蝇的基因型为$X^{RF}X^{rF}$；若后代雌性是红眼刚毛、白眼截毛，雄性也是红眼刚毛、白眼截毛，则该雌果蝇的基因型为$X^{RF}X^{rf}$。

第七节　政治学科

高中政治新授课教学程序及案例

安雪梅

一、教学程序

1. 创设情景

教师给学生设置一个特定的包含各种因素的教学情景，让学生在这一教学情景中自主去体验、探索和思考，给学生创立一个探索的平台，进行自主探索，使学生真正成为学习的主体，着重培养学生的创新能力，通过知识意义构建的途径全面落实“三维”教学目标（要求在课外完成）。

2. 感悟情景

展示情景，让学生体验情景后进一步提出问题，引导学生去探索、思考，寻找问题解决的办法，指导学生看书。

3. 内化体验

内化体验是课堂教学的重头戏，学生通过看书思考，解决教师的提问，使学习向更新更深层发展，实现知识能力的迁移，培养创新精神。

4．总结提升

教师在学生情景感悟的基础上，对学生学习中已经解决的问题进行归纳、总结，对学生存在疑问和模糊认识的重要理论问题和现实问题进行点拨，指导学生进行思维，提升学生的思维品质和理论素养，达成学习目标，使学生对学习的内容形成清晰的脉络。

5．训练巩固

以课堂作业的形式进行达标训练及反馈，及时检测课堂教与学的效果，发现学生的学习缺陷，并及时加以矫正，补救强化，以达到巩固当堂学习内容的目的。

二、案　例

《新时代的劳动者》（高一经济生活）

1．创设情景（课前准备）

李师傅的烦恼之一——失业的烦恼

·女儿：爸爸，今天是星期天，你陪我去超市买东西好吗？

·李师傅：爸爸没空，因为爸爸下岗了，要去找工作。

·女儿：找工作还不容易吗？

·李师傅：唉……

李师傅的烦恼之二——择业的烦恼

几个月过去了，朋友终于帮他联系了一家私营机械加工厂，李师傅在做出决定之前想和家里人商量一下，全家为此展开了热烈的讨论……

李师傅的父亲：别人介绍的不可靠，在社会主义国家，就业要靠政府。

李师傅的母亲：不管是什么职业，只要能稳定地干一辈子就行，私营企业可靠吗？

李师傅的妻子：工作一定要体面，不能让人看不起！

李师傅的女儿：一定要找与自己专业知识对口、志趣爱好一致的工作。

李师傅的烦恼之三——就业后的烦恼

经过朋友的帮忙，李师傅在这家私营机械厂上班了，但在工厂里，既有刺耳的噪声，又有刺眼的电焊强光。工人要求发放劳动安全卫生防护用品，遭到厂长拒绝，有事请假也不予批准，甚至有时还扣发工人工资。

2．感悟情景（约5分钟）

展示教师创设的情景，通过学生对情景的体验进一步提出问题，引导学生去探索、思考，寻找解决问题的办法，指导学生看书。该环节是非常重要的部分，可以引导学生思考，激发学生的学习兴趣。

（1）李师傅为什么要就业？

（2）李师傅为什么会叹气？（李师傅的烦恼之一）

（3）你如何看待各位家庭成员的观点？我们应该树立怎样的就业观？（李师傅的烦恼之二）

（4）李师傅的哪些合法权益受到了侵犯？

（5）认为李师傅应该如何维护自己的合法权益？（李师傅的烦恼之三）

3．内化体验（约25分钟）

通过学生看书思考，分组讨论，回答教师的提问。本课立足于学生的生活世界，结合生活中的材料，以设疑、质疑和解惑为主线，调动学生自主地感知与理解教材，并且能够进行积极主动思考，大胆突破束缚，在反思中自主地生成知识，提高各种能力，享受自主思考带来的乐趣。

4．总结提升（约5分钟）

根据本课的学习，从中我们了解了劳动最光荣，光荣属于劳动者，我们要生存必须要就业。而当前的就业形势是比较严峻的，所以要求我们树立正确的就业观，并且还要注意维权。虽然目前我国的就业形势比较严峻，但我们相信在党的正确领导下，在政府积极的就业政策下，我们劳动者树立正确的就业观，我们的生活就是走在希望的田野上。

5．训练巩固（约5分钟）

课堂作业：

（1）目前，我国大学毕业生中有创业意愿的不到1%，而发达国家大学生的创业比例约为20%。鼓励大学生自主创业已成为解决就业问题的一个重要努力方向。推动大学生自主创业（　　）。

①需要政府支持和大学生就业观念的转变

②有利于巩固公有制经济的主体地位

③有利于创造更多的就业岗位以带动就业

④能从根本上解决我国的就业问题

A. ①②　　B. ③④　　C. ①③　　D. ②④

（2）2012年5月10日，淮安水渡口大道被市区某楼盘追讨工资的农民工堵了起来。有专家指出，这种讨薪手段不可提倡。那么，在黑心老板拒不支付工资的情况下，你认为农民工可以采取的讨薪手段有（　　）。

①与黑心老板进行协商　②到法院起诉

③申请劳动调解委员会调解　④采取漫画中的方式

A. ①② B. ①④ C. ③④ D. ②③

(3) 近年来，我国实施积极的就业政策，就业岗位有了一定增加，但劳动力总量供大于求和结构性就业矛盾仍然十分突出。在这种情况下，要扩大就业总量，政府应该（　　）。

① 发展经济，实施积极的就业政策

② 完善就业制度，国家统筹安排就业

③ 加强引导，完善市场就业机制

④ 转变就业观念，提高职业技能

A. ①② B. ①③ C. ②③ D. ②④

高中政治复习课教学程序及案例

郑崇文

一、教学程序

1. 课前预习

课前要学生自主构建本节课的知识网络图。

2. 课堂教学

(1) 预习检查。教师检查学生课前构建的知识网络图。

(2) 查漏补缺。教师多媒体展示知识网络图，学生“过电影”，在大脑中重现知识网络图中各知识点对应的内容，不能重现的及时自主复习。

(3) 考点透析。教师进行考点分析和热点透析。

(4) 课堂达标。教师根据复习内容，精心设计练习让学生独立完成，练习选择层层深入，环环紧扣。

(5) 教学评价。教师对课堂练习情况进行评析，根据学生做题情况进行针对性点评，重点查找错误原因。

(6) 课后作业。

二、案 例

《经济生活》第一单元：生活与消费

1．预习检查（5 分钟）

检查学生自主构建的知识网络图。

2．查漏补缺（5 分钟）

教师多媒体展示知识网络图，学生"过电影"，在大脑中重现知识网络图中各知识点对应的内容，不能重现的及时自主复习。

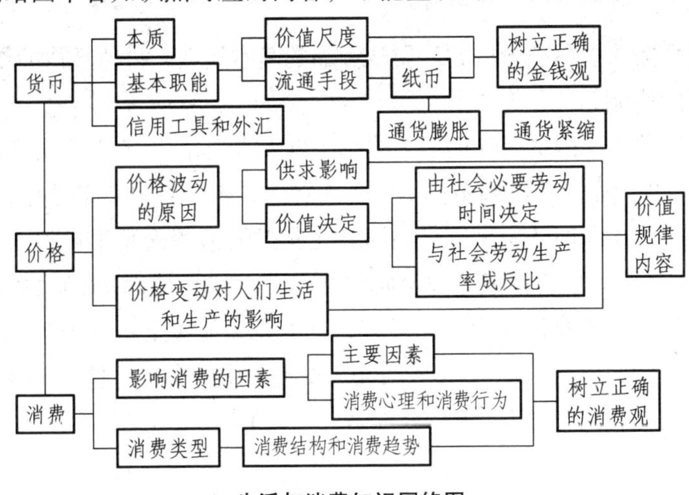

生活与消费知识网络图

3．考点透析（10 分钟）

教师进行考点分析和热点透析。

（1）考点分析。

本单元既是经济生活中重要的基础理论内容，又与现实生活紧密联系，是历年高考考查的重点。试题一般以选择题出现，有时会结合其他单元综合命题。本单元的复习要从两个方面准备：一是夯实基础知识，掌握知识之间的内在联系，构建知识体系；二是联系社会热点，贴近现实生活，重视知识的运用。

复习时要把握和理解货币的本质、货币的职能，明确通货膨胀的原因和影响。了解信用卡、支票的含义，识记外汇与汇率的含义，理解汇率变动特别是人民币升值对我国经济的影响。掌握价格由价值决定并受供求关系的影响，了解影响价格变动的其他因素。理解价格变动对我国居民生活和企业生产的影响。理解居民收入和物价水平对消费水平的影响，从多角度分析怎样提高居民消费水平。比较几种消费心理和消费行为的差异，辨析消费观念的变化，树立正确的消费观。

（2）热点透析（多媒体展示）。

① 关注食品安全问题。要从商品的基本属性、价值规律的作用、国家宏观调控等角度去分析。

② 关注我国的 CPI 问题。当前 CPI 高位运行，带来巨大通胀压力，给我国居民生活和企业生产带来重大影响，要明确应对的措施。

③ 关注我国的金融安全问题。尤其要弄清楚人民币升值对我国经济的影响。要弄清发达国家向中国施压，要求人民币升值的原因。

例 1：（多媒体展示）张某有 5 万美元，他决定将其中的 2 万美元换成人民币、3 万美元换成欧元。根据表中四家银行提供的当天外汇牌价，张某应选择的银行分别是（　　）。

银行汇率	甲	乙	丙	丁
美元兑人民币	6.522 7	6.524 8	6.525 7	6.523 5
欧元兑美元	1.423 5	1.425 8	1.424 1	1.422 2

A. 甲和丁　　B. 丙和乙　　C. 丙和丁　　D. 甲和乙

【教师解析】选 C。本题主要考查各国之间的外汇兑换关系，考查学生对汇率这一知识点的理解与运用。解答本题的关键在于分析选择哪些银行会使张某换取的人民币和欧元的数量最多。通过分析表格可知，用美元换取人民币时，选择丙银行可以使换取的人民币数量最多。用美元换取欧元时，选择丁银行意味着同等数量的美元换取的欧元数量最多。所以，最终选择丙和丁两家银行兑换，故选 C。

例 2.（2011·江苏单科）近年来，中国长期保持对美国的巨额贸易顺差（由加工贸易形成的贸易顺差占 80%左右）。为此，美国方面施加压力要求人民币升值以解决中美贸易失衡问题。2010 年底，亚洲开发银行发表了一份题为"iPhone 是如何扩大美国对华贸易逆差的"研究报告。该报告按两种不同的原则计算了 2009 年度由 iPhone 所产生的中美贸易差额，得出不同的结果，具体见表一、表二。

表一 根据原产地原则计算的贸易差额

美国市场销量（万部）	1 130
中国出口值（亿美元）	20.23
美国对华零部件出口（亿美元）	1.215
中国对美净出口值（亿美元）	A

表二 根据附加值原则计算的贸易差额

中国出口值（亿美元）	20.23
中国对美附加值出口（亿美元）	0.734
中国附加值占出口比重（%）	3.6
美国对华零部件出口（亿美元）	1.215
中国对美净出口值（亿美元）	B

报告揭示了中美贸易不平衡的真实状况：美国苹果公司把 iPhone 制造环节分解到六个国家的九家企业，然后将高附加值零部件出口到中国，在中国组装后再出口到美国进入苹果公司销售网络。一部 iPhone 成本为 179 美元，其中在中国产生的附加值仅为 6.5

美元。

根据上述材料，说明人民币升值为什么不能从根本上解决中美贸易不平衡问题。(4 分)

【教师进行答题思路分析】

破题入手	(1) 宏观把握材料的两层意思：美国方面施加压力要求人民币升值以解决中美贸易失衡问题；亚洲开发银行发表的研究报告揭示的中美贸易不平衡的真实状况。 (2) 提炼关键信息：表一和表二之间的数字对比；报告揭示的中美贸易不平衡的实质
思考方向	(1) 解决人民币升值不能从根本上解决中美贸易不平衡问题，思考方向就是要明确中美贸易不平衡的本质。 (2) 设问表面上是考查人民币升值问题，但涉及的知识不仅仅是人民币升值问题，还涉及经济全球化及中国对外贸易的特点问题
答案组织	(1) 结合材料提炼出中美贸易不平衡的实质。 (2) 明确中美贸易的特点，点出靠人民币升值不能解决中美贸易不平衡问题

【多媒体展示参考答案】

(1) 中美贸易不平衡是由不平等的国际分工决定的。(2 分)

(2) 中国对美出口以加工贸易和低附加值产品为主，人民币升值不可能从根本上改变两国贸易结构。(2 分)

4. 课堂达标（10 分钟）

(1) 2011 年央视黄金资源广告招标首场说明会 9 月召开，黄金资源广告至今已有 13 年历史。这里的黄金资源广告（　　）。

A. 是使用价值与价值的统一体

B. 有价值，但没有使用价值

C. 不是商品，因为没有付出人类劳动

D. 有使用价值，但没有价值

(2) 2012 年 3 月，某商品价值为 11 元。2012 年 7 月，生产该商品的社会劳动生产率提高了 10%，其他条件不变，该商品的价值是(　　)。

A. 10元　　B. 9元　　C. 8元　　D. 11元

(3)(预测题)2011年，国内成品油价格经历了调整，一度创下历史高价。以北京地区为例，93号汽油涨至每升7.45元，97号汽油涨至每升7.93元。这里货币执行的职能与下列选项中货币执行的职能相一致的是(　　)。

A. 交房租350元　　B. 用360元买了一件上衣

C. 这件上衣360元可以买到　　D. 一次性付清房款50万元

(4)看漫画《为何贵》。漫画中蔬菜价格之所以贵，是因为(　　)。

A. 使用价值决定价格

B. 温室里生产的蔬菜耗费了更多的人类劳动

C. 温室里生产的蔬菜营养价值要高于普通蔬菜

D. 温室里生产的蔬菜耗费的个别劳动时间多

(5)(2012·唐山模拟)下图是不同容量平板电脑iPad2的销售价格。我们原本可能只需要16 GB容量的电脑就足够了，但是加100美元就可以把容量加倍，再加100美元就变4倍，这下子我们内心的声音又要响起来了：“会不会我以后需要很大容量啊，这么划算不买实在是可惜。”于是很多人买了64 GB的iPad，真正使用到的容量却不到一半。材料告诉我们(　　)。

A. 人们在购买商品的时候能完全理性选择

B. 消费者购买商品是为了得到产品的性价比

C. 抓住人们的消费心理是品牌营销的关键

D. 在现实生活中大多数人都存在攀比心理

（6）如果我们把不同的商品放在一起，会发现这些商品的价格各不相同，有的高，有的低；如果我们把视线放在同一种商品上，也会发现这种商品的价格不是固定不变的，它有时高，有时低。对这两种情况出现的价格的“高、低”的正确认识是（　　）。

A. 本质是一样的，都是由于生产商品的社会必要劳动时间不同造成的

B. 本质是一样的，都是由市场供求关系变化引起的

C. 本质不同，前者是由于供求关系的变化引起的，后者是由于价值量不同造成的

D. 本质不同，前者是由于价值量不同造成的，后者是由于供求关系变化引起的

（7）随着年末临近，各家银行也开始对自身各项业绩展开冲刺，而近年来快速发展的信用卡业务成为银行业内必争之地。信用卡业务快速发展的原因是（　　）。

① 信用卡是一般等价物，可以作为财富的代表

② 能够方便购物消费

③ 可以增强消费安全

④ 信用卡是商业银行发给资信状况良好的客户的一种信用凭证

A. ①②　　　B. ③④　　　C. ①④　　　D. ②③

（8）（预测题）2012 年 1 月 20 日美元对人民币汇率的中间价为 1 美元对人民币 6. 313 8 元；2012 年 3 月 5 日银行间外汇市场人民币汇率中间价为 1 美元对人民币 6. 312 1 元。在其他条件不变的情况下，这意味着（　　）。

A. 人民币贬值，使用同样数量的美元购买的中国商品数量减少了

B. 人民币贬值，使用同样数量的美元可以购买更多的中国商品

C. 美元贬值，使用同样数量的人民币可以购买更多的外国商品

D. 美元升值，使用同样数量的人民币购买的外国商品数量减少了

（9）2012 年 1 月份，国内 CPI 同比上涨 4.5%，其中食品价格上涨幅度高达 10.5%，这种变动会（　　）。

① 导致恩格尔系数的提高　　② 影响人们的消费水平

③ 影响生产经营　　④ 导致生活质量大幅下降

A. ①②　　B. ②④　　C. ②③　　D. ③④

（10）据报道，某地虾类市场价格下跌，尤其是在鱼价的一路飙升面前，虾价的实惠更显出前所未有的消费诱惑。“少吃点鱼，多吃点虾”，时下卖虾人用这句话将游弋在鱼市高价边缘的食客们“套牢”。卖虾人之所以将游弋在鱼市高价边缘的食客们“套牢”，是因为(　　)。

A. 居民收入下降　　B. 虾类市场价格下跌

C. 虾的营养价值高　　D. 卖虾人能说会道

5. 教学评价（10 分钟）

教师对课堂练习情况进行评析，根据学生做题情况进行针对性点评，重点查找错误原因。

6. 课后作业

多媒体展示课后练习题：自主构建第二单元知识网络图。

高中政治讲评课教学程序及案例

吴献灯

一、教学程序

1. 检测点评，错因分析

首先，大体介绍本次测试的情况，让学生了解本班在本次测试

中的平均分、及格率、优秀率、低分率以及最高分；表扬答题优秀、得分较高的同学，鼓励中下生加油。其次，重点分析本次考试中学生失分的原因，主要从知识层面、答题方法和个人能力等方面进行分析，以引起学生注意。最后，对学生提一些要求，主要以任务的形式出现，使学生明确努力的方向。

2．合作讨论错题，解决问题

运用多媒体展示答题不规范的试卷，注意不要讲出学生的姓名，主要是提醒学生不规范答题对高考网上阅卷的影响；运用多媒体展示出错频率较高的试题，然后开展“望闻问切”活动，暴露学生的思维过程，包括典型错误的思考、巧妙的思考等，以对其他学生起到警戒、示范作用，让学生“有则改之，无则加勉”。针对学生的答题情况，引导学生合作讨论解题思路、解题方法和解题的注意点。

3．变式导练，提升能力

运用多媒体展示变式练习，调动学生思考、讨论、争辩，让学生合作组织答案，真正发挥其主体性作用。教师对学生的成果进行点评，肯定成绩，注意不足，引导学生从其他角度生成问题，解决问题，开拓思维，提升能力。

4．课堂小结，练习巩固

对本堂课进行小结，布置有针对性的练习题，使学生真正做到“内外兼修”，纠错补漏，灵活运用。

二、案　例

《2014届怀化联考第二次模拟测试卷文科综合》讲评

1．检测点评，错因分析（5分钟）

（1）检测点评。

本班共58人参加了怀化联考第二次模拟考试，基本情况是：平均分68.5分，最高分94分。选择题满分的有6人，错1～2个的共

14 人，主观题最高分 48 分，35 分以上的共有 18 人，及格率 78%。从以往的高考情况看，政治平均分的保险范围基本是 72 ~78 分，当然也不排除难度加大、平均分降低的情况。因此，我们需要为自己确定一定的分数目标，特别是 50 ~70 分的同学更需要加倍努力，不要让政治科目变成自己高考中的“软肋”；相反，要尽量让它变成自己的优势。

（2）错因分析。

本次考试中，丢分题集中在 13、16、20、38 题第（3）问、39 题第（1）问，加上其他的一些失误，丢分面就较大。主要原因有以下几个方面：

【知识层面】

① 知识理解：消费与收入的关系曲线图。

② 知识点混淆：生产力与生产关系、经济基础和上层建筑、党和政府的行为。

③ 对于关键词的敏感性不够：如 38 题对材料中的“继承”“吸收”没能与教材知识相联系。

【习惯方面】

书写不规范，错字、病句多，语句拖沓冗长，涂改较多。

【方法层面】

① 提取材料信息的能力薄弱，抓不住材料的中心，或者材料没看完就选择答题。

② 语言口语化严重，缺乏政治术语。

③ 审题不清，完全忽视题意，下笔千言，离题万里。

【能力方面】

① 对题型掌控不够，也没能很好地结合材料分析。

② 在非选择题中，层次不清晰，逻辑思维混乱，东拉西扯，不着边际。

2. 合作讨论错题，解决问题（20 分钟）

（1）运用多媒体展示 13 题。

你认为在正常条件下，下列各图的关系表述正确的个数有____个。

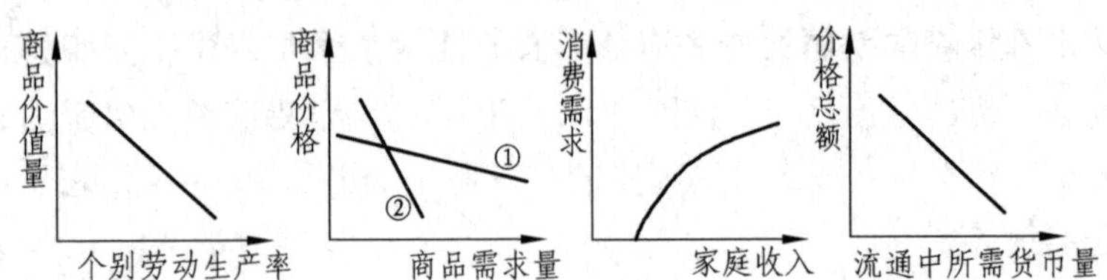

注：图中的① 为生活必需品受价格变动的指示线；② 为高档耐用品受价格变动的指示线。

A. 0 个　　　B. 1 个　　　C. 2 个　　　D. 3 个

教师分别请做对和做错的几个学生阐述自己的思路，引导学生学会利用各种因素间的关系解决曲线变化题。点评中特别要求学生注意“在正常条件下”这一前提，明确收入与消费的关系不是曲线关系，是正比例的直线关系，否则就会理解错。

（2）运用多媒体展示 16 题。

继开通全国统一举报电话 12388 后，中央纪委监察部在 2013 年 10 月 28 日又统一开通了全国纪检监察举报网站（www. 12388. gov. cn），以进一步拓宽信访举报渠道。该网站专门受理民众对中共党员、党组织和行政监察对象违反党纪政纪行为的检举控告，以及对党风廉政建设和反腐败工作的意见建议。“纪检监察举报网站”的设立（　　）。

① 有利于在网络互动中推动反腐工作

② 有利于把权力放在制度的笼子里

③ 有利于公民更好地行使基本民主权利

④ 有利于贯彻党的执政理念

A. ①②　　　B. ①④　　　C. ①③　　　D. ②④

组织学生合作分析出错原因，让学生自己发现问题，使学生明白读懂材料的重要性，真正意识到党的十八大或者十八届三中全会里的精神不一定都符合题目的要求，明确“开通举报电话或网站”

不等于“制度”，不要一看到②就选上去。

（3）运用多媒体展示20题。

2013年9月11日，李克强总理在夏季达沃斯论坛开幕式上致辞时指出，中国稳增长、调结构、促改革协调推进，主要得益于“简政放权”宏观管理方式的创新。这表明（　　）。

A. 上层建筑能够促进生产力的发展

B. 上层建筑对经济基础具有反作用

C. 宏观管理方式决定经济社会发展水平

D. 生产关系一定要适应生产力的发展

让学生回忆老师是怎么讲“生产力与生产关系、经济基础和上层建筑”这两对概念的，并提醒学生翻书去理解，使学生认识到“简政放权”属于上层建筑的问题。

（4）运用多媒体展示38题第（3）问。

材料三：“美丽中国”理念继承了中国传统“天人合一”的思想，吸收了世界各国绿色、低碳等发展观念，是对可持续发展理念的拓展和创新。这一理念的提出，有利于实现人与自然的和谐发展，有利于孕育并提升民族的持久创造力，有利于赢得当前和未来国际竞争制高点。

结合材料三，运用“文化发展与作用”的相关知识，分析它的正确性。(8分)

组织学生合作讨论，引导学生审清题意，阐述分析思路，暴露弊端。教师从几个方面引导：①知识范围：文化发展与作用。②问题客体：“美丽中国”理念。③联系材料三，不是材料一，也不是材料二。④把握材料中的关键词、层次大意，寻找教材的理论支撑。点评学生的解答，以肯定为主，并稍稍点出其不足之处。

（5）运用多媒体展示39题第（1）问。

群众路线是党的根本政治路线即生命线。

材料一：党的群众路线教育实践活动开展以来，党中央要求各级党员干部要以“照镜子、正衣冠、洗洗澡、治治病”为总要求，着力开展批评与自我批评。通过召开专题民主生活会集中解决“四风”（形式主义、官僚主义、享乐主义和奢靡之风）问题，切实加强作风建设。

结合材料，说明召开专题民主生活会对执政党的意义。(12 分)

关于党的知识很多，通过学生合作分析，发现学生大多泛泛而谈，没有结合材料。相当一部分学生答到了政府的有关知识，把问题的主体弄混淆。

让学生通过对试题自我评价发现问题，请答得好的同学展示思路与答案，增强学生自信心。点评中教会学生审题支、审题干、审设问的技巧，学会找出关键词和关键句，从多原理和相关原理中进行筛选取用，注意答案的简明有效，等等。

3. 变式导练，提升能力（10 分钟）

城镇化正在深刻地改变着中国。今天，中国的城镇人口已经超过了农村人口，“农耕社会、乡土中国”逐渐转变为“工业社会、城市中国”。城镇化加快了中国农村现代化的进程，一个全新的城市文明时代似乎正在悄然到来。

在城镇化的浪潮中，大批村庄被合并，许多富有特色的传统村落不断消失。歌曲《在希望的田野上》描绘的那种“一片冬麦，一片高粱，十里荷塘，十里果香”的田园景象不再。有人伤感地说：“不要问我从哪里来，因为我已经没有故乡。”

结合材料，回答下列问题：

运用文化生活知识，说明为什么有人会对乡村的衰落感到惋惜。教师组织学生分组讨论，各组生成答案，并派代表展示思路与答案，让学生比较分析、补充。教师指导：明确知识范围是“文化生活”，对象是“乡村”，角度是“为什么”。最后老师对各组成果进行评析，并展示参考答案，以供学生反思、纠正。

【解析】本题以城镇化建设为背景，主要考查文化多样性、传统文化的继承、中华文化的作用。解答时，首先，要从乡村入手，把乡村与乡村中蕴含的文化联系起来，然后从乡村作为传统文化的载体以及乡村文化的作用角度分析。乡村文化的作用可以从展现地域特色文化、增强文化认同感和归属感等角度分析。

【参考答案】① 乡村是传统文化的重要载体，乡村的衰落不利于优秀传统文化的继承和发展。② 乡村承载着不同地域的特色文化，是文化多样性的重要体现。③ 乡村寄托了人们的乡情乡思，可以增强人们对中华文化的认同感和归属感。

4. 课堂小结，练习巩固（5 分钟）

这张试卷是怀化地区的模拟卷，具有很强的针对性和较高的代表性。我们讲解这些错题，不是为了让大家记住答案，而是要从中找到我们丢分的原因，特别是答题习惯、书写方式、思维方式与技巧等等，在总结经验中不断进步，使我们在高考中能考出自己满意的成绩。古人说“不破不立”“学贵质疑”，只有在不断怀疑、反思、总结的基础上，能力才能进一步提升，高考才能取得理想的成绩。

5. 课外作业布置

长郡版考前小题训练（三），要求：10 分钟完成。

第八节 历史学科

高中历史新授课教学程序及案例

杨志发

一、操作程序

1. 情景导入，提出问题

导入是教学的起始环节，恰如其分的导入能迅速将学生的思维引入教学内容的情景中，把学生的注意力和思维引到探求新知识上来，同时教师也自然地把学习目标展现给学生。在此基础上，把教学目标转化为具体的问题情景。

2．自主学习，师生互动

让学生自读课文，熟悉本课内容。在学生看书的同时，教师在多媒体上将本课要点以问题的形式展示出来。学生熟悉课本知识后，让学生依照多媒体上的问题在课本上标注、归纳、讨论、探究。教师请学生回答问题，有不完善之处，请其他学生再来补充，然后学生之间再进行交流、讨论，充分发挥学生的主体作用，最后老师来总结。这样有利于加深对于知识点的理解。对于重点知识，教师精讲点拨，关键处加重语气，放慢速度，增强语气信息，充分利用教材（包括小字部分），让学生对重点内容反复读，增强文字信息强度；鼓励学生质疑，增强反馈信息强度。

3．归纳总结，构建知识网络图

讲述完新授课要进行课堂小结，课堂小结是一节课的“点睛之笔”，既要注意对本课的知识进行系统归纳，也要注意知识的前后联系，构建知识网络，使学生对某一知识点形成一个系统完整的认识。

4．课堂练习，反馈效果

本环节要求教师根据教学目标精心设计习题，既要突出教学内容的重难点，体现考试的特点，又要灵活多样，富有新意，难度应适中，题量不宜大，以 5 ~ 10 分钟为宜。学生限时完成，教师可对疑难之处予以解释、明确答案，最后由学生整理。

这样，教师一方面根据学生的练习情况判断学生知识的掌握情况，另一方面可以了解学生的疑难，从而进行有针对性地补偿教学，达到最佳教学目的。

5．课后作业，及时巩固

记忆是有规律的，如果不及时巩固，记过的历史知识就很容易忘记，所以在课后还要学生进行一定量的练习，加强学生对课上所学知识的巩固。

二、案　例

秦朝中央集权制度的形成

1. 情景导入，提出问题（2 分钟）

导入：（展示图片）成龙与金喜善演绎《神话》的相关剧照、2010 年胡歌、白冰冰领衔主演的《神话》剧照。在放映图片的同时插播主题曲《神话》。

《秦朝中央集权制度的形成》第一课时提出的问题“说出秦始皇加强中央集权的措施”，可转化为以下问题：秦始皇为巩固统一，在政治上采取了哪些措施？这些措施是如何体现“专制”和“中央集权”的？经济、文化上又是怎样统一的？统一前与统一后有什么不同？后果怎样？

2. 自主学习，师生互动（20 分钟）

学生经过思考，一定会产生疑问。让学生带着这些疑问去读书、思考和讨论，课文知识就容易被消化吸收并转化为具体的能力。

【学生回答】在中央创立皇帝制度、三公九卿制度，在地方设立郡县制。提醒学生认真看书（包括小字内容），让学生自己来补充。

3. 归纳总结，构建知识网络图（10 分钟）

从政治、经济、文化方面分析，让学生在书本上做好标记，方便以后巩固学习。

【出示幻灯片】

重点讲分封制和郡县制的异同以及中央集权制度的作用和影响。

试比较分封制和郡县制，并说明郡县制的特点。

（1）相同点。

性质：都是中国古代社会重要的地方行政制度。

目的：都是为了巩固自己的统治。

（2）不同点。

	分封制	郡县制
时　代	奴隶社会	封建社会
与中央政府的关系	被分封的诸侯具有一定的独立性，封位世袭	中央政府属下的地方行政机构，郡守和县令都由皇帝任免
影　响	容易形成割据势力	有利于中央集权的加强，维护了国家的统一
划分标准	与宗法制相联系，以血缘关系为基础	在国家大一统条件下实行的，按地域划分

（3）中央集权制的作用及影响。

积极作用：① 疆域：形成中国历史上第一个统一的多民族封建国家，成为当时的世界大国。② 对秦：有利于封建经济文化的发展，对祖国疆域的初步奠定，巩固国家统一，以及形成以华夏族为主体的中华民族，都起了重要作用。③ 对后世：奠定了中国两千多年封建社会政治制度的基本格局，为历代封建王朝所沿用，且不断加强与完善。

消极作用：皇帝依靠其专制权威，加强对人民的压榨，容易形成暴政，造成阶级矛盾迅速激化。如秦王朝在农民起义打击下，二世亡，成为一个短命王朝。

（4）总结“专制主义中央集权制度”。

①“专制主义”是国家政权的主宰和中央决策方式，即皇权至上、皇帝独裁；

②“中央集权”指的是中央与地方的关系，即中央控制地方、地方绝对服从中央。

4．课堂练习，反馈效果（8 分钟）

（1）秦始皇统治时期，“天下之事无大小，皆决于上”，主要表现在（　　）。

① 国家一切大权由皇帝总揽

② 中央和地方的主要官员都由皇帝任免

③ 皇帝控制了调动军队的虎符

④ 攻伐征战由皇帝亲自带兵

A. ②③④ B. ①③④ C. ①②③ D. ①②④

(2) 秦朝“三公”的权限中，属于御史大夫的是（ ）。

① 负责管理军务 ② 负责国家监察事务

③ 执掌群臣奏章 ④ 帮助皇帝处理政事

A. ①② B. ②③ C. ③④ D. ②④

(3) 秦朝郡县制有利于巩固国家统一和中央集权的制度，其依据主要在于（ ）。

A. 郡县官吏必须对上一级负责

B. 郡县是地方行政管理机构

C. 郡县官吏与皇帝是臣与君的关系

D. 郡县完全由中央和皇帝控制，官吏不能世袭

(4) 秦朝统一后，对后世的深远影响是（ ）。

A. 结束了封建诸侯割据称雄的混战局面

B. 使“车同轨、书同文”，全国有了统一的制度

C. 为统一的多民族国家的建立与发展奠定了基础

D. 拓展了疆域，成为当时世界上最大的国家之一

5. 课后作业，及时巩固

如何评价秦始皇这个人？

高中历史复习课教学程序及案例

冉伟华

一、教学程序

1. 自主构建，自主学习

(1) 创建学案，自主构建。

教师在充分了解学生情况的基础上，依据课程标准和教材特点，从学习者的角度设计指导学生自主学习的导学案。学案的构成一般包括以下几部分：第一部分是复习目标。以考点为指导，结合教材确定。第二部分是知识梳理。主要采取根据教材的材料设计问题进行导读和以填空的形式进行基础知识梳理等形式来呈现。第三部分是主题探究。教师围绕课标提出探究主题，对教材重新整合，通过营造情境、补充材料、设计问题等手段引导学生自主探究。第四部分是当堂测试。针对复习目标，设计相应练习题。题目要力求做到具有基础性、新颖性、典型性、科学性，少而精（8 个选择题和 2 个问号的小材料题）。第五部分是自主学习记录卡。便于学生及时总结与反思，实现知识与能力的生成与升华。

（2）小组合作，质疑诊断。

小组合作交流中，小组成员可以就学案中的问题进行交流，重点对自己不能解决的疑难问题寻求他人的帮助并予以解决。在教学中，我们要如何操作小组合作交流呢？

① 教师要提前分好合作学习小组，小组内要按学习能力的不同进行优化组合，小组人数以 4 ~6 人为宜。

② 学生针对自己研读的问题展开小组内合作学习，小组成员通过探究，阐述各自的观点，对有疑问的地方进行集体研究。

③ 对于小组讨论不满意的问题，再进行组际之间的交流，这样逐层讨论，最后把共性疑问及有价值的材料记录下来并由小组长提交老师，为老师修订课堂教学案，展开课堂教学提供参考。

④ 教师要主动参与学生的交流，或者创造条件对学生的交流情况进行掌控。

综上，“学案导学、自主构建”和“小组合作，质疑诊断”要使学生对复习的内容做到心中有数。这样，课堂教学就有了底气。

2. 主导探究，智能检测

（1）教师点拨，排疑解难。

“小组合作”不可能解决学生的所有问题，教师必须根据学生前两个阶段出现的问题，进行重点讲解，才能释疑解惑，让学生对知识有全面的了解和把握。在教学中我们要如何操作呢？

① 教师根据自己的观察和学生提交的问题，确定重难点，并设计好详细的重难点突破策略，即“考点突破”。

② 学生依托学案对问题再展开课上小组课堂讨论，教师要对小组讨论的方向和内容进行调控，以达到小组讨论的最佳效果。

③ 教师点评，总结考点。教师对小组交流合作学习情况进行总体点评，对重点问题进行总结和再强调，让学生全面掌握复习的重难点问题。

（2）当堂达标，限时训练。

教师提出一些针对高考的综合性、开放性思考题，提示学生运用所学知识去分析问题、解决问题。练习题要注意基础性、典型性、层次性、综合性。在教学中我们应该怎样操作呢？首先要创设真正的考试氛围，实施定时定量检测。其次要及时标注学习体验，进行自我反馈矫正。再次，教师要巡回课堂，随时提取反馈信息。最后，教师要及时批阅试题，及时发现问题，让学生矫正错题。

3．自我反思，课后延伸

（1）系统优化，网络再现。

这一环节让学生来做，让学生写出本课的知识体系，让学生从宏观上把握历史事件的前因后果、来龙去脉，系统掌握课本知识。

（2）总结反思，提升能力。

要求学生一课有一课的反思，一单元有一单元的反思。反思的第一个层次是知识的查漏补缺；第二个层次是方法的优化，拓展方法和发现新规律；第三个层次是完善知识结构，巩固提升学科能力。同时，鼓励学生间定期交流反思笔记。“他山之石，可以攻玉”。学生间通过研讨他人的反思笔记，学习比较，就会找出理念上的差距，解析手段、方法上的差异，从而提升自己，达到“会当凌绝顶，一览众山小”的境界。

二、案　例

新航路的开辟

1. 自主构建，自主学习（15 分钟）

（1）导入并用多媒体展示复习目标。

① 理解并掌握新航路开辟的原因、具备的条件；

② 掌握新航路开辟的过程（结合“新航路开辟示意图”了解四位航海家及国籍、支持国、探索的新航线、最终到达地）；

③ 分析新航路开辟的结果、影响（从人类文明交融、世界市场初步形成、对资本主义发展角度）。

（2）创建学习小组，分组合作学习，小组合作完成《新航路开辟》导学案。

各小组以就近原则，分成 10 个小组，组长固定，负责组织完成任务及组织讨论。各小组集体完成事先准备的《新航路开辟》导学案内容，并认真组织本组讨论，积极进行探究问题的回答。

2. 主导探究，智能检测（15 分钟）

（1）教师点拨，排疑解难。

此阶段要求发挥学生主体、教师主导的作用，采用探究式方法进行教学。

探究一：新航路开辟的原因。

试从下列材料分析新航路开辟的原因：

材料一：“‘黄金’一词是驱使西班牙人横渡大西洋到到美洲去的咒语；黄金是白人刚踏上一个新发现的海岸时所要的第一件东西。”

——恩格斯

恩格斯认为新航路开辟的主要目的是什么？出现这种社会现象的根本原因是什么？（在探讨根本原因时，结合西欧城市的兴起以及文艺复兴的知识，进而分析正是商品经济的发展导致这一系列原因。）

材料二：1453年，奥斯曼帝国的军队攻占君士坦丁堡，占领巴尔干、小亚细亚以及克里木等地区，从而控制了东西方之间的通商要道。不但帝国军队肆意抢劫商旅，而且帝国当局还规定对过往商品课以重税。这实际上等于堵死了这一条重要的商路。结果，欧洲市场上东方商品的价格猛涨。

——吴于廑等主编《世界史·近代史编》（上）

结合材料二说明新航路开辟的直接原因是什么？

小结：新航路开辟的原因：

① 经济根源：商品经济的发展和资本主义的萌芽。

② 社会根源：寻金热（追求黄金和香料）。

③ 商业危机：转口贸易，商路受阻，开辟新航路。

④ 宗教根源：宣传天主教。

⑤ 思想根源：人文主义提倡冒险进取精神。

探究二：新航路开辟的影响。

由于新航路的开辟，东西两半球的不同文化圈的大汇合，加速了人类从传统农耕文明向现代工业文明转变的过程。……没有了美洲贡献的大量金银与物质财富，没有北美的自由移民垦殖区，西方资本主义的发展将会缓慢得多，英国也不可能成为发动工业革命的国家，同时在旧大陆也很难出现像美利坚合众国那样的自由资本主义试验场地。同样，没有把世界联成整体的地理大革命，也不可能出现推动否定旧传统的思想解放运动。

——摘自黄邦和主编《通向现代世界的500年：哥伦布以来东西两半球汇合的世界影响》

① 根据以上材料分析新航路的开辟对整个世界造成的影响是什么？

② 分析新航路的开辟对欧洲产生哪些影响？在经济上有哪些表现？

（2）当堂达标，限时训练。

学生完成以下4个选择题：

① 西欧 15 世纪出现“寻金热”的主要经济根源是（　　）。

A. 资产阶级的社会地位上升

B. 封建主奢侈腐化浪费大量财富

C. 金银大量外流造成货币枯竭

D. 商品经济的发展造成金银短缺

② 开辟新航路所带来的后果中，不包括（　　）。

A. 西、葡两国扩大了资本

B. 意大利的商业地位削弱

C. 扩大了欧洲与亚洲、非洲之间的贸易

D. 加速了西欧封建制度的衰弱

③“实际上，严格的全球意义上的世界历史直到哥伦布、达·伽马、麦哲伦进行远航探险时才开始。”这是因为（　　）。

A. 此前未出现大规模的远洋航行和探险活动

B. 远航探险打破了人类长期以来相对隔绝的状态

C. 远航探险建立了从欧亚大陆与非洲大陆、美洲大陆的联系

D. 远航探险加速了西欧的封建制度的解体

学生完成下面的开放性试题。

阅读下列材料：

材料一：美洲和东印度航路的发现扩大了交往，从而使工场手工业和整个生产的发展有了巨大的高涨。从那里输入新的产品，特别是投入流通的大量金银（它们根本改变了阶级之间的相互关系，沉重地打击了封建土地所有制的劳动者），冒险的远征，殖民地的开拓，首先是当时市场已经可能扩大为而且规模愈来愈大地扩大为世界市场，所有这一切产生了历史发展的一个新阶段。

材料二：据统计，从 1493—1600 年，葡萄牙人仅在非洲就掠走了 27 万多千克黄金；从 1521—1600 年，西班牙从美洲掠走的黄金为 20 万多千克，白银为 1800 万千克。发了财的葡萄牙、西班牙国王和贵族从意大利、法国、荷兰、英国的市场上采购商品，大量的贵金像涟漪似的扩散了。

请回答：新航路的开辟对人类历史进程有重要影响，有人说它是人类文明交流之路、世界市场联系之路和殖民掠夺之路。你是怎么看的?

学生解答完上述试题后，教师及时批阅，发现问题，让学生做好错题矫正。

3. 自我反思，课后延伸（10 分钟）

（1）系统优化，网络再现。

这一环节让学生来做，让学生写出本课的知识体系，让学生从宏观上把握历史事件的前因后果、来龙去脉，系统掌握课本知识。教师逐个检查学生的总结本，褒优辅差。

（2）总结反思，提升能力。

让学生写出《新航路的开辟》的反思，反思内容包括对本课进行知识的查漏补缺，优化本课知识，掌握方法，发现新规律，包括完善本课知识结构。

高中历史讲评课教学程序及案例（一）

杨林英

一、教学程序

1. 概述统计

教师在评卷工作前，认真独立做完试卷每一题，弄清试题大体难度。考试评卷工作结束后，统计所教班级的考试成绩，包括全班的平均分、最高分、最低分、优秀率、及格率，每道小题的最高分、最低分，抽样考号尾数为 2 和 4 的 10 位学生每道小题的统计情况，典型答题个案的收集；同时，还要记载得分较低的题目及学生的典型错误，选择题要记下典型错误选项，文字题要记录典型错误概念、不当表述以及容易遗漏的答题角度、知识点等。讲评课伊始，通报以上统计结果，目的是暴露学生存在的应试问题，发现知识掌握的薄弱环节；同时，鼓励、表扬优秀学生，展示学习优秀答卷。

2．答案公示

将考试参考答案通过投影仪展示，学生自主对答案、标错处、找问题。学生丢分的原因可分为以下几个方面：

（1）基础知识落实不到位；

（2）答题方法：审题不准确，答案组织思路不清；

（3）答题能力：审题能力、从材料中获取信息的能力、对知识的整合能力、文字组织能力，以及考试过程中学生的心理平衡能力；

（4）非智力因素：考试过程中学生的心理素质，包括细致审题、谨慎答题、思路明确等。

3．合作修订

依考试情况，合作修订典型错误试题，剖析出错原因，从命题意图、情境设计、设问角度、解题思路、解题技巧等方面重点讲解。合作修订的试题应是有选择、有重点、有代表性的，不是逐题修订、面面俱到，尤其应注意那种在学生自我纠错后仍然不会的试题。修订的过程应充分暴露学生答题时存在的问题，特别应注意引导学生寻找错误的原则，使学生在讲评中受到启发。同时，讲评时要注重与课本紧密联系、使学生在相关知识的联系和区别上得到深刻的理解，也使学生在复习过程中更加注重对课本的重视。

4．归纳总结

经过上述三个流程后，引导学生对本次考试进行归纳总结，指出答题错误的原因所在，归纳各种题型的特点，总结解题方法与技巧，达到“授人以渔”的目的。同时，多给予学生肯定的目光和激励的语言，对优生要鼓励其再接再厉，对差生要用进步的眼光纵向看，从而调动学生的学习兴趣、情感等积极因素。

5．拓展演练

精心编制与本次考试内容，特别是本次考试错误率高有关的试题进行拓展演练。另外，为了进一步提高应试水平，一定要及时批阅试卷，做出详细的分析并进行讲评。讲评越及时效果越好，在学生还处于思维的热点、对自己的解题思路与方法还很清晰的时候讲评，效果更明显。讲评时间拖得越长，越不利于纠正错误、弥补知识缺陷。

二、案 例

炎德·英才联考湖南师大附中2014届高考模拟卷（一）

1. 概述统计（5分钟）

（1）通过多媒体演示本次考试数据统计，简介试卷情况，总结共性问题，诸如粗心、文综各科时间分配、基础知识不扎实、应试能力欠缺。

（2）通过多媒体展示田佳文、龙杨柽两位同学的优秀答卷，表扬70分段的优秀学生，鼓励他们再接再厉，同时鼓励后进生迎头赶上。

2. 答案公示（5分钟）

（1）教师通过多媒体出示参考答案，让学生带着下列问题对照答案，独立分析错题原因，更正解题思路与过程。

① 这道题丢分的原因是不是基础知识落实不到位？

② 答题方法：审题不准确，答案组织思路不清？

③ 答题能力：审题能力、从材料中获取信息的能力、对知识的整合能力、文字组织能力，以及考试过程中学生的心理平衡能力。

④ 非智力因素：考试过程中学生的心理素质，包括细致审题、谨慎答题、思路明确等。

（2）对试卷中自己不能解决的问题，小组讨论交流，达成共识；仍然不会的作一记号，等待下一个环节或课后请教老师。教师随处走动，了解学生解决问题的情况，适时作出指导。

3. 合作修订（20 分钟）

依据考试和学生自我修订情况，合作修订典型错误试题：选择题第 25 题和第 31 题；材料题第 41 题。重在引导学生审题和解题，并弄清自己的错因。

第 25 题：

史料记载：“明弘治年间吴江县有 2 市 4 镇，明末清初又增为 10 市 7 镇。嘉定县市镇由正德年间的 15 个，增加到万历时的 3 市 17 镇。松江嘉靖以前尚‘城多荆榛草莽’，到隆庆万历年间已是生齿浩繁，居民稠密，计男妇不下二十余万矣。”材料表明（　　）。

A. 明代逐渐呈现市镇化趋势　B. 明代农耕经济发展到鼎盛

C. 明代城市的规模发展较快　D. 明代人口增长的速度加快

这道题目抽样 10 份，8 人选择 C，1 人选择 D，1 人选择 A，答案是 A。题干里时间是明代某时期，空间有吴江县、嘉定县和松江，关键词是市镇数量增加和居民数量增加，选肯定项。题支 C 的规模指的是就某个城市而言广度高度居民数量的变化，不符合题干的市镇数量。题支 D 犯了以偏概全的错误，明代某个时间段某个地方的人口数量不能说明明代人口增长。而 A 项市镇化趋势能够涵盖市镇数量增加和居民数量增加，故符合题意。

第 31 题：

孟德斯鸠在《论法的精神》中说：“一切国家都有一个相同的目的，就是自保。但世界上还有一个国家，它的政制的直接目的就是政治自由。”这个国家是（　　）。

A. 英国　B. 法国　C. 美国　D. 俄国

这道题目抽样 10 份，2 人选 B，4 人选 C，1 人选 D，3 人选 A，答案是 A。错误的选项分散，主要是因为审题没到位，没抓住题干部分的隐性时间。题干里孟德斯鸠所说的话，那就意味着时间处在孟德斯鸠生活的那个年代，联系法国启蒙运动是在 18 世纪，题干的关键词又是自由，那么在那个时候只有英国，因为君主立宪政体建立后，实行了分权，使公民自由得到保障。当时法国、美国、俄国均未出现这一制度。另外，很多同学对启蒙运动的时间记不清，这也导致做题时感到很难，因此要回到必修3落实基础知识。

第41题（12分）：

观察下列图文资料，回答问题。

材料：“稷下学宫和雅典学园虽然相隔万里，却有很多相似之处：两者都以地名命名，创办时间接近，运行方式也相差无几。”

——余秋雨

《稷下学宫》

《雅典学园》

归纳上述图文中所反映的学术活动特点并分析其影响。

抽样 10 份试卷，满分 12 分的题目，2 人 10 分，2 人 7 分，2 人 6 分，3 人 4 分，1 人 2 分。分差相差很远，说明学生能力参差不齐，丢分主要丢在审题上。

引导学生审题。先看设问，审准设问，搞清设问要求。此题是归纳两幅图文的特点及影响。然后审材料的出处、标题，因为这些地方字少但隐含信息多，比如稷下学宫是春秋战国百家争鸣时，雅典学园是雅典人文主义的起源柏拉图时等。再审正文，注意总结性语句，稷下学宫和雅典学园有很多相似之处。再看图画，图一中三五成群的人在商讨，图二中一堆人在争论。联系教材，寻找相似点，学派、自由、平等、争辩等这些关键词就出来了。审题目分值，依据分值确定答案内容多少，分值少就精练概括，分值多就史论结合，此题 12 分，那么特点和影响估计各 6 分，要答的点就应该是特点 3 点以上，影响 3 点以上。

注意提炼信息式材料，不可遗漏，拿不准的宁可多答与材料、图画相关的信息、影响，先从材料和图画中直接反映出的学术思想领域答起，如学派、思想、学者个人、社会风气。若是无话可答了，再从经济、政治角度答题。

评分标准：是否一问一答；是否切中要点；是否层次分明、条理清晰，要素化、要点化、序号化；是否使用准确、简洁、明了的历史语言；是否书写工整、含有错别字。

综上所述拟出答案：

特点：学派林立；开放，言论自由；多元思想交流争辩；人格平等；尊重学术等。

影响：丰富了各派思想的内涵；激发了思想的多元创新；促进了智慧型学者的涌现；带动了社会风气自由开放。

4．归纳总结（5 分钟）

一是提醒学生尽量避免不必要的丢分，不断调整考试心态，鼓

励学生从容面对考试，“事在人为，成事在天”。

二是注重基础知识的积累，对于做错第28题和第33题的同学，尤其注意课后花大量时间弥补自己的知识漏洞。

三是注重做题方法的积累，具体如下：

（1）选择题。

首先要注意审题。题目包含题干和题支。题干“三看”（题干包括总起几道题的大题干和所做那道题的小题干）：一看时间空间，界定答题范围。时间空间有隐性与显性之分，不要忽视隐性信息。二看否定、肯定，界定答题方向。三看关键词，揣摩命题意图，界定答题思维方向，如历史事件的原因、内容、特点、性质、结果和影响等。

题支三思：一是认真思考每个选项是否符合历史史实；二是是否符合题干要求以及是否最符合题干要求；三是是否与题干有必然的逻辑联系。高度关注说法绝对的词语，尤其注意排除以下几种类型选项：偷换概念，以相似、相近、易混的知识作为干扰题支，因果倒置，以偏概全。

（2）材料题。

先看设问，审准设问，搞清设问要求，答案是依据材料、所学知识还是依据材料并结合所学知识。然后审材料的出处、标题，因为这些地方字少但隐含信息多，比如时间、人物、主题等。再审正文，注意总结性语句，借助标点符号及关键性的连词划分层次。注意省略号前后往往有很重要的信息，联系教材，寻找相似点。审题目分值，依据分值确定答案内容多少，分值少就精练概括，分值多就史论结合。

应针对不同材料确定答案：基础材料，回答必须恰当、准确、精练；提炼信息式材料，不可遗漏，拿不准的宁可多答与材料相关的信息；组合材料，要考虑相关材料、知识之间的联系；是非材料，要注意分析材料作者的阶级立场及对历史的主观判断，运用马克思主义观点和方法解答。

评分标准：是否一问一答；是否切中要点；是否层次分明、条理清晰，要素化、要点化、序号化；是否使用准确、简洁、明了的历史语言；是否书写工整、含有错别字。

5．拓展演练（5分钟）

拿到试卷之前根据本次考试所整理的有针对性地练习5道选择题和一道材料题。

教师设计了如下教学过程：

（1）学生独立做题。

（2）每四人一小组讨论，教师在巡视学生的讨论中发现典型问题并在例题小结时给学生提供参考。

（3）学生按照材料题评分标准互评给分。

高中历史讲评课教学程序及案例（二）

韩志德

一、教学程序

1．自我反思

首先，分发试卷，学生自查自纠。其次，针对自己的错题分析错因：是知识的缺失还是能力的不足，是审题的失误还是技术性失分。通过错因分析使学生明确自己的主要缺陷和今后的努力方向。

2．相互交流

试卷讲评前，教师给学生充分的时间展示自己的观点，当然，学生展示的不一定要是正确的解题思路，可能是错误的思路，也可能是各种假设。在交流中教师可以捕捉学生的思维方式、解题能力与技巧，发现知识漏洞，学生在各种观点的碰撞火花中可以提高自己的能力，从错误解法中寻找出知识的误区，从而加深印象。

这一程序的交流主要包括两个方面：一方面是学生之间的相互交流。前后两排的四个同学分为一个小组，主要针对做错的题目相互交流、讨论。另一方面是老师与学生之间的交流。老师走到学生中间去，与学生交流，听一听学生的思路，针对出错较多的题目问一问学生的思路。这样，对于如何引导学生走出知识误区也有一定的帮助。

3. 教师引导

通过前两步学生的自省与交流，学生对自己存在的问题有了一定的认识，这时教师要根据试题的分析数据，重点讲解那些涉及重难点知识及能力要求高的试题。客观题讲评中要将涉及的知识讲深、讲透，并将没有反映出来的知识加以延伸、扩展，使学生学会多角度、多层次思考问题。对于错误率较高、问题相对集中的试题，不但要重点讲解解题思路与技巧，更要通过改变题干、变式练习等方法来反复演练试题体现的知识点与能力。

这一程序以学生为主体，教师起着一个穿针引线的作用。对于错误较多的题目的解答，不是直接告诉学生答案是哪个，而是引导学生分析题干，理解题目的真正含义，理解出题人的意图。对于每一个选项也都要进行分析，让学生明白自己对于题目的理解到底在哪些方面出错。

同时，针对一些比较具有代表性的错题，请一些同学来讲一下自己做错的原因，接着提问该生：“参照所给的答案能否分析出正确的思路?”如果能，就让其讲出来供大家参考；如果不能，就请该题做得比较出色的同学来讲授审题思路、答题技巧等。

4. 反馈巩固

这一过程要求学生整理错题，总结审题思路、答题技巧和解题感悟。通过不断的反思总结，每个学生都要慢慢地整理出一套适合自己的解题思路和技巧。教师则针对学生出错率较高的题目设置好矫正练习题。

二、案　例

《资本主义世界市场的形成和发展》练习题

1．自我反思（3 分钟）

学生先将发下去的试卷重新审查一遍，重点分析题目做错的原因，是知识的缺失还是能力的不足，是审题的失误还是技术性失分。将做错的原因加以区分以便于之后梳理更正。

2．相互交流（7 分钟）

这一阶段老师给学生几分钟的时间，让他们针对做错的题目相互交流、讨论，老师也可以走到学生中间去简单地了解学生的做题情况，老师与学生之间也可以相互交流、讨论。例如第 1 道选择题：

哥伦布曾说过："黄金是一个令人惊叹的东西！谁有了它，谁就能支配他所想要的一切。有了黄金，要灵魂送到天堂，也是可以做到的。"欧洲人对黄金这种贪婪的追求，从本质上反映了（　　）。

A．掠夺黄金是为了满足欧洲人的生活需要

B．掠夺黄金是新航路开辟的经济根源

C．资本主义生产对于掠夺财富和加速资本原始积累的迫切要求

D．黄金是哥伦布踏上美洲时所要的第一件东西

这道题很多同学都误选为 B，但实际上新航路开辟的经济根源是商品经济的发展而不是掠夺黄金，而也正是由于商品经济的发展导致了黄金需求量大增，从而使得欧洲人大肆地掠夺黄金。所以，对于这类题目可以先让学生相互交流，因为并不是所有人都是一样的想法，同学间的相互讨论比老师的直接讲解更能够加深他们对这个题目的理解。

同时，老师也可以走到学生中间，问一问学生的思路，尤其是

做错的同学的想法，告诉学生他们的思路在哪个环节出错。

3. 教师引导（25 分钟）

试卷评讲课不仅仅是对于这一张试卷的分析，更是对于这一张试卷所涉及的重难点、知识点的分析，通过一道试题的变式练习达到举一反三的目的。例如，第 14 题其中的一问：第二次工业革命中出现了哪些新兴的工业部门？标准答案是：石油、化工、电力、汽车。根据这道题目可以变式为：第一次工业革命出现了哪些工业部门？或者第二次工业革命的传统工业是哪些？通过这样一系列的变式练习，反复演练试题体现的知识点与能力，力求达到讲评一道选择题，激活一串知识点。

第 4 题：英国女王伊丽莎白（1533—1603）曾经说：海洋和空气为世界人共同享有，海洋不归属于任何民族或任何个人。这段话主要是针对（　　）。

A. 葡萄牙　　B. 西班牙　　C. 荷兰　　D. 英国

这个题目粗看有点难以选择，因为这几个国家都曾在不同的时间掌握着世界的霸权，葡萄牙和西班牙最早开辟新航路，随后荷兰成为“海上马车夫”，大力发展海洋航运，在其之后兴起的英国又成为了“日不落帝国”。但是只要认真阅读一遍，就会发现解题的关键点：（1533—1603）。通过这个时间段的判断，答案很简单就出来了。讲解完答案之后，还可以再向学生提问：荷兰掌握海上霸权的时间是何时？英国掌握霸权时间又是什么时候？这样就可以达到举一反三的目的了。

4. 反馈巩固（5 分钟）

以最后一道问答题为例，结合材料一、二、三及所学知识，你认为两次工业革命的爆发对社会发展产生了怎样的影响？

工业革命的影响也是学生们需要掌握的重点之一，对于这一类型的题目有几种解答方法。比如，直接回答上课时老师对工业革命影响的板书：促进经济发展，两大阶级的兴起，世界各地联系日益密切，资本主义世界殖民体系形成，等等。或者，结合材料里面所提到的内容“人类由传统农业社会进入工业社会”即意味着生产力的发展、社会的进步、经济的发展，以此作为切入点进行回答。

另外，在整张试卷讲评完成之后，请学生对里面涉及的知识点进行简单梳理。毕竟题目都是围绕着知识点而出的。“万变不离其宗”，熟练掌握知识点，题目再如何变换花样，也都能从容解答。

第九节　地理学科

高中地理新授课教学程序及案例（一）

隆安华

一、教学程序

1. 课前准备工作

课前教师的准备工作应包括教学内容分析、学生的学情分析、授课方法与模式分析、教学工具与材料的准备、学案的制订与分发、学生预习的指导、提问的学生对象预设等。简单来讲，既要“备课标备教材”，又要“备学生”。

2. 创设情境，导入新课

导入是课堂教学的一个重要组成部分，语言要精练、简洁、生动、自然。目的性要强，要达到快速地激发学生的学习兴趣和吸引学习注意力等。常见的导入方法有：① 预习效果检测；② 由本节课的课题进行开门见山式的导入；③ 图片、音频或者动画、视频导入；④ 复习提问导入等。

3. 结合考纲，展示目标

教学目标的确立要符合新课程标准和素质教育的要求，符合学生的实际，要体现出知识与技能、过程与方法、情感、态度和价值观的要求。

4. 学案导学，问题探究

（1）在学案“问题”的引导下，让学生对本节课内容有所了解，提前思考，找出问题，从而培养学生独立思考的能力。

（2）在学案“问题”的引导下让学生带着问题去听课，增强听课的效率。

5. 合作交流，质疑点拨

（1）教师通过板书、提问和多媒体展示等形式展示探究成果。

（2）教师根据学生的反馈信息对疑难问题进行分析点拨，充分利用各种图表以及多媒体手段辅助教学，提高学生分析、解决问题的能力。

6. 巩固训练，反馈落实

（1）针对教学重点和难点进行典型习题的巩固性练习，检测学习效果。

（2）针对学生答题情况及时解决学生的知识盲点和学习疑问。

7. 归纳总结，提升拓展

（1）引导学生自主归纳，帮助学生理清知识结构，掌握解决问题的步骤和方法，并及时对小组探究学习情况进行评价。

（2）挖掘本课知识的内涵与外延，帮助学生对知识进行整理和总结。

8. 布置复习及预习任务

“授人以鱼”不如“授人以渔”。布置复习及预习任务是培养学生良好的学习习惯、完成高效学习必备的重要环节。复习和预习的工作主要是在课外完成，但对教学的影响和学生独立学习能力的培养却至关重要。

二、案　例

南水北调

1. 课前的准备工作

（1）教学内容分析。

《南水北调》是高中地理必修Ⅲ第一章《区域地理环境与人类活动》第四节《区域经济联系》中的一个典型案例。参考新课程教学标准的要求，并结合我校的学情实际，为了达到“磨刀不误砍柴工”的效果，教师设计了一个课时来进行本堂课的教学。

（2）上堂的教学效果检查（3 分钟）。

对象：2 人/每班。

（3）本堂课的预习效果检查（3 分钟）。

对象：2 人/每班。

2. 创设情境，导入新课（3 分钟）

播放“南水北调”相关视频，让学生了解“南水北调”从设想到实现的过程，培养学生的爱国主义情感和民族自豪感，迅速激发学生对本堂课学习的兴趣。

3. 结合考纲，展示目标（1 分钟）

（1）以我国水资源的区域分布为例，说明我国水资源的分布不均，加深对资源跨区域调配背景的认识。

（2）理解并识记南水北调工程三个方案的路线及优缺点。

（3）说出南水北调对区域地理环境的有利和不利影响。

4. 学案导学，问题探究（10 分钟）

（1）分发学案，指导学生对学案进行认真阅读。

（2）指导学生带着预习时存在的问题和研读学案时存在的疑问去进行下一步的分组探讨和交流。

5. 合作交流，质疑点拨（10 分钟）

（1）教师指导学生进行分组交流，并及时地把各组问题进行整理和板书。

（2）教师点拨：

① 为什么要进行“南水北调”？（我国水资源的时空分布不均）

② 华北平原为什么缺水严重？（从自然原因和人为原因两方面分析）

③ 从哪里调水？（南方地区以长江为主，长江流域水量大且稳定）

④ 怎么调水？（图片和课件展示水源地和供水区，引导学生思考每条线路的优点和缺点，最终展示每条线路的完整情况）

⑤ 南水北调对区域地理环境有何影响？（引导学生从多个角度进行问题的分析，如既要对水源地进行分析，也要对输水途经地区和调入区进行分析；既要分析有利影响，也要分析负面影响）

6. 巩固训练，反馈落实（7 分钟）

（1）对学案上的训练题进行点拨和分析。

（2）对学生的反馈进行及时总结。

7. 归纳总结，提升拓展（2 分钟）

PPT 课件展示三条线路（地图略），对比水质、调水量的大小、施工难度等。

8. 布置复习及预习任务（1 分钟）

（1）完成教辅相关作业。

（2）对本节课进行及时地复习巩固。

（3）按照本堂课的教学模式和思路对下节课《西气东输》《西电东送》《产业转移》进行预习。

高中地理新授课教学程序及案例（二）

安沙沙

一、教学程序

1. 设置问题情景

教师向学生提供本堂课有助于形成概括结论的实例，设置问题情景，给出事实，提出讨论问题。教师根据学生情况和教材内容创设问题情境，诱发学生的好奇心和求知欲，点燃思维的火花，培养学生发散性思维和创新意识。

2. 独立自学

教师指导学生看书，对实例进行观察分析，逐步缩小观察范围，将注意力集中在某些要点上。学生独立阅读材料、独立思考、独立练习，培养学生多种能力和获得必要的地理知识。教师要给学生指出自学方法。

3. 讨论交流

针对自学后存在的共同问题组织讨论。讨论可在师生之间、学生之间进行，可邻座讨论、分组讨论、全班讨论，也可发表自己的自学心得，评论别人的发言，相互质疑，共同探讨，取长补短。对于学生在讨论过程中的表现，教师要适时作出恰如其分的评价。

4. 启发指导

教师在讨论过程中认真、专注地倾听每位学生的发言，仔细注意每位学生的神态及反应，对他提出问题或对他进行正确的引导。这一环节对教师的要求是“导”得精要、得法、有序、灵活，关键导观点、导思路、导方法。

5. 归纳总结

教师与学生共同对课堂用到的知识点、技能、过程和方法、情感态度与价值观进行总结。好的总结，能使学生更牢固地掌握好学习过的内容，且对学习过的知识能起到画龙点睛和归纳作用。

6. 迁移应用

布置相应练习，让学生学会迁移应用。

二、案 例

从鞍钢和宝钢谈工业区位因素的发展变化

1. 提出问题（5 分钟）

我们从五类指向型工业的主导因素考虑了工业的区位因素，那么在不同的发展时期影响工业的主导因素是不是一成不变的呢？以鞍钢和宝钢为例，教师用多媒体设备（PPT）出示宝钢和鞍钢的区位示意图，以及它们发展的相关资料。（示意图略，参见有关资料图）

（1）辽宁鞍山钢铁厂曾是我国规模最大、部门最齐全的钢铁生产企业。在地理位置上，鞍钢接近燃料和原料产地。鞍山铁矿是全国最大的铁矿，铁储量达百亿吨以上。早期炼焦煤主要来自抚顺、本溪，辅助原料主要来自周边地区。此外，鞍钢靠近沈阳、大连、长春等钢铁消费中心，工业用水、用地条件在鞍钢建设初期也都比较好。

（2）上海宝山钢铁厂是我国改革开放初期由国家投资建设的特大型项目。过去，我国的特大型钢铁企业都是建在内地的矿山附近，而宝钢的建设使我国大型钢铁企业从靠近矿山转向靠近市场。宝钢北邻长江，东邻吴淞口，邻近我国最大的海港。巨型矿石运输船的出现，既能将产品远销海外，又能从水路取得国内外廉价原料（铁矿石、煤炭等），降低成本。宝钢以大城市为依托，充分利用我国最大工业城市上海及其周围工业城市群的市场、人力资源和科学技术，成为我国第一个具有世界先进水平的现代化大型钢铁联合生产基地。

2. 指导自学（5 分钟）

教师指导学生复习工业区位因素相关知识，重点回顾五大指向性工业的主导因素，结合黑板上的图和阅读鞍钢和宝钢的相关材料，从宝钢和鞍钢历史、社会经济效益及发展状况等方面来分析鞍钢和宝钢区位的不同，以及发生这种变化的原因。

3. 讨论交流（15 分钟）

在学生自学的基础上，教师组织，让学生前后左右四个人一组，讨论宝钢和鞍钢区位的差异（5 ~6 分钟）。让每组推选一个人来陈述本组的讨论情况，分别讲述鞍钢和宝钢在区位选择时主导因素的不同，并把各组对上述问题的讲座情况进行整理和板书。

4. 启发释疑（5 分钟）

教师收集学生的发言，引导学生思考：

（1）宝钢和鞍钢各自的区位是什么？（鞍钢是依托丰富的铁矿、煤矿资源发展起来的，宝钢是以消费市场和便利的海运条件为主导的）

（2）导致钢铁工业发生这种变化的因素是什么？

5. 归纳总结（5 分钟）

通过以上分析，从鞍钢到宝钢工业区位因素的发展变化情况看：在不同的时期，随着交通条件的改善和科技水平的提高，工业的布局越来越灵活。原料的主导因素作用逐渐减弱，而市场的主导因素逐渐在增强。

6. 迁移应用（5 分钟）

教师组织学生在课堂上讨论，进一步总结分析影响工业区位变化的原因。

问题：

新华网 2005 年 3 月 4 日电：中国国家发展与改革委员会日前正

式批准首钢集团将其钢铁冶炼部分全部从北京迁到河北省唐山地区曹妃甸，在那里建设一个具有国际水准的钢铁联合企业，这意味着中国前所未有的、规模最大的、最系统的特大型企业搬迁工作正式启动。（多媒体展示“首钢搬迁示意图”，此处略）

高中地理复习课教学程序及案例

杨 眉

一、教学程序

1. 课前导学案练习

很多学生高中地理学习不好，关键是基础知识非常薄弱，因此巩固基础知识是教师的首要任务。怎么样帮助学生牢固掌握知识呢?编写有效复习导学案可以指导学生的学习方向。导学案包含考纲透析、知识体系整合（由学生总结）、本节课的重点和难点知识、典型例题（最好是高考真题，学生课前完成）。导学案分发给各个学习小组，以小组为单位总结本小组的完成情况，并将疑难点问题记录下来。

2. 课堂复习检测

选择某学习小组将导学案涉及的例题答案公布，并简要说明解题步骤；公布本小组的知识体系整合情况及疑难问题。

3. 讨论答辩

教师组织学生对某学习小组所给出来的例题答案及知识体系进行讨论。小组在教师指导下得出正确答案，并对某小组的疑难问题进行答疑，能讲述本小组的疑难问题解决办法。

4. 归纳总结，启发释疑

教师根据学生讨论结果进行归纳总结，善于运用启发式教学，充分调动学生的思维，让学生积极地投入到课堂教学过程之中，根据老师的分析，总结规律解答疑问。

5．课堂典例训练

教师根据本节课内容的重难点，进行典例训练，巩固本堂课所复习的知识。

二、案　例

中国气候

1．课前导学案练习

导学案的发放一般在学期开始，在上课前一周要求各小组完成本节课的复习内容。

2．课堂复习检测（5 分钟）

本次课由第二学习小组进行总结，首先公布本小组讨论后的答案及解答过程；其次，板书展示本节知识结构，梳理知识重点；最后提出疑难问题。疑难问题有：① 冬季气温分布特点及成因；② 中国气候特点及成因。

3．讨论答辩（20 分钟）

教师组织学生对第二学习小组所给出来的例题答案及知识体系进行讨论。小组在教师指导下得出正确答案。并对某小组的疑难问题进行答疑，能讲述本小组的疑难解答情况。① 冬季气温分布特点及成因简答：在回答问题时抓住题干为冬季气温，回忆影响气温分布的因素，主要从纬度及我国冬季风的源地进行分析。② 中国气候特征及其成因简答：首先讲述我国的气候特征，再从我国的地域特征、纬度特征、海陆特征等方面进行分析说明。

4．归纳总结，启发释疑（10 分钟）

教师根据学生讨论结果进行归纳总结，善于运用启发式教学，充分调动学生的思维，提出新问题：中国夏季气温特点。学生总结，老师指导。

5．课堂典例训练（5 分钟）

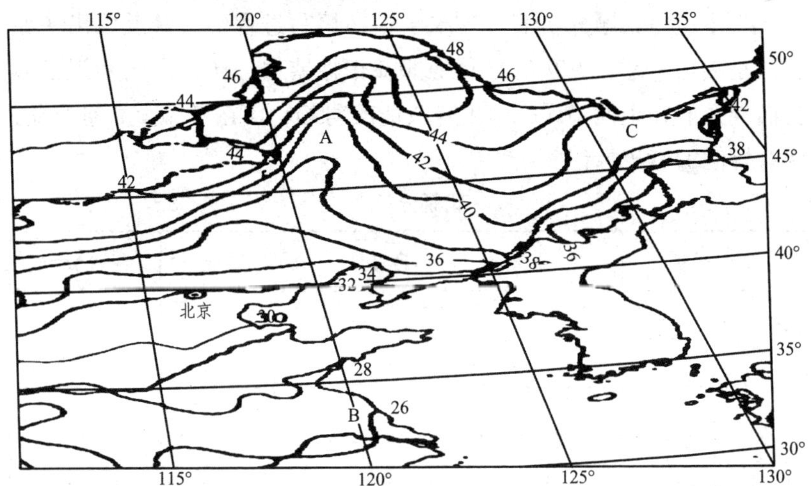

上图是“我国部分地区气温年较差分布图”，读图回答下列问题：(1) A 地比图中同纬度其他地区的气温年较差______（大、小），其主要影响因素是______。

(2) 分析图示地区由南向北气温年较差增大的主要原因。

学生讨论，个别提问，老师补充。

高中地理讲评课教学程序及案例

刘仲艳

一、教学程序

1．考情分析

教师介绍本次考试情况，如平均分、最高分、各分数段人数，让学生了解自己的成绩在班内的大体位次。表扬进步大、成绩优异的同学，激发他们学习地理的热情，鼓励其他学生在今后的学习中取得显著进步。

2. 自主纠错

学生填写错题分析表。要求学生在填写过程中注意反思出错原因，是因为审题、方法等导致的非知识性错误，还是由于知识没掌握而导致的知识性错误，学生自改能改对的，应在考场上尽量避免，仍有疑问的做出标记。

错题分析表

错误题目		错误原因及正确答案	考点	经验教训
选择题	1			
	2			
	3			
	4			
	5			
	6			
	7			
	8			
	9			
	10			
	11			
综合题	36			
	37			
	42			
	43			
	44			

3. 交流互助

学生自主纠错过程中不能解决的问题，同学间可交流。仍有疑问的，在交流过程中，将题号写到黑板上。

4. 小组讨论

教师展示问题（包括学生提出的共性问题和教师阅卷中发现学生出错较多的问题），学生分组讨论。根据各小组情况分配任务。讨论过程中一人讲解，多人补充质疑，化解共性问题。教师以学生的身份参与其中，把握、调控交流讨论的方向和深度，有的放矢，注意寻找新的生长点。教师在组织过程中将学生讨论的问题归纳总结。

5. 点拨释疑

根据学生暴露出的问题，教师需要重点指导。这是试卷讲评课的发展部分，重在解法的强化、规律的总结、认知结构的完善等。

6. 教学反思

最后留出时间让学生再总结反思，在课堂上或课下独立完成“反馈矫正”。同时，还要指导学生课下对照考试反思表认真填写好考试反思情况。针对出错多的试题，再设计类似的试题组成试卷，进行二次过关，以检查学生改错程度和掌握程度。

二、案 例

高三模拟文科综合能力测试地理试题的讲评课

1. 考试概况分析（3 分钟）

教师展示考试情况统计表，总结考试情况。

（1）测评结果。

参考人数	最高分	最低分	平均分	及格人数	及格率/%	优秀人数	优秀率/%
60	81	40	61	28	46.67	2	3.3

（2）分数段统计。

分数区间	49 分以下	50～59	60～69	70～79	80～89	90～100
学生数	5	27	12	14	2	0
占总数%	8.3	45.0	20.0	23.3	3.3	0

（3）知识点总结。

本次模考共考查36 个知识点，各板块分布如下：

内容	自然地理	人文地理	区域地理	选修地理
题　号	4、6、9、10、36（1）、36（2）	2、3、7、8 36（3）、37（3）	1、5、11 37（1）	42、43、44
分　值	36	30	24	10

（4）各题得分情况。

题　号	1	2	3	4	5	6	7	8
得分率/%	80.4	26.3	78.2	50.3	41	38.3	30.5	20.2
题　号	9	10	11	36	37	42	43	44
得分率/%	66.5	28.9	20.3	61.7	45.3	64.3	37.8	51.2

2. 自主纠错（9 分钟）

学生填写错题分析表。将错题彻底改正，能自己改的自己改，改错后仍然感到困惑的题目要特别标记，以便集体展示时寻求解决。力争在8 分钟之内将所有的错题改正并理解记住。出错较少的同学改完错后则研究一下与所考题目相关的其他知识点，试着自己出题考考自己，过一会儿也可以拿出来考考其他同学。

3. 交流互助（7 分钟）

全班分为10 个小组，讨论试卷中出现的错误，学习小组内重点交流做标记的题目和全班出错较多的2、7、8、10、11、37、43 题。

在组内讨论中解决个性问题或部分共性问题，教师巡回指导，既解决学生的疑问，又进一步了解学生的错误情况和改错情况。解决不了的问题，师生共同解决或教师讲解。

4. 小组讨论（8 分钟）

让学生在研究的基础上充分拓展，并且小组内进行合理分工，在本组展区内展示所分工题目的正确答案。小组长派一名同学对未改完错的同学进行一对一帮助。

教师在展示的过程中说出解答该问题时应注意的问题及解答该题目的关键。

例如，学生甲：我的第 36 题出错比较多，我没看出来错在哪儿，你能帮我看一下吗？学生乙帮助他分析：你出错的原因是你的基础知识掌握不牢固，第二条写得不完整。

比较典型的题目，可以请解答得比较出色的同学讲一讲是如何进行正确思维的，为其他同学进行思维示范。请出现错误的同学谈谈他当时是怎么思考的。了解同学出现错误的原因，有利于其他同学纠正思维的误差。老师听了有利于增强培养学生思维能力的针对性。在学生讨论过程中，教师巡视，了解各组讨论情况。讨论 3 分钟左右后，由各组推荐代表陈述本组意见，共同交流看法。在学生发表意见的过程中，教师认真听取学生的意见，及时归纳、引导和评价。

5. 点拨释疑（8 分钟）

教师典例精讲：第 37 题是难度最大的一道题目，也是同学们出现问题最多的一道题目。

第 37 题：阅读图文资料，完成下列要求。

维多利亚湖是世界第二大淡水湖，湖面海拔 1 134 米，鱼类资源丰富。尼罗河鲈鱼是体型最大的淡水鱼之一，属肉食性鱼，原产于尼罗河、刚果河等非洲河流中。20 世纪 50 年代，尼罗河鲈鱼被引入维多利亚湖，并迅速繁殖。该湖的尼罗河鲈鱼经捕捞、加工后多销往欧洲，成为昂贵的美食。

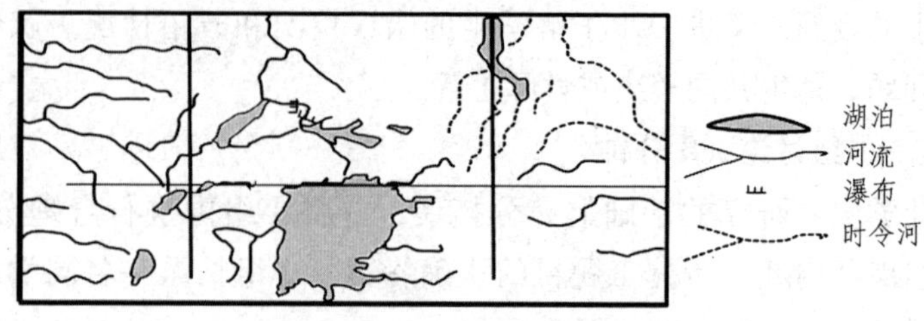

维多利亚湖的位置及周边水系

（1）分析阻碍尼罗河鲈鱼游入维多利亚湖的自然原因。(6 分)

（2）分析尼罗河鲈鱼在维多利亚湖迅速繁殖的自然条件。(6 分)

第一步：讲解命题立意。

本题以非洲维多利亚湖引进尼罗河鲈鱼为背景，考查维多利亚湖所处地区的地形，维多利亚湖有利于尼罗河鲈鱼繁殖的自然条件。本题情境设置简单，材料提供的信息较详细，考查学生结合所学知识，提取有效信息，分析、探讨问题和描述、阐释问题的能力。本题难度适中。

第二步：点拨解题思路。

① 维多利亚湖地处东非高原，海拔较高，为高原上的盆地地形。由图可知，该湖只有北部通向尼罗河，故地形较封闭；尼罗河由南向北流，故维多利亚湖向北流入尼罗河，可推出维多利亚湖到尼罗河地势由高到低，结合图例可知尼罗河上游还有瀑布，阻挡了尼罗河鲈鱼游入维多利亚湖。

② 题中材料已告知“维多利亚湖是世界第二大淡水湖，鱼类资源丰富。尼罗河鲈鱼是体型最大的淡水鱼之一，属肉食性鱼”可推出维多利亚湖湖面广阔，为体型大的尼罗河鲈鱼提供了广阔的生存空间；湖中鱼类为尼罗河鲈鱼提供了充足的饵料。

第三步：展示回答好的同学和出现问题的同学的试卷各一份举例分析。

教师：请同学们分析：① 自己这道题出现的问题是什么；② 当时做题时是怎么想的；③ 做错的原因是什么；④ 应怎样解决这个题目；⑤ 以此得出今后在学习中应注意哪些问题。

学生分析：对图的记忆不够扎实。在今后学习的过程中，要利用图来学习，提高运用所学知识解决问题的能力。

6. 教学反思（5 分钟）

留出时间让学生再整理落实，在课堂上或课下独立完成“反馈矫正”，将典型错题总结在错题本上，将解此题正确的方法、自己为何做错的原因以及今后在学习及考试中应注意的事项一一记下。教师针对出错率较高的共性问题设计相应的变式练习，课后立即布置给学生，以练促改。

【教师总结】其实这份试卷不少内容我们都考过、讲过，但是为什么还有同学做不对呢？甚至有的同学告诉我，自己做时不知道如何下手，但是我一讲评，就觉得很容易。这是因为没有形成正确的学习方法和解题思路。因此，在平时应该多思考、多总结、多反思。

后 记

由于湖南省高中学校实施新课程改革时间尚短，而湘西又是湖南边远贫困地区，故书中所列教学程序及案例难免有错漏或不成熟之处，此书只可做引玉之砖。另外，实现“主体—主导”模式下的文综学科教学程序大融合、理综学科教学程序大融合，是我们后期努力的方向。

作者

2014年7月